Histoire de France;

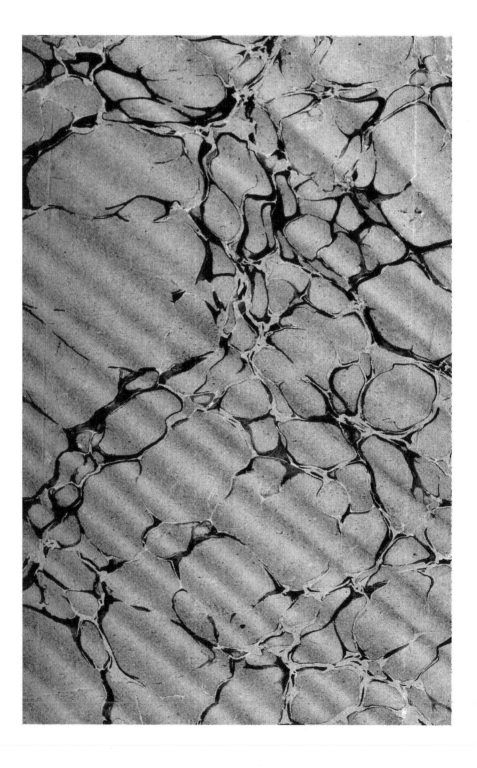

HISTOIRE

DE FRANCE

DE FRANCE

PAR

J. MICHELET

NOUVELLE ÉDITION, REVUE ET AUGMENTÉE

Avec Illustrations par VIERGE

TOME HUITIÈME

PARIS

LIBRAIRIE ABEL PILON

A. LE VASSEUR, SUCCESSEUR, ÉDITEUR

LIVRE XV

CHAPITRE PREMIER

Louis XI reprend la Normandie. — Charles le Téméraire ruine Dinant et Liège. 1466-1468.

Un royaume à deux têtes, un roi de Rouen [1] et un roi de Paris, c'était l'enterrement de la France. Le

---

[1] Les Normands ne demandaient pas mieux que de l'entendre ainsi. Ils firent lire au duc dans leurs Chroniques : « Que jadis y ot ung roy de France qui voulut ravoir la Normandie (*donnée en apanage à son plus jeune frère*); ceux de la dicte duché guerroyèrent tellement le dict roy que par puissance d'armes, ils mirent en exil le roy de France, et firent leur duc roy. » Jean de

traité était nul [1], personne ne peut s'engager à mourir.

Il était nul et inexécutable. Le frère du roi, les ducs de Bretagne et de Bourbon, intéressés à divers titres dans l'affaire de la Normandie, ne purent jamais s'entendre.

Le 25 novembre, six semaines après le traité, le roi, alors en pèlerinage à Notre-Dame de Cléry [2], reçut des lettres de son frère. Il les montra au duc de Bourbon : « Voyez, dit-il, mon frère ne peut s'arranger avec mon cousin de Bretagne, il faudra bien que j'aille

Troyes. — Le 23 déc., Jean de Harcourt livre à M. le duc les Chroniques de Normandie que l'on conservait à la maison de ville, il s'engage à les rendre à la ville, quand Monseigneur les aura lues, sous peu de jours (Communiqué par M. Cheruel. *Archives munic. de Rouen, Reg. des délibérations.*

[1] Le Parlement avait protesté contre les traités, ils n'avaient pas été légalement enregistrés, ni publiés. Les ligues eux-mêmes avaient fait leurs réserves contre certains articles, par exemple, le duc de Bretagne contre celui des trente-six réformateurs. Quant aux régales, le roi, un mois avant le traité, avait eu la précaution de les donner pour sa vie à la Sainte-Chapelle, les détourner de là, c'était un cas de conscience (Ordonnances, XVI, 14 septembre 1466.)

[2] Pensant qu'il n'aurait jamais échappé à de tels périls sans l'aide de Notre-Dame de Cléry, il alla lui rendre grâces. C'est probablement à elle qu'il offre à cette époque un Louis XI d'argent. « Paie à André Mangot, nostre orfèvre. reste de certain veau d'argent, représentant nostre personne » *Bibl. royale, mss Legrand*, 17 mars 1466. — Autre œuvre pie. le 31 oct. 1466, il exempte d'impôts tous les chartreux du royaume. Ordonn., XVI, — Il devient tout à coup bon et clément. il accorde rémission à un certain Pierre Huy, qui a dit : « Que Nous avions destruit et « mangé nostre pays du Dauphiné et que nous destruisions tout « nostre royaume, et n'estions que une follaire et que nous « avions une cheval qui nous portait et tout nostre conseil. » *Archives, Trésor des chartes, J. registre CCVIII ara 1466.*

à son secours, et que je reprenne mon duché de Normandie »

Ce qui facilitait la chose, c'est que les Bourguignons venaient de s'embarquer dans une grosse affaire qui pouvait les tenir longtemps, ils s'en allaient en plein hiver châtier, ruiner, Dinant et Liége. Le comte de Charolais, levant le 3 novembre son camp de Paris, avait signifié à ses gens, qui croyaient retourner chez eux, « qu'ils eussent à se trouver le 15 à Mézières, sous peine de la hart »

Liége, poussée à la guerre par Louis XI, allait payer pour lui. Quand il eût voulu la secourir, il ne le pouvait. Pour reprendre la Normandie malgré les ducs de Bourgogne et de Bretagne, il lui fallait au moins regagner le duc de Bourbon, et c'était justement pour rétablir le frère du duc de Bourbon, évêque de Liége, que le comte de Charolais allait faire la guerre aux Liégeois.

J'ai dit avec quelle impatience, quelle âpreté, Louis XI, dès son avénement, avait saisi de gré ou de force le fil des affaires de Liége. Il les avait trouvées en pleine révolution, et cette révolution terrible, où la vie et la mort d'un peuple étaient en jeu, il l'avait prise en main, comme tout autre instrument politique, comme simple moyen d'amuser l'ennemi.

Il m'en coûte de m'arrêter ici. Mais l'historien de la France doit au peuple qui la servit tant, de sa vie et de sa mort, de dire une fois ce que fut ce peuple, de lui restituer (s'il pouvait !) sa vie historique Ce peuple au reste, c'était la France encore, c'était nous-mêmes. Le sang versé, ce fut notre sang.

Liége et Dinant, notre brave petite France de Meuse[1],
aventurée si loin de nous dans ces rudes Marches d'Allemagne, serrée et étouffée dans un cercle ennemi de
princes d'Empire, regardait toujours vers la France
On avait beau dire à Liége qu'elle était allemande et
du cercle de Westphalie, elle n'en voulait rien croire
Elle laissait sa Meuse descendre aux Pays-Bas[2], elle,
sa tendance était de remonter Outre la communauté
de langue et d'esprit, il y avait sans doute à cela un
autre intérêt et non moins puissant, c'est que Liége
et Dinant trafiquaient avec la haute Meuse, avec nos
provinces du Nord, elles y trouvaient sans doute meilleur débit de leurs fers et de leurs cuivres, de leur
taillanderie et *dinanderie*[3], qu'elles auraient eu dans
les pays allemands, qui furent toujours des pays de
mines et de forges. Un mot d'explication

---

[1] Une des grâces de la France, qui en a tant, c'est qu'elle n'est
pas seule, mais entourée de plusieurs Frances Elle siege au milieu de ses filles, la Wallonne, la Savoyarde, etc La France mere
a changé ses filles ont peu changé au moins relativement, chacune d'elles represente encore quelqu'un des âges maternels.
C'est chose touchante de revoir la mere toujours jeune en ses
filles, d'y retrouver, en face de celle ci serieuse et soucieuse, la
gaiete, la vivacité la grace du cœur, tous les charmants defauts
dont nous nous corrigeons et que le monde aimait en nous, avant
que nous fussions des sages

[2] Il est juste de dire que la Meuse reste française, tant qu'elle
peut Elle tourne à Sedan à Mezières, comme pour s'eloigner du
Luxembourg Entraînée par sa pente il lui faut bien couler aux
Pays-Bas, se mêler, bon gré, mal gré, d'eaux allemandes n'importe, elle est toujours française jusqu'à ce qu'elle ait porté sa
grande Liege, dernière alluvion de la patrie

[3] Ce mot de *dinanderie* indique assez que nous ne tirions guère
la chaudronnerie d'ailleurs. V Carpentier. *Dynan* usité en 1404.

La fortune de l'industrie et du commerce de Liége
date du temps où la France commença d'acheter. Lorsque nos rois mirent fin peu à peu à la vieille misère
des guerres privées, et pacifièrent les campagnes,
l'homme de la glèbe, qui jusque-là vivait, comme le
lièvre, entre deux sillons, hasarda de bâtir, il se bâtit
un âtre, inaugura la crémaillère[1], à laquelle il pendit
un pot, une marmite de fer, comme les colporteurs
les apportaient des forges de Meuse. L'ambition croissant, la femme économisant quelque monnaie à l'insu
du mari, il arrivait parfois qu'un matin les enfants
admiraient dans la cheminée une marmite d'or, un
de ces brillants chaudrons tels qu'on les battait à Dinant.

Ce pot, ce chaudron héréditaire, qui pendant de longs
âges avaient fait l'honneur du foyer, n'étaient guère
moins sacrés que lui, moins chers à la famille. Une
alarme venant, le paysan laissait piller, brûler le reste;
il emportait son pot, comme Énée ses dieux. Le pot
semblait constituer la famille dans nos vieilles coutumes, ceux-là sont réputés parents qui vivent « à un
pain et à un pot[2]. »

---

[1] Ceremonie importante dans nos anciennes mœurs. — Le chat,
comme on sait, ne s'attache à la maison que lorsqu'on lui a soigneusement frotté les pattes à la cremaillere — La saintete du
foyer au moyen age tient moins à l'âtre qu'à la cremaillere qui y
est suspendue « Les soldats se detroupèrent pour piller et grif-
fer, n'epargnant ny aage, ny ordre, ny sexe, femmes, filles et
enfans, *s'allachans à la cremaillere des cheminées, pensans
échapper à leur fureur* » Melart, Hist. de la ville et du chasteau
de Huy.
[2] V. Lauriere, I, 220; II, 171 Michelet, Origines du droit,

Ceux qui forgeaient ce pot ne pouvaient manquer
d'être tout au moins les cousins de France Ils le prou-
vèrent lorsque, dans nos affreuses guerres anglaises,
tant de pauvres Français affamés s'enfuirent dans les
Ardennes, et qu'ils trouvèrent au pays de Liége un
bon accueil, un cœur fraternel[1]

Quoi de plus français que ce pays wallon? Il faut
bien qu'il en soit ainsi, pour que là justement, au plus
rude combat des races et des langues, parmi le bruit
des forges, des mineurs et des armuriers, éclate, en
son charme si pur, notre vieux genie melodique[2]. Sans
parler de Grétry, de Méhul, dès le xvᵉ siècle, les maî-

p ACI, 47, 268 Voir particulierement pour le Nivernais . Guy
Coquille, question 58 M Dupin, Excursion dans la Nievre, **Le
Nivernais**, par MM Morellet, Barat et Bussiere

[1] Omnes pauperes a regno profugos propter inopiam libera-
lissime sustentasse » C'est l aveu meme du roi de France Zantfliet, ap Martene

[2] Comme melodistes, les Wallons et les Vaudois Lyonnais,
Savoyards, semblent se repondre de la Meuse aux Alpes Rous-
seau a son echo dans Gretry Meme ait, ne de societes analogues,
Geneve et Lyon, comme Liege furent des republiques episco-
pales d'ouvriers —Si les Wallons ont semblé plus musiciens que
litterateurs dans les derniers siecles, n oublions pas qu au quator-
zieme, Liege eut ses excellents chroniqueurs Jean d Outre-Meuse,
Lebel et Hemricourt (Voir dans celui-ci l amusant portrait de ce
magnifique et vaillant chanoine Lebel Froissart declare lui meme
avoir copie Lebel dans les commencements de sa chronique —
Le XVIIᵉ siecle n'a pas eu de plus savants hommes ni de plus judicieux que Louvrex on sait que Fenelon, en proces avec Liege
pour les droits de son archevêche se desista sur la lecture d un
memoire du juris-consulte liegeois — De nos jours MM Lavalleye, Lesbroussart, Polain et d'autres encore ont prouve que cet
heureux et facile esprit de Liege n en etait pas moins propre aux
grands travaux d'erudition.

tres de la mélodie ont été les enfants de chœur de
Mons ou de Nivelle[1].

Aimable, léger filet de voix, chant d'oiseau le long
de la Meuse.. Ce fut la vraie voix de la France, la voix
même de la liberté . Et sans la liberté, qui eût chanté
sous ce climat sévère, dans ce pays sérieux? Seule, elle
pouvait peupler les tristes clairières des Ardennes. Liberté des personnes, ou du moins servage adouci[2],

[1] Les plus anciens de ces musiciens sont Josquin des Prez,
doyen du chapitre de *Condé*, Aubert Ockergan, du *Hainaut*, tré-
sorier de Saint-Martin de Tours (m. 151 ? Jean le Teinturier, de
Nivelle (qui vivait encore en 1490, appelé par Ferdinand, roi de
Naples, et fondateur de l'école napolitaine, Jean Fusnier, d'*Ath*,
directeur de musique de l'archevêque de Cologne, précepteur des
pages de Charles-Quint, Roland de Lattre, né a *Mons* en 1520,
directeur de la musique du duc de Bavière (Mons lui éleva une
statue), etc On sait que Gretry était de *Liége*, Gossec de *Vergnies*
en Hainaut, Mehul de *Guet* Le physicien de la musique, Savart,
est de *Mézières* — Quant a la peinture, c'est la Meuse qui en a
produit le rénovateur Jean le Wallon (Joannes Gallicus), autrement dit Jean de Eyck, et très-mal nommé Jean de Bruges Il
naquit à *Maseyck*, mais probablement d'une famille wallonne
Voir notre tome VI. — V Guicchardin, Description des Pays-Bas,
Laserna, Bibliotheque de Bourgogne p 162-268, Fétis, Mémoire
sur la musique ancienne des Belges, et la Revue musicale, 2e se-
rie, t III 1830, p 230

[2] Les guerres continuelles donnaient une grande valeur a
l'homme et obligeaient de le ménager La culture, déja fort difficile, ne pouvait avoir lieu qu'autant que le serf même serait, en
realité, a peu près libre Le servage disparut de bonne heure
dans certaines parties des Ardennes — La coutume de Beaumont
(qui du duché de Bouillon se répandit dans la Lorraine et le
Luxembourg) accordait aux habitants le libre usage des eaux et
des bois, la faculte de se choisir des magistrats, de vendre à volonté leurs biens, etc. — Au commencement du XIIIe siecle (1236,
le seigneur d'Orchimont affranchit ses villages de Gerdines, *selon*

vastes libertés de pâtures, immenses communaux, libertés sur la terre, sous la terre, pour les mineurs et les forgerons[1].

Deux églises, le pèlerinage de Saint-Hubert[2] et l'asile de Saint-Lambert, c'est là le vrai fonds des Ardennes. A Saint-Lambert de Liége, douze abbés, devenus chanoines, ouvrirent un asile, une ville aux

les libertés de Renwez (Concessi, ad legem Renwex, libertatem, il réduit tous ses droits au terrage, au cens, à un léger impôt de mouture Saint-Hubert et Mirwart suivirent cet exemple — Originaire moi-même de Renwez, j'ai trouvé avec bonheur dans le savant ouvrage de M. Ozeray cette preuve des libertés antiques du pays de ma mère. Ozeray, Histoire du duché de Bouillon, p 74-75, 110, 114, 118.

[1] Les grands propriétaires qui attachent les communes aux Ardennes ou ailleurs devraient se rappeler que sans les plus larges privilèges communaux, le pays fut resté désert. Ils demandent partout des titres aux communes et souvent les communes n'en ont pas, justement parce que leur droit est très-antique et d'une époque où l'on n'écrivait guère —Vous demanderez bientôt sans doute à la terre le titre en vertu duquel elle verdoie depuis l'origine du monde

[2] L'image naïve de l'Église transformant en hommes, en chrétiens, les bêtes sauvages de ces déserts, se trouve dans les légendes des Ardennes Le loup de Stavelot devient serviteur de l'évêque, ce loup ayant mangé l'âne de saint Remacle le saint homme fait du loup son âne et l'oblige de porter les pierres dont il bâtit l'église dans les armes de la ville, le loup porte la crosse à la patte — Au bois du cerf de Saint-Hubert fleurit la croix du Christ, le chevalier auquel il apparaît est guéri des passions mondaines — Le pèlerinage de Saint-Hubert était comme on sait, renommé pour guérir de la rage Nos paysans de France, comme ceux des Pays-Bas, allaient en foule mordus ou non mordus, se faire greffer au front d'un morceau de la sainte étole Les parents de saint Hubert, qui vivaient toujours dans le pays guérissaient aussi avec quelques prières Délices des Pays-Bas ed. 1785), IV, p 50, 172

populations d'alentour, et dressèrent un tribunal pour
le maintien de la paix de Dieu Ce chapitre se fit, en
son évêque, le grand juge des Marches La juridiction
de l'*anneau* fut redoutée au loin A trente lieues autour,
le plus fier chevalier, fût-il des quatre fils Aymon,
tremblait de tous ses membres quand il était cité à la
ville noire, et qu'il lui fallait comparaître au *péron* de
Liége[1].

Forte justice et liberté, sous la garde d'un peuple
qui n'avait peur de rien, c'était, autant que la bonne
humeur des habitants, autant que leur ardente industrie, le grand attrait de Liege, c'est pour cela que le
monde y affluait, y demeurait et voulait y vi re Le
voyageur qui, à grand'peine, ayant franchi tant de pas
difficiles, voyait enfin fumer au loin la grande forge,
la trouvait belle et rendait grâce à Dieu La cendre de
houille, les scories de fer lui semblaient plus douces
à marcher que les prairies de Meuse. L'Anglais Man-
deville, ayant fait le tour du monde, s'en vint à Liége
et s'y trouva si bien qu'il n'en sortit jamais[2]. Doux lo-
tos de la liberté'

Liberté orageuse, sans doute, ville d'agitations et
d'imprévus caprices. Eh bien, malgré cela, pour cela

---

[1] Le *péron* était, comme on sait, la colonne au pied de laquelle
se rendaient les jugements. Elle était surmontée d'une croix et
d'une pomme de pin (symbole de l'association dans le Nord, comme
la grenade dans le Midi?) Je retrouve la pomme de pin a l'hôtel
de ville d'Augsbourg et ailleurs.

[2] Comme le disait son épitaphe « Qui, toto quasi orbe lustrato
Leodidicm vitæ suæ clausit extremum, anno Domini MCCCLXXI »
Ortelius, apud Boxhorn De rep. Leod auctores præcipui, p. 57

peut-être, on l'aimait. C'était le mouvement, mais, à
coup sûr, c'était la vie (chose si rare dans cette lan-
gueur du moyen âge !), une forte et joyeuse vie, mêlée de travail, de factions, de batailles : on pouvait
souffrir beaucoup dans une telle ville, s'ennuyer?
jamais[1].

Le caractère le plus fixe de Liége, à coup sûr, c'é-
tait le mouvement. La base de la cité, son *tréfoncier*
chapitre, était, dans sa constance apparente, une personne mobile, variée sans cesse par l'élection, mêlée
de tous les peuples, et qui s'appuyait contre la noblesse indigène d'une population d'ouvriers non moins
mobile et renouvelée[2].

---

[1] Cette terrible histoire n'en est pas moins très-gaie. V. Hemricourt, Miroir des nobles de Hasbaye, p 139, 288, 366, etc

« Défense de violer les demeures des citoyens En *lansant*,
ferrant ou *jettant* aux maisons, ou personnes extantes en icelles,
à peine d'un voiage de S Jacques » Le regiment des bastons,
1442 apud Bartollet Consilium juris, etc , artic 34 Je dois la
possession de ce precieux opuscule, qui donne l'analyse de presque
toutes les chartes liegeoises, à l'obligeance de M Polain, conservateur des archives de Liege

[2] In stylo curiarum secularum Leod , c. v., art 8, c XIII,
art 20, et alibi *segneurs* TREFONCIERS dicuntur in quorum
propria sunt decimae reditus, census, justicia praedium, licet alii
sint usufructuarii » — « TREFONCIERS et lansagers peuvent demander pour toute de relief » Cout de Liege, c XV, art 17. —
« Et est à savoir que cil qui ara suer l'iretage le premier cens,
l'on apele le TREFFONS » Usatici urbis Ambianensis, mss Ducange,
verbo TREFFUNDIS

Hemricourt se plaint (vers 1390?) de ce que le *quart* de la population de Liege, loin d'etre né dans la ville n'est pas même de
la principauté. Patron de la temporalite, cite par Villenfagne,
Recherches (1817), p. 53.

Curieuse expérience dans tout le moyen âge une
ville qui se défait, se refait, sans jamais se lasser Elle
sait bien qu'elle ne peut périr, ses fleuves lui rappor-
tent chaque fois plus qu'elle n'a détruit, chaque fois
la terre est plus fertile encore, et du fond de la terre
la Liége souterraine, ce noir volcan de vie et de richesse [1], a bientôt jeté, par-dessus les ruines, une
autre Liége, jeune et oublieuse, non moins ardente
que l'ancienne et prête au combat.

Liége avait cru d'abord exterminer ses nobles, le
chapitre avait lancé sur eux le peuple, et ce qui en
restait s'était achevé dans la folie d'un combat à ou-
trance [2] Il avait été dit que l'on ne prendrait plus les
magistrats que dans les métiers [3], que, pour être con-

---

[1] On tire la houille de dessous Liege même Un ange a indiqué
la première houillère Une de celles du Limbourg s'appelle vul-
gairement *Heemlich*, autrefois *Hemelryck* (royaume du ciel), à
cause de sa richesse. — Ernst , Histoire du Limbourg (ed de
M Lavalleye, I, 119. V. aussi le memoire de l'editeur sur l'epoque de la decouverte

[2] Voir, à la suite du Miroir des nobles de Hasbaye, le beau
recit de la guerre des Awans et des Waroux, si bien prepare par
les genealogies qui precedent, et par la curieuse preface de ces
genealogies.

[3] Les exemples abondent dans Hemricourt, pour les changements de condition, pour les alliances de bas en haut et de haut
en bas, etc. — En voici deux prises au hasard — Corbeau Awans
(l'un des principaux chefs dans cette terrible guerre des nobles)
epouse la fille de « M Colar Barkenheme, chevalier quy fut sor-
nomeis delle Crexhan, par tant qu'il demoroit en la maison
con dit le Crexhan a Liege, en la quelle *ilh avoit longtemps
rendut uns* (car ilh est *viniers*), anchois qu'il presist l ordenne
de chevalerie » — Ailleurs, le tres-noble et vaillant Thomas de
Hemricourt s'excuse d'entrer dans la guerre civile, sur ce qu il

sul, il faudrait être charron, forgeron, etc Mais voilà
que des métiers même pullulent des nobles innombra-
bles, de nobles drapiers et tailleurs, d'illustres mar
chands de vin, d'honorables houillers[1].

Liége fut une grande fabrique, non de drap ou de
fer seulement, mais d'hommes je veux dire une facile
et rapide initiation du paysan à la vie urbaine, de
l'ouvrier à la vie bourgeoise, de la bourgeoisie à la
noblesse Je ne vois pas d ici l'immobile hiérarchie des
classes flamandes [2] Entre les villes du Liégeois, les
rapports de subordination ne sont pas non plus si fortement marqués Liége n'est pas, ainsi que Gand ou
Bruges, la ville mère de la contrée, qui pèse sur les

est marchand de vin, et il est visible qu il s agit d un véritable
commerce, et non d'une vente fortuite, comme les étudiants
avaient le privilège d'en faire dans notre Université de Paris. Ce
Thomas « de plusieurs gens estoit acoucters par tant qu'il estoit
venu . Ilh repondit que c'estoit un *marchands* et qu il pooit tres
mal laissier sa chevanche por entrer en ces weries   » Henri-
court, Miroir des nobles de Hasbaye, p 206, 338, et p 33, 141,
160, 187, 189, 225, 254 277, 296, etc

[1] Au commencement du XV siecle, epoque de la proscription
de Watheu d Atlin, ses amis paraissent être des propriétaires
de houilleres. V dans M Polain un recit tres-net de cette affaire,
si obscure partout ailleurs.

[2] Autre difference essentielle entre les deux peuples si le
revolutions de Liege semblent montrer plus de mobilite, nioins
de perseverance et d'esprit de suite, que celles de la Flandre, il
est pourtant juste de dire qu en plusieurs points la constitution
de Liege reçut des développements qui manquerent a celles de
villes flamandes par exemple, l election populaire du magistrat
et la responsabilite ministerielle Nul ordre de l eveque n avait
force s il n etait signe d un ministre auquel le peuple put s en
prendre — Je dois cette observation a M Lavalleye, aussi verse
dans l histoire des Pays-Bas en general que dans celle de Liege

jeunes villes d'alentour, comme mère ou marâtre Elle
est pour les villes liégeoises une sœur du même age
ou plus jeune, qui, comme église dominante, comme
armée toujours prête, leur garantit la paix publique.
Quoiqu'elle ait elle-même par moments troublé cette
paix, abusé de sa force, on la voit, dans telles de ses
institutions juridiques les plus importantes, limiter son
pouvoir et s'associer les villes secondaires sur le pied
de l'égalité [1].

Le lien hiérarchique, loin d'être trop fort dans ce
pays, fut malheureusement faible et lâche, faible entre
les villes, entre les fiefs ou les familles, au sein de la
famille même [2] Ce fut une cause de ruine Le chroniqueur de la noblesse de Liége, qui écrit tard et comme
au soir de la bataille du XIV⁰ siècle pour compter les
morts, nous dit avec simplicité un mot profond

---

[1] Les vingt-deux institués en 1372 pour juger les cas de force
et violence, furent composés de *quatre* chanoines (qui étaient
indifféremment indigènes ou étrangers), de quatre nobles et de
quatre bourgeois (*huit indigènes liegeois*), enfin, de *deux* bourgeois de Dinant et *deux* d'Huy, Tongres, Saint-Trond et quatre
autres villes envoyaient *chacune un* bourgeois

[2] Melart en donne un exemple curieux La petite ville de Ciney,
qui devait porter ses appels aux échevins d Huy, finit par obtenir
d'en être dispensée Huy, à son tour, prétend qu'un de ses évêques lui a donné ce privilege, qu'aucun de ses bourgeois ne pût
être jugé par les échevins de Liége, et cet autre, qu'ils ne seraient
tenus d'aller en guerre (*en ost banni*), à moins que les Liégeois
ne les eussent précédés de huit jours. Melart, Histoire de la ville
et du chasteau de Huy, p 7 et 22

Hemricourt, dit qu à partir de la fin de la grande guerre des
nobles (1335), ils negligèrent generalement leurs parents pauvres,
n'ayant plus besoin de leur épée. Miroir de la noblesse de Has
baye, p 267.

qui n'explique que trop l'histoire de Liége (et bien
d'autres histoires[1]) . « Il y avait dans ce temps-là, à
Visé-sur-Meuse, un prud'homme qui faisait des selles
et des brides, et qui peignait des blasons de toute
sorte Les nobles allaient souvent le voir pour son talent, et lui demandaient des blasons. Ce qu'il y avait
d'étrange, c'est que les frères ne prenaient pas les
mêmes, mais de tout contraires d'emblèmes et de couleurs, pourquoi je ne le sais, si ce n'est que chacun
d'eux *voulait être chef* de sa branche, et que l'autre
n'eût pas seigneurie sur lui. »

Chacun *voulait être chef*, et chacun périssait[1] Au
bout d'un demi-siècle de domination, la haute bourgeoisie est si affaiblie qu'il lui faut abdiquer (1384).
Liége présenta alors l'image de la plus complète égalité qui se soit peut-être rencontrée jamais, les petits
métiers votent comme les grands, les ouvriers comme
les maîtres ; les apprentis même ont suffrage[2] Si les
femmes et les enfants ne votaient pas, ils n'agissaient
pas moins En émeute, parfois même en guerre, la
femme était terrible, plus violente que les hommes,
aussi forte, endurcie à la peine, à porter la houille, à
tirer les bateaux[3].

---

[1] « Ils ne voloyent nient que nus deauz awist sor l'autre san-
gnorie, ains voloit cascuns d'eaz estre chief de sa branche »
Hemricourt, p. 4 Voir les passages relatifs aux continuels changements d'armes, p 179, 189, 197, etc Aussi dit-il « A poynes
soit-on al jour-duy quels armes, ne quelle blazons ly nobles et
gens de linage doyent porteir » Ibidem, p .855.

[2] Hemricourt, Patron de la temporalité, cité par Villenfagne.
Recherches (1817), p. 54.

[3] On sait le proverbe sur Liége . *Le paradis des prêtres, l'enfer*

La chronique a jugé durement cette Liége ouvrière
du xiv° siècle, mais l'histoire, qui ne se laisse pas do-
miner par la chronique et qui la juge elle-même, dira
que jamais peuple ne fut plus entouré de malveillances, qu'aucun n'arriva dans de plus défavorables circonstances à la vie politique. S'il périt, la faute en fut
moins à lui qu'à sa situation, au principe même dont
il était né et qui avait fait sa subite grandeur.

Quel principe? nul autre qu'un ardent génie d'action, qui, ne se reposant jamais, ne pouvait cesser un
moment de produire sans détruire.

La tentation de détruire n'était que trop naturelle
pour un peuple qui se savait haï, qui connaissait parfaitement la malveillance unanime des grandes classes
du temps, le prêtre, le baron et l'homme de loi. Ce
peuple enfermé dans une seule ville, et par conséquent
pouvant être trahi, livré en une fois, avait mille alar-
mes, et souvent fondées. Son arme en pareil cas, son
moyen de guerre légal contre un homme, un corps
qu'il suspectait, c'était que les métiers *chômassent* à
son égard, déclarassent qu'ils ne voulaient plus travailler pour lui. Celui qui recevait cet avertissement,
s'il était prudent, fuyait au plus vite.

---

des femmes (elles y travaillent rudement), *le purgatoire des
hommes* (les femmes y sont maitresses) — Plusieurs passages des
chroniques de Liége et des Ardennes témoignent du génie viril
des femmes de ce pays, entre autres la terrible défense de la tour
de Crevecœur. Gaillot, Hist. de Namur, III, 272 — « Près Treit,
aucunes femmes Liégeoises vindrent en habits d'homme, avec les
armes, et firent au pays si grandes thrannies qu'elles surmon-
toient les hommes en excès. » *Bibl. de Liége, ms* 180, *Jean de
Stavelot, fol.* 159.

Liége, assise au travail sur sa triple rivière, est
comme on sait dominée par les hauteurs voisines. Les
seigneurs qui y avaient leurs tours, qui d'en haut
épiaient la ville, qui ouvraient ou fermaient à volonté
le passage des vivres, lui étaient justement suspects.
Un matin, la montagne n'entendait plus rien de la
ville, ne voyait ni feu ni fumée, le peuple chômait, il
allait sortir, tout tremblait... Bientôt, en effet, vingt
à trente mille ouvriers passaient les portes, marchaient
sur tel château, le défaisaient en un tour de main et
le mettaient en plaine[1], on donnait au seigneur des
terres en bas, et une bonne maison dans Liége.

L'un après l'autre descendirent ainsi tous et châteaux. Les Liégeois prirent plaisir à tout niveler, à
démolir eux-mêmes ce qui couvrait leur ville, à faire
de belles routes pour l'ennemi, s'il était assez hardi
pour venir à eux. Dans ce cas, ils ne se laissaient jamais enfermer, ils sortaient tous à pied, sans cheva-

[1] C'est ce qui arriva au chevalier Radus. Au retour d'un voyage
qu'il avait fait avec l'évêque de Liége, il chercha son château des
yeux, et ne le trouva plus. « Par ma foi ! s'écria-t-il, sire évêque,
ne sais si je rêve ou si je veille, mais j'avois accoutumance de
voir d'ici ma maison sylvestre et ne l'aperçois point aujourd'hui.
— Or, ne vous courroucez, mon bon Radus, répliqua doucement
l'évêque, de votre château, j'ai fait faire un moustier, mais vous
n'y perdrez rien. » — Jean d'Outre-Meuse cité par M. Polain, dans
ses Récits historiques. — Voir aussi dans le même ouvrage comment ce brave évêque venant baptiser l'enfant du sire de Che-
vremont, fit entrer ses hommes d'armes couverts de chapes et
de surplis, s'empara de la place, etc. — « Les Dinantais entre
eux divisés à l'occasion de Saint-Jean de Valle, chevalier duquel
ils furent contraints de détruire la thour et chasteaux. » Bibl. de
Liége, ms. 183, Jean de Starelot, an. 1464.

. . le défaisaient en un tour de main et le mettaient en plaine.

Tome VIII

liers, n'importe De même que la ville de pierre n'aimait point les châteaux autour d'elle, la ville vivante
croyait n'avoir que faire de ces pesants gendarmes,
qui, pour les armées du temps, étaient des tours mou-
vantes Ils n'en allaient pas moins gaiement, lestes
piétons, dans leurs courtes jaquettes, accrocher, renverser les cavaliers de fer

Et pourtant, que servait cette bravoure? Ce vaillant
peuple, rangé en bataille, pouvait apprendre qu'il
était, lui et sa ville, donné par une balle à quelqu'un
de ceux qu'il allait combattre, que son ennemi devenait son évêque Dans sa plus grande force et ses plus
fiers triomphes, la pauvre cité était durement avertie
qu'elle était terre d'église Comme telle, il lui fallut
maintes fois s'ouvrir à ses plus odieux voisins, s'ils
n'étaient pas assez braves pour forcer l'entrée par l'é-
pée, ils entraient déguisés en prêtres.

Le nom suffisait, sans le déguisement. On donnait
souvent cette église à un laïque, à tel jeune baron,
violent et dissolu, qui prenait évêché comme il eût pris
maîtresse, en attendant son mariage. L'évêché lui
donnait droit sur la ville. Cette ville, ce monde de travail, n'avait de vie légale qu'autant que l'évêque autorisait les juges. Au moindre mécontentement, il emportait à Huy, à Maestricht [1], le bâton de justice, fer-

---

[1] Maestricht etait sous la souveraineté indivise de l'eveque de
Liege et du duc de Brabant, comme il resulte de la vieille formule
  Een heer, geen heer (*un seigneur, point de seigneur*),
  Twen heeren, een heer (*deux seigneurs, un seigneur*).
  Trajectum neutri domino, sed paret utrique
V. Polain, De la Souveraineté indivise, etc , 1831, et Lavalleye,

mait églises et tribunaux · tout ce peuple restait sans culte et sans loi.

Au reste, la discorde et la guerre ou Liège va s'enfonçant toujours ne s'expliqueraient pas assez, si l'on n'y voulait voir que la tyrannie des uns, l'esprit brouillon des autres Non, il y a à cela une cause plus profonde. C'est qu'une ville qui se renouvelait sans cesse devait perdre tout rapport avec le monde immobile qui l'environnait. N'ayant plus d'intermédiaire avec lui [1], ni de langue commune, elle ne comprenait plus n'était plus comprise Elle repoussait les mœurs et les lois de ses voisins, les siennes même peu à peu Le vieux monde (féodal ou juriste) incapable de ne rien entendre à cette vie rapide, appela les Liégeois hai-droits [2],

extrait d'un mem. de Louvrex sur ce sujet, a la suite du tome III de l'Histoire du Limbourg de Ernst

[1] Les chevaliers leur faisaient faute en paix plus encore qu'en guerre S'agissait-il d'envoyer une ambassade a un prince, ils ne savaient souvent qui employer Louis XI les priant de lui envoyer des ambassadeurs avec qui il put s'entendre, ils répondent qu'ils ont peu de noblesse du parti de la cité et que ce peu de nobles est occupé a Liège dans les emplois publics. Bibl royale, mss Baluze, 16., 1er aout 1407

[2] Dans les deux poèmes de la Bataille de Liège, et les Sentences de Liège, ils sont nommés he-drois Memoires pour servir à l'Histoire de France et de Bourgogne I, 373-376 Les chefs des hai-drois sous Jean de Bavière sont un ecuyer, un boucher qui avait été bourgmestre un licencié en droit civil et canonique, un avocat a la chaux Zantfliet, ap Martene, Ampliss, Collect , V 303 Au reste, les ennemis du droit strict trouvaient de quoi s'appuyer dans la loi même, puisque la Paix de Fexhe (1316) porte que les Liégeois doivent etre traités par jugement d'echevins ou d'hommes et que le changement dans les lois qui peuvent etre ou trop ... ou trop rudes, ou trop étroites, doit etre

sans voir qu'ils avaient droit de haïr un droit mort,
fait pour une autre Liége, et qui était pour la nouvelle
le contraire du droit et de l'équité

Apparaissant au-dehors comme l'ennemie de l'anti-
quité, comme la *nouveauté* elle-même, Liége déplaisait
à tous Ses alliés ne l'aimaient guère plus que ses ennemis. Personne ne se croyait obligé de lui tenir parole

Politiquement, elle se trouva seule et devint comme
une île Elle le devint encore sous le rapport commer-
cial, à mesure que tous ses voisins, se trouvant sujets
d'un même prince, apprirent à se connaître, à échan-
ger leurs produits, à soutenir la concurrence contre
elle Le duc de Bourgogne, devenu en dix ans maître
de Limbourg, du Brabant et de Namur, se trouve être
l'ennemi des Liégeois, et comme leur concurrent pour
les houilles et les fers, les draps et les cuivres[1].

---

attempéré par le sens du pays Dewez Droit public, t V des
Mem de l'Acad de Bruxelles
  [1] Il semblerait, d'après les devises, que la guerre de Louis
d'Orléans et de Jean sans Peur peut se rattacher à la concurrence
du charbon de bois et de la houille du Luxembourg et des Pays-
Bas Monseigneur d'Orléans, *Je suis mareschal de grant renommée, il en appert bien, j'ay forge licee* Monseigneur de Bourgogne, *Je suis charbonnier d'échange contree, J ai assez charbon
pour faire fumee Bibl royale mss Colbert 2403 regius 9631-5*
  Les tisserands du Liégeois n'étaient pas moins anciens que
ceux de Louvain La chronique de Saint-Trond nous montre des
tisserands en 1133, à Saint-Trond, à Tongres, etc » Est genus
mercenariorum quorum officium ex lino et lana tecere telas, hoc
*procax et superbum supra alios mercenarios vulgo reputatur »
Spicilegium, II, 704 (ed in-folio)
  « Survint une grosse guerre entre les Bourguignons et les

Étrange rapprochement des deux esprits féodal et industriel[1] Le prince chevaleresque, le chef de la croisade, le fondateur de la Toison d'or, épouse contre Liége les rancunes mercantiles des forgerons et des chaudronniers.

Il ne fallait pas moins qu'une alliance inouie d états et de principes jusque là opposés, pour accabler un peuple si vivace Pour en venir a bout, il fallait que de longue date, de loin et tout autour, on fermât les canaux de sa prospérité, qu'on le fit peu à peu dépérir. C'est à quoi la maison de Bourgogne travailla pendant un demi-siècle.

D'abord elle tint à Liége, trente ans durant, un évêque à elle, Jean de Heinsberg, parasite, *domestique* de Philippe le Bon. Ce Jean, par lâcheté, mollesse et connivence, énerva la cité en attendant qu'il la livrât. Lorsque le Bourguignon, ayant acquis les pays d alentour et presque enfermé l'évêché, commença d'y parler en maître. Liége prit les armes, l'évêque invoqua l'arbitrage de son archevêque, celui de Cologne, et souscrivit à sa sentence paternelle, qui ruinait Liége au profit du duc de Bourgogne, la frappant d'une amende monstrueuse de deux cent mille florins du Rhin (1431)[1].

Liége baissa la tête, s'engagea à payer tant par

Dinantois, pour la marchandise de cuivre. » *Bibl de Liege, ms* 180, *Jean de Starclot, f* 1.2 *verso*

[1] Melart lui-même, si partial pour les evèques, avoue que cette paix a ete « infame, et ou l evesque s est abaisse trop vilement, blasme en cela de s'avoir laisse mettre la chevestre au col » Melart, Histoire de la ville et chasteau de Huy, p 215

Cet argent venait a point pour cette maison, si riche et si

terme; il y en avait pour de longues années Elle se fit
tributaire, afin de travailler en paix. Mais c'était pour
l'ennemi qu'elle travaillait, une bonne part du gain
était pour lui. Ajoutez qu'elle vendait bien moins, les
marchés des Pays-Bas se fermaient pour elle, et la
France n'achetait plus, épuisée qu'elle était par la
guerre.

Il résulta de cette misère une misère plus grande.
C'est que Liége, ruinée d'argent, le fut presque de
cœur. Voir à chaque terme le créancier à la porte, qui
gronde et menace si vous ne payez, cela met bien bas
les courages Cette malheureuse ville, pour n'avoir pas
la guerre, se la fit à elle-même; le pauvre s'en prit au
riche, proscrivant, confisquant, faisant ressource du
sang liégeois, alléché peu à peu aux justices lucra-
tives[1] Et tout cela pour gorger l'ennemi.

La France voyait périr Liége, et semblait ne rien
voir Ce n'est pas là ce qui eût eu lieu au xiii° ou xive
siècle, les deux pays se tenaient bien autrement alors.

necessiteuse, dont la recette (sans parler de certaines années
extraordinaires, et vraiment accablantes) parait avoir flotté, de
1430 a 1442, entre 200,000 et 300,000 ecus d or, — de 1442 a 1468,
entre 300,000 et 400,000 C'est du moins ce que je crois pouvoir
induire du budget annuel qui m'a ete communique par M Adolphe
Le Gay Archives de Lille, Comptes de la recette generale des
finances des ducs Jean et Philippe

[1] C'est là, selon toute apparence, la triste explication qu'il faut
donner de l'affaire si obscure de Wathieu d Athin, de la proscription de ses amis, les maitres des houillères, d'ou resulta un conflit
deplorable entre les metiers de Liége et les ouvriers des fosses
voisines La ville, deja isolee des campagnes par la ruine de la
noblesse, le devint encore plus lorsque l'alliance antique se rompit
entre le houiller et le forgeron.

A travers mille périls, nos Français allaient visiter en
foule le grand saint Hubert. Les Liégeois, de leur
part, n'étaient guère moins dévots au roi de France,
leur pèlerinage était Vincennes. C'est là qu'ils venaient
faire leurs lamentations, leurs terribles histoires des
nobles brigands de Meuse, qui, non contents de piller
leurs marchands, mettaient la main sur leurs évêques,
témoin celui qu'ils lièrent sur un cheval et firent courir à mort .. Parfois, la terreur lointaine de la France
suffisait pour protéger Liége   en 1276, lorsque toute
la grosse féodalité des Pays-Bas s'était unie pour l'é-
craser, un mot du fils de saint Louis les fit reculer
tous Nos rois, enfin, s'avisèrent d'avoir sur la Meuse
contre ces brigands un brigand à eux, le sire de La
Marche, prévôt de Bouillon pour l'évêque, quelquefois
évêque lui-même, par la grâce de Philippe le Bel ou de
Philippe de Valois.

Ce fut aussi La Marche qu'employa Charles VII
N'ayant repris encore ni la Normandie ni la Guienne,
il ne pouvait rien, sinon créer au Bourguignon une petite guerre d'Ardennes, de lui lancer le Sanglier[1].

----

[1] Il serait curieux de suivre l'action progressive de la France
dans les Ardennes, depuis le temps où un fils du comte de Rethel
fonda Château-Renaud Nos rois, de bonne heure, achetèrent
Mouzon à l'archevêque de Reims Suzerains de Bouillon, et de
Liége pour Bouillon, voulant fonder sur la Meuse la juridiction
de la France, ils y prirent pour agents les La Marche et non La
Mark, puisque La Marche est en pays wallon les fameux *Sau-
gliers* Nous les tenons par une chaine d'argent et nous les
lâchions au besoin Ils grossirent peu à peu de la bonne nourriture qu'ils tirent de la France Par force ou par amour, par vol
ou par mariage ils eurent les châteaux des montagnes Lorsque

Lorsque ce Bourguignon insatiable, ayant presque tout
pris autour de Liége, prit encore le Luxembourg,
comme pour fermer son filet, La Marche mit garnison
française dans ses châteaux, défia le duc. Qui n'aurait
cru que Liége eût saisi cette dernière chance d'affranchissement? Mais elle était tellement abattue de cœur
ou dévoyée de sens, qu'elle se laissa induire par son
évêque à combattre son allié naturel [1], à détruire celui
qui, par Bouillon et Sedan, lui gardait la haute Meuse,
la route de la France (1415)

L'évêque, désormais moins utile et sans doute
moins ménagé, semble avoir regretté sa triste politique Il eut l'idée de relever La Marche, lui rendit le
gouvernement de Bouillon [2]. Le Bourguignon, voyant

Robert de Braquemont quitta la Meuse pour la Normandie (la mer
et les Canaries), il vendit Sedan aux La Marche, qui le fortifiè-
rent, et en firent un grand asile entre la France et l'Empire. De
ce fort, ils défiaient hardiment un Philippe le Bon, un Charles-
Quint Le terrible ban de l'Empire les terrifiait peu. Ces *San-
gliers*, comme on les appelait du côté allemand, donnèrent à la
France plus d'un excellent capitaine sous François Ier le brave
Flemanges qui avec ses lansquenets, fit justice des Suisses. Par
mariage enfin, les La Marche aboutissent glorieusement à Turenne
— En 1320, Adolphe de la Marche, évêque de Liége, reconnaît
recevoir du roi 1,000 livres de rentes 1337 il donne quittance
de 15,000 livres, et promet secours contre Édouard III En 1344,
Engilbert de la Marche fait hommage au roi, puis en 1354 pour
2,000 livres de rente, qu'il réduit à 1,200 en 1268 *Archives du
royaume, Trésor des chartes* 1 o27

[1] Sous le prétexte que si Liége n'aidait le duc, il garderait pour
lui ces châteaux qui étaient des fiefs de l'évêché Zantfliet ap
Martene, Ampliss Coll, V 453 Voir aussi Adrianus de Veteri
Bosco, Du Clercq, Suffridus Petrus, etc

[2] La Marche se présenta au chapitre pour faire serment le 8

bien que son évêque tournait, ne lui en donna pas le
temps, il le fit venir et lui fit une telle peur qu'il resigna en faveur d'un neveu du duc, le jeune Louis de
Bourbon[1] Au même moment, il forçait l'élu d'Utrecht
de résigner aussi en faveur d'un sien bâtard, et ce bâtard, il l'établissait à Utrecht par la force des armes,
en dépit du chapitre et du peuple[2]

Le duc de Bourgogne ne sollicita pas davantage pour
son protégé le chapitre de Liége, qui pourtant était
non-seulement électeur naturel de l'évêque mais de
plus originairement souverain du pays et prince avant
le prince Il s'adressa au pape, et obtint sans difficulté
une bulle de Calixte Borgia

Liége fut peu édifiée de l'entrée du prélat celui
qu'on lui donnait pour père spirituel était un écolier
de Louvain, il avait dix-huit ans. Il entra avec un cor-
tége de quinze cents gentilshommes, lui même galam-
ment vêtu, habit rouge et petit chapeau[3]

---

mars 1455, date importante pour l'explication de tout ce qui suit
Explanatio uberior et Assertio juris in ducatum Bullonien-em pro
Max Henrico Bavariæ duce, epise Leod 1681 in-4°, p 121

[1] Plusieurs disent qu'on le menaça de la mort qu'on amena un
confesseur, etc Ce qui est sur c'est que pour faire croire qu'il
était libre on le fit résigner non chez le duc, mais dans une au-
berge, « Hospitium de Cygno Et juravit quod nunquam contra-
veniret, sub obligatione omnium bonorum suorum » Adrianus
de V Bosco, Ampliss Coll IV, 1226

[2] Meyer, si partial pour le duc dit lui-même « Metu potentis-
mi ducis » Meyer, Annal Flandr, t 318 verso

[3] « Indutus veste rubea habens unum parvum pileum »
Adrianus de Veteri Bosco ap Martene Amplissima Collectio, IV,
1230 Comment se fait-il que cet excellent continuateur des Chroniques de saint Laurent temoin oculaire et très judicieux, ait été

On voyait bien, au reste, d'où il venait : il avait un Bourguignon à droite et un à gauche. Tout ce qui suivait était Bourguignon, Brabançon, pas un Français, personne de la maison de Bourbon. Autre n'eût été l'entrée si le Bourguignon lui-même fût entré par la brèche.

S'ils ne crièrent pas *Ville prise*, ils essayèrent du moins de prendre ce qu'ils purent, coururent à l'argent, au trésor des abbayes, aux comptoirs des Lombards; ils venaient, disaient-ils, emprunter *pour le prince.* Après avoir si longtemps extorqué l'argent par tribut, l'ennemi voulait, par emprunt, escamoter le reste.

L'évêque de Liége résidait partout plutôt qu'à Liége, il vivait à Huy, à Maestricht, à Louvain. C'est là qu'il eût fallu lui envoyer son argent, en pays étranger, chez le duc de Bourgogne. La ville n'envoya point, elle se chargea de percevoir les droits de l'évêché, droits sur la bière, droits sur la justice, etc.

généralement négligé? Parce qu'on avait sous la main, dans le recueil de Chapeauville, l'abréviateur Sulhidus Petrus, *domestique* de Granvelle, lequel écrit plus d'un siècle après la révolution, sans la comprendre, sans connaître Liége. Un seul mot peut faire apprécier l'ineptie de l'abréviateur : il suppose que Raes de Linthres fait jurer d'avance aux Liégeois d'obéir au régent quelconque qu'il pourra nommer (il lui fait dire que ce régent le frère du margrave de Bade) est aussi puissant que le duc de Bourgogne) etc. — Outre Commines et Du Clercq les sources sérieuses sont, pour Liége Adrien de Vieux Bois, pour Dinant la correspondance de ses magistrats dans les Documents publiés par M. Gachard. La petite ville a conservé ses archives mieux que Liége elle-même. Nous aurons bientôt une traduction d'Adrien et une traduction excellente, puisqu'elle sera de M. Lavalleye.

L'évêque seul avait le bâton de justice, le droit d'au-
toriser les juges. Il retint le bâton, laissant les tribunaux fermés, la ville et l'évêché sans droit ni loi. De
là de grands désordres[1]; une justice étrange s'orga-
nise, des tribunaux burlesques partout, dans la campagne, de petits compagnons, des garçons de dix-huit
ou vingt ans se mettent à juger, ils jugent surtout les
agents de l'évêque[2] Puis, la licence croissant, ils tien-
nent cour au coin de la rue, arrêtent le passant et le
jugent on riait, mais en tremblant, et pour être ab-
sous, il fallait payer

Le plus comique (et le plus odieux), c'est qu'apprenant que Liége allait faire rendre gorge aux procureurs de l'évêché, l'évêque vint en hâte intercéder ?
— non, mais demander sa part Il siégea. de bonne
grâce, avec les magistrats, jugea avec eux ses propres
agents, et en tira profit, on lui donna les deux tiers
des amendes[3]

En tout ceci, Liége était menée par le parti français,
plusieurs de ses magistrats étaient pensionnés de
Charles VII. La maison de Bourbon, puissante sous

---

[1] Moins cruels pourtant que la justice de l'evêque, a en juger
par l'effroyable supplice infligé a deux hommes ivres, dont l'un
avait proferé des menaces contre l'evêque, l'autre avait approuvé
« Quod factum fuit ad incutiendum timorem, versum fuit in hor-
rorem » Adrianus de Veteri Bosco, Ampliss Coll , IV, 1234

[2] « Qui se vocaverunt *dy Clapslagher*, et fecerunt fieri pro
signo unum vagum virum cum fuste in manu, quem ponebant in
vexillo, et in pecia papyri depictum portabant, affixum super
brachia et pilea sua » Ibidem, 1242

[3] « Sedendo cum eis, juvit dictare, sicut aiebant, sententias. »
Ibidem, 1244

ce règne, avait, selon toute apparence, ménagé cet étrange compromis entre la ville et Louis de Bourbon. Le duc de Bourgogne patientait, parce qu'il avait alors le dauphin chez lui, et croyait que, Charles VII mourant, son protégé arrivant au trône, la France tomberait dans sa main et Liége avec la France

On sait ce qui en fut Louis XI, à peine roi, fit venir les meneurs de Liége, leur fit peur ¹, les força de

---

¹ La scène est jolie dans Adrien De Dinant, on vient dire a Liége qu'il y a a Mouzon beaucoup de gens d'armes français, qu'ils vont envahir le pays Le capitaine declare qu'en effet il a ordre d'attaquer, si les Liegeois ne sont avant tel jour a Paris Les magistrats de Liege hésitent fort a partir Ils demandent un sauf-conduit, qui leur est refuse Arrivés près de Paris, tout contre le gibet royal, survient un messager de l'evêque de Liege, qui dit a l'un d'eux, Jean le Ruyt « O mon cher seigneur, où allez-vous, retournez, je vous en prie, que voulez-vous faire ? Voila Jean Bureau qui s'est constitue prisonnier jusqu'a ce qu'il ait prouve ce dont on vous accuse — Eh ! quoi ! dites-vous bien vrai ? — Oui, c'est comme je vous dis » A quoi Jean le Ruyt repliqua · « Ah ! ah ! ah ! Domine Deus (Jerémie) ¹ Je sais bien qu'il me faut mourir une fois, le pis qu'il me puisse arriver, c'est de finir a ce gibet. Donc, en avant !.. » La premiere personne qu'ils rencontrerent, ce fut Jean Bureau qu'on leur avait dit s'être constitue prisonnier Cependant le roi, apprenant leur arrivée, envoie les chercher, une fois, deux fois Introduits, ils se mettent a genoux le roi les fait relever Berard, l'envoye des nobles, fit en leur nom une belle harangue Puis le roi · « Gilles d'Huy est-il ici ? — Oui, sire — Et Gilles de Mes? — Sire, me voici — Et celui que mon pere, le roi Charles, a fait chevalier? — Sire, c'est moi, dit Jean le Ruyt » Alors le roi leur parla du bruit qui courait, qu'ils avaient promis à son pere de le ramener en France. Il chargea Jean Bureau de faire a ce sujet une enquête — Ils cherchèrent pendant trois jours l'evêque de Liege, et en furent reçus assez mal. Il ne retint avec lui que leur orateur l'envoye des nobles Le lendemain comme ils entraient au palais du roi celui qui ouvrait

mettre la ville sous sa sauvegarde, mais il n'en fit
pas davantage pour eux. Préoccupé du rachat de la
Somme, il avait trop de raison de ménager le duc de
Bourgogne S'il servit Liége, ce fut indirectement, en
achetant les Croy, qui, comme capitaines et baillis du
Hainaut, comme gouverneurs de Namur et du Luxembourg, auraient certainement vexé Liége de bien des
manières, s'ils n'eussent été d'intelligence avec le
roi.

Dans cette situation même, Liége, sans être atta-
quée, pouvait mourir de faim L'évêque, s'éloignant
de nouveau, avait jeté l'interdit, enlevé la clef des
églises et des tribunaux. Cette affluence de plaideurs,
de gens de toute sorte, que la ville attirait à elle,
comme haute cour ecclésiastique, avait cessé Ni plaideurs, ni marchands, dans une ville en révolution Les
riches partaient un à un, quand ils pouvaient les pauvres ne partaient pas, un peuple innombrable de pauvres, d'ouvriers sans ouvrage.

État intolérable et qui néanmoins pouvait durer Il
y avait dans Liége une masse inerte de modérés, de
prêtres Saint-Lambert, avec son vaste cloître, son
asile, son avoué féodal, sa bannière redoutée, était une

---

la porte leur dit . « Votre orateur est là qui parle contre vous »
Cependant le roi les tint pour excusés et dit qu'on ne parlât plus
de rien Puis il dit à Gilles de Mes « Voulez-vous que je vous
fasse chevalier ? — Mais, sire je n'ai ni terre ni fief » —
Voyant ensuite l'avoué de Tors avec un simple collier d'argent
« Voulez-vous la chevalerie ? — Sire je suis bien vieux — N'importe qu'on me donne une épée » Il le fit chevalier et un autre
encore Alors, les envoyés prièrent le roi de prendre la ville en sa
sauvegarde Ibidem, 1247-1250

ville dans la ville, une ville immobile, opposée à tout
mouvement. Les chanoines ne voulaient point, quelque
prière ou menace que leur fit la ville, officier malgré
l'interdit de l'évêque. D'autre part, comme *trefonciers*,
c'est-à-dire propriétaires du fond, comme souverains
originaires de la cité, ils ne voulaient point la quitter,
et n'obéissaient nullement aux injonctions de l'évêque, qui les sommait d'abandonner un lieu soumis à
l'interdit.

A toute prière de la ville, le chapitre répondait froidement « Attendons » De même, le roi de France
disait aux envoyés liégeois « Allons doucement, attendons, quand le vieux duc mourra » Mais Liége
mourait elle-même, si elle attendait.

Dans cette situation, le rôle des modérés, des anciens meneurs, agents de Charles VII, cessait de lui-
même Un autre homme surgit, le chevalier Raes,
homme de violence et de ruse, d'une bravoure douteuse, mais d'une grande audace d'esprit Peu de scrupule, il avait, dit-on, commencé (à peu près comme
Louis XI) par voler son père et l'attaquer dans son
chateau.

Raes, tout chevalier qu'il était et de grande noblesse [1] (les modérés qu'il remplaçait étaient au contraire des bourgeois), se fit inscrire au métier des
febves ou forgerons. Les batteurs de fer, par le nombre
et la force, tenaient le haut du pavé dans la ville, c'était
le *métier-roi*. Ils prirent à grand honneur d'avoir à leur

---

[1] Raes de Heers ou de Lintres, fils de Charles de la Rivière et
d'Arschot, et de Marie d'Haccour, d'Hermalle, de Wavre, etc

tête *un chevalier aux eperons d'or*, qui, dans ses armes, avait trois grosses fleurs de lis[1].

Il s'agissait de refaire la loi dans une ville sans loi, d'y recommencer le culte et la justice (sans quoi les villes ne vivent point) Avec quoi fonder la justice? avec la violence et la terreur? Raes n'avait guère d'autres moyens.

La légalité dont il essaya d'abord ne lui réussit pas. Il s'adressa au supérieur immédiat de l'évêque de Liége, à l'archevêque de Cologne, il eut l'adresse d'en tirer sentence pour lever l'interdit Simple délai le duc de Bourgogne, tout-puissant à Rome, fit confirmer l'interdit par un légat, puis, Liege appelant du légat, le pape fit plaider devant lui plaider pour la forme, tout le monde savait qu'il ne refuserait rien au duc de Bourgogne.

Raes, prévoyant bien la sentence, fit venir des docteurs de Cologne[2] pour rassurer le peuple, et en tira cet avis qu'on pouvait appeler du pape au pape mieux informé Il essayait en même temps d'un spectacle, d'une machine populaire, qui pouvait faire effet. Il gagna les Mendiants, les enfants perdus du clergé, leur fit dresser leur autel sous le ciel, dire la messe en plein vent

Le clergé, le noble chapitre, qui n'avaient pas cou-

---

[1] Je suppose qu'il les avait dès cette époque La fleur de lis se trouve fréquemment dans les armoiries liégeoises. Recueil heraldique des bourguemestres de la noble cité de Liège, p 109 infolio, 1720

[2] « *Des jurisconsultes*, dit le jesuite Fisen, pour deguiser la dissidence de l'autorite ecclesiastique. »

tume de se mettre à la queue des Mendiants, s'enveloppèrent de majesté, de silence et de mépris Les portes de Saint-Lambert restèrent fermées, les chanoines muets, il fallait autre chose pour leur rendre la voix

Le premier coup de violence fut frappé sur un certain Berart, homme double et justement haï, qui, envoyé au roi par la ville, avait parlé contre elle Les échevins le déclarèrent banni *pour cent ans*, les forgerons détruisirent de fond en comble une de ses maisons.

Bérart était un ami de l'évêque Peu de mois après, c'est un ennemi de l'évêque qui est arrêté, un des premiers auteurs de la révolution, des violents d'alors, des modérés d'aujourd'hui Ce modéré, Gilles d'Huy, est décapité sans jugement régulier, sur l'ordre de *l'avoué* ou capitaine de la ville, Jean le Ruyt, un de ses anciens collègues, qui prêtait alors aux violents son épée et sa conscience

Pour mieux étendre la terreur, Raes s'avisa de rechercher ce qu'était devenue une vieille confiscation qui datait de trente ans Bien des gens en détenaient encore certaines parts. Un modéré, Baré de Surlet, qui de ce côté ne se sentait pas net, passa aux violents, se cachant pour ainsi dire parmi eux, et dépassa tout le monde, Raes lui-même, en violence

Ces actes, justes ou injustes, eurent du moins cet effet que Raes se trouva assez fort pour rétablir la justice, l'appuyant sur une base nouvelle, inouïe dans Liége : l'autorité du peuple. Un matin, les forgerons dressent leur bannière sur la place et déclarent que le métier *chôme*, qu'il chômera jusqu'à ce que la jus-

tice soit rétablie Ils somment les échevins d'ouvrir les
tribunaux Ceux-ci, simples magistrats municipaux, assurent qu'ils n'ont point ce pouvoir A la longue, un
des échevins, un vieux tisserand, s'avise d'un moyen
« Que les métiers nous garantissent indemnité, et nous
vous donnerons des juges » Sur trente-deux métiers,
trente signèrent, la justice reprit son cours

Raes emporta encore une grande chose, non moins
difficile, non moins nécessaire dans cette ville ruinée :
le séquestre des biens de l'évêque Le roi de France
donnait bon exemple Cette année même, il saisissait
des évêchés, des abbayes, le temporel de trois cardinaux, il demandait aux églises la description des biens

Louis XI se croyait très-fort, et sa sécurité gagnait
les Liégeois Il avait du côté du Nord une double assurance en première ligne, sur toute la frontière, le duc
de Nevers, possesseur de Mézières et de Rethel, gouverneur de la Somme, prétendant du Hainaut En seconde ligne, du côté bourguignon, il avait les Croy,
grands baillis de Hainaut, gouverneurs de Boulogne,
de Namur et de Luxembourg Il avait dans l'émain
Nevers pour attaquer, les Croy pour ne point défendre.
Le duc vivant, les Croy continuaient de régner le duc
mourant, on espérait que les Wallons, les hommes des
Croy, fermeraient leurs places a ce violent Charolais,
l'ami de la Hollande [1] Une chose bizarre arriva, imprévue et la pire pour les Croy et pour Louis XI, c'est

---

[1] Où il s'etait retiré Voyez aussi vol VI, page 23 Cette riva-
lite eclate partout, specialement a l'occasion de Montlhery Les
Hollandais soutinrent, contre les Bourguignons et Wallons, qu'eux

que le duc mourut sans mourir, je veux dire qu'il fut
très-malade et désormais mort aux affaires Son fils les
prit en main. Tel gouverneur ou capitaine, qui peut-
être eût résisté au fils, n'eut pas le cœur de déchirer
la bannière de son vieux maître qui vivait encore, et
reçut le fils comme lieutenant du père

Le 12 mars tombèrent les Croy, le comte de Charolais entra dans leurs places sans coup férir, changea
leurs garnisons. Au même moment, Louis XI reçut les
manifestes et les défis des ducs de Berri, de Bretagne
et de Bourbon. Terribles nouvelles pour Liége. La
guerre infaillible, l'ennemi aux portes, l'ami impuis-
sant, en péril, peut-être accablé.

La campagne s'ouvrait, et la ville, loin d'être en défense, avait à peine un gouvernement, si elle ne se
donnait un chef, elle était perdue. Il lui fallait non
plus un simple capitaine, comme avaient été les La
Marche, mais un protecteur efficace, un puissant prince
qui l'appuyât de fortes alliances. La France ne pouvant
rien, il fallait demander ce protecteur à l'Allemagne,
aux princes du Rhin. Ces princes, qui voyaient avec
inquiétude la maison de Bourgogne s'étendre et venir
à eux, devaient saisir vivement l'occasion de prendre
poste à Liége.

Raes court à Cologne. L'archevêque était fils du palatin Louis le Barbu, qui avait vaincu en bataille la
moitié de l'Allemagne; et néanmoins il n'osa accepter.

seuls avaient decide la bataille, en criant : *Bretagne!* et faisant
croire que les Bretons arrivaient. Reineri Snoi Goudini Rer Ba-
tavic. I. VII.

Voisin, comme il était, des Pays-Bas, il eût donné une
belle occasion à cette terrible maison de Bourgogne
d'établir la guerre dans les électorats ecclésiastiques
Il connaissait trop bien d'ailleurs ce qu'on lui proposait,
il avait été voir de près ce peuple ingouvernable. Il
aimait mieux un bon traité, une bonne pension du duc
de Bourgogne que d'aller se faire le capitaine en robe
des terribles milices de Liége

Raes, au défaut des Palatins, se rabattit sur Bade,
leur rival naturel, et s'en assura Le 21 mars, il con-
voque l'assemblée et pose la question Faut-il faire un
régent? — Tous disent *oui*. La Marche seul, qui était
présent, s'obstina à garder le silence « Eh bien, dit
Raes, je suis prêt à jurer que celui que je vais nommer
est, de tous, le meilleur à prendre dans l'intérêt de la
patrie, c'est le seigneur Marc de Bade, frère du margrave, qui a épousé la sœur de l Empereur, le frère de
l'archevêque de Trèves et de l'évêque de Metz » Marc
de Bade était Français par sa mère, fille du duc de
Lorraine. Il fut nommé sans difficulté La Marche, qui
se figurait avoir un droit héréditaire à commander
dans la vacance, passa du côté de Louis de Bourbon.

Raes n'avait pu brusquer l'affaire qu'en trompant
des deux parts. D'un côté, il faisait croire aux Liégeois
que l'Allemand serait soutenu de ses frères, les puissants évêques de Trèves et de Metz, qui, au contraire,
firent tout pour l'éloigner de Liége De l'autre, il parlait au margrave au nom du roi de France[1], et lui promettait son appui Loin de là, Louis XI proposait aux

---

[1] Sublindus Petrus.

Liégeois de prendre pour régent son homme, Jean de
Nevers[1], leur voisin par Mezières, et que le sire de La
Marche eût peut-être accepté.

La *joyeuse entrée* du Badois n'eut rien qui pût le rassurer Peu de nobles, point de prêtres Les cloches ne
sonnèrent point. A Saint-Lambert, rien de préparé, pas
même un baldaquin, Raes en envoya chercher un à
une autre église. Plusieurs chanoines sortirent du
chœur.

Cependant, la sentence du pape contre Liége avait
été publiée[2], les delais qu'elle accordait expirent Au
dernier jour, le doyen de Saint-Pierre essaye de s'enfuir, est pris aux portes, à grand'peine sauvé du peuple, qui voulait l'égorger Raes et les maîtres des métiers le mènent à la Violette (hôtel de ville), le montrent
au balcon, et là, devant la foule, Raes l'interroge :
« Cette bulle qui parle des excès de la ville, sans
dire un mot des excès de l'évêque, qui l'a faite? qui l'a
dictée? Est-ce le pape lui-même? » — Le doyen répondit . « Ce n'est pas le pape en personne, c'est celui
qui a charge de ces choses —Vous l'entendez, ce n'est
pas le pape ! » Une clameur terrible partit du peuple
« La bulle est fausse, l'interdit est nul. » Ils coururent
de la place aux maisons des chanoines ; toutes celles
dont on trouva les maîtres absents furent pillées La
nuit, plusieurs se tenaient en armes aux portes des
couvents pour écouter si les moines chanteraient matines. Malheur à qui n'eût pas chanté! Les chanoines

---

[1] Adrianus de Veteri Bosco
[2] La bulle est tout au long dans Suffridus Petrus.

chantèrent en protestant. Plusieurs s'enfuirent Leurs biens furent vendus, moitié pour le régent, moitié pour la cité.

Cependant la guerre commence Dès le 21 avril, le roi courant au midi, au duc de Bourbon, veut s'assurer la diversion du nord. Il reconnaît Marc de Bade pour régent de Liége, s'engage à le faire confirmer par le pape, « à ne prester aucune obéissance à nostre Très-Saint-Père, » jusqu'à ce qu'il l'ait confirmé Il paiera et souldoyera aux Liégeois deux cents lances complètes (1200 cavaliers) Les Liégeois entreront en Brabant, le roi en Hainaut (21 avril 1465)[1]

Le roi croyait que Jean de Nevers, prétendant de Hainaut et de Brabant, avait, dans ces provinces, de fortes intelligences qui n'attendaient qu'une occasion pour se déclarer. Nevers l'avait trompé (ou s'était trompé) sur cela et sur tout[2]. La noblesse picarde, dont il répondait, lui manqua au moment. Ce conquérant des Pays-Bas n eut plus qu'à s'enfermer dans Péronne, dès le 3 mai, il demandait grâce au comte de Charolais.

D'autre part, les Allemands, si peu solides à Liege,

---

[1] *Archives du royaume*, *Trésor des chartes*, J 527.

[2] Dans sa lettre au roi, il montre une connance extraordi-
« naire En Picardie, les sieurs de Crevecœur et de Miraumont,
mes serviteurs, besoigneux en toute diligence J'ay trouvé
et trouve moyen de me fortifier tant de mes amis que d'austres
estrangers et de leurs places.. Et dedans six jours espere cy
avoir *ung nommé* Jehan de la Marche (*ung nommé* que dirait de
ceci l'illustre maison d'Aremberg), qui s'est envoyé offrir a moy,
et aussi aucuns deputes des Liegeois qui desirent fort a moy taire
plaisir. Jay en cestuy pais de Rethelois de bien bonnes et fortes

n'avaient pas hâte d'attirer sur eux la grosse armée
destinée pour Paris. Pour qui d'ailleurs allaient-ils
guerroyer en Brabant? Pour le duc de Nevers, pour
celui que le roi avait conseillé aux Liégeois de nommer
régent, de préférence à Marc de Bade

Le roi avait beau gagner la partie au midi, il la perdait au nord Le 16 mai, de Montluçon, qu'il vient
d'emporter l'épée à la main, il écrit encore au régent,
qui ne bouge.

Les Badois ne voulaient point armer, même pour
leur salut, à moins d'être payés d'avance. Sans doute
aussi, dans leur prudence, voyant que le roi n'entrait pas en Hainaut, ils voulaient n'entrer en Brabant que quand ils sauraient l'armée bourguignonne
loin d'eux, très-loin, et qu'il n'y aurait plus personne
à combattre. Ils ne se décidèrent à signer le traité que
le 17 juin, et alors même ils ne firent rien encore; ils
songèrent un peu tard qu'ils n'avaient que des milices,
point d'artillerie ni de troupes réglées, et le margrave
partit pour en aller chercher en Allemagne.

Le 4 août, grande nouvelle du roi Il mande à ses
bons amis de Liége, que, grâce à Dieu, il a pris du
Mont-le-Héry, défait son adversaire; que le comte de
Charolais est blessé, tous ses gens enfermés, affamés;
s'ils ne se sont pas rendus encore, sans faute ils vont
se rendre. Tout cela proclamé par un certain Renard
(que le roi avait fait chevalier pour porter la nouvelle),
et par un maître Petrus Jodu, professeur en droit civil

places, etc Escript en ma ville de Mezieres-sur-Meuse, le 19ᵉ jour
de mars 1465 » *Bibl royale, mss Legrand Preuves* c 1

et canonique, qui, pour faire l'homme d'armes, bran-
dissait toujours un trait d arbalète.

Comment ne pas croire ces braves ? Ils arrivaient
les mains pleines : argent pour la cité, argent pour les
métiers, sans compter l'argent à donner sous main
Louis XI, dans sa situation désespérée, avait ramassé
ce qui lui restait pour acheter, à tout prix, la diversion de Liège.

Jamais fausse nouvelle n'eut un plus grand effet. Il
n'y eut pas moyen de tenir le peuple, malgré ses chefs,
il sortit en armes : ce fut un mouvement tumultuaire,
nul ensemble, métier par métier, les vignerons d'a-
bord, puis les drapiers, puis tous. Raes courut après
eux pour les diriger sur Louvain, où ils auraient peut-
être été accueillis par les mécontents, ils ne l'écou-
tèrent pas et s'en allèrent follement brûler leurs voisins du Limbourg. Limbourg ou Brabant, l'essentiel
pour le roi était qu'ils attaquassent, ses deux hommes
suivaient pour voir de leurs yeux si la guerre commençait Au premier village pillé brûlé, l'église en feu :
« C'est bien, enfants, dirent-ils nous allons dire au
roi que vous êtes des gens de parole, vous en faites
encore plus que vous ne promettez »

Ils n'en faisaient que trop Plus fiers de cette belle
bataille du roi que s'ils l'avaient gagnée, ils envoient
leur héraut dénoncer la guerre au vieux duc à Bruxelles, une guerre à feu et à sang Autre provocation,
telle que Louis XI (s'il n'y eut part) la demandait sans
doute à Dieu, une provocation propre à rendre la
guerre implacable et *inexpiable* les menus métiers de
Dinant, les compagnons, les apprentis, tuent pour

Montlhéry des réjouissances furieuses, un affreux sabbat d'insultes au Bourguignon,

Tout cela, en réalité, était moins contre lui que pour faire dépit à Bouvignes, ville du duc, qui était en face, de l'autre côté de la Meuse. Il y avait des siècles que Dinant et Bouvignes aboyaient ainsi l'une à l'autre. c'était une haine envieillie Dinant n'avait pas tout le tort; elle paraît avoir été la première établie, dès l'an 1112, elle avait fait du métier de battre le cuivre un art qu'on n'a point surpassé[1] Elle n'en avait pas moins vu, en face d'elle, sous la protection de Namur, une autre Dinant ouvrir boutique, ses propres ouvriers, probablement ses apprentis, fabriquer sans maîtrise, appeler la pratique, vendre au rabais[2].

Une chose qui devait rapprocher avait tout au contraire multiplié, compliqué les haines. A force de se regarder d un bord à l'autre, les jeunes gens des deux villes s'aimaient parfois et s'épousaient Le pays d'alentour était si mal peuplé qu'ils ne pouvaient guère se marier que chez leurs ennemis[3]. Cela amenait mille

---

[1] On admire encore a Saint-Barthelemy de Liege les fonts baptismaux ou pendant huit siecles tous les enfants de Liege ont recu le baptême « Lambert Patras, le batteur de Dinant, les fit en l'an 1212. » Jean d'Outre–Meuse, cite par M. Polain, Liege pittoresque, ou Description historique, etc , p 204–205 C'est a Dinant que fut fondue, au XVII e siecle, la statue de bronze que Liege eleva à son bourgmestre Beeckmann Le même, Esquisses, p 311.

[2] Rivalité sans doute analogue a celle des drapiers d'Ypres et de Poperinghen, de Liege et de Verviers Ceux de Liege reprochaient aux autres « Que leurs marchandises de drapperie n'estoient ni fidelles ny loyalles ny aulcunement justifiees »

[3] « Et si ne fesoient gueres de mariaiges de leurs enfans, sinon

oppositions d'intérêt, mille procès, par-dessus la querelle publique Se connaissant tous et se détestant, ils passaient leur vie et s'observer, à s'épier Pour voir dans l'autre ville et prévoir les attaques, Bouvignes s'avisa, en 1321[1], de bâtir une tour qu'elle baptisa du nom de Crève-Cœur; en réponse, l'année suivante, Dinant dressa sa tour de Montorgueil D'une tour a l'autre, d'un bord à l'autre, ce n'était qu'outrages et qu'insultes.

Le comte de Charolais n'avait pas encore commencé la campagne que déjà Bouvignes tirait sur Dinant, lui plantait des pieux dans la Meuse, pour rendre le passage impraticable de son côté (10 mai 1465)[2]. Ceux de Dinant ne commencèrent pourtant la guerre qu'en juin ou juillet, poussés par les agents du roi Vers le 1er août, quand il fit dire à Liége qu'il avait gagné la bataille, quelques compagnons de Dinant, menés par un certain Conart le *clerc* ou le *chanteur*[3], passent la Meuse avec un mannequin aux armes du comte de Charolais, le mannequin avait au cou une clochette de vache, ils

les ungz avec les aultres : car ils estoient loing de toutes aultres bonnes villes » Commines

[1] La date est importante L'historien du Namurois, naturellement favorable a Bouvignes, avoue pourtant qu'elle bâtit la première sa tour de Crève-Cœur (Galliot)

[2] Dinant s'en plaint au duc dans sa lettre du 16 juillet

[3] *Le clerc, conart, le chanteur*, ces deux mots rappellent l'*abbé des cornards*, qu'on trouve dans d'autres villes des Pays-Bas Celui-ci peut fort bien avoir été un chanteur ou ménétrier un fol patenté de la ville, comme ceux qui jouaient, chantaient et *ballaient*, quand on proclamait un traité de paix ou qu'on faisait quelque autre acte public (?)

« Larronnailles, n'entendez-vous pas votre M. de Charolais qui vous appelle ? »

Tome VIII

dressent devant Bouvignes une croix de Saint-André
(c'était, comme on sait, la croix de Bourgogne), pen-
dent le mannequin, et, tirant la clochette, ils crient
aux gens de la ville « Larronailles, n'entendez-vous
pas votre M de Charolais qui vous appelle? que ne
venez-vous?... Le voilà, ce faux-traître ! Le roi l'a fait
ou fera pendre, comme vous le voyez .. Il se disait
fils de duc, et ce n'était qu'un fils de prêtre, bâtard de
notre évêque . Ah ! il croyait donc mettre à bas le roi
de France ! » Les Bouvignois, furieux, crièrent du
haut des murs mille injures contre le roi, et, pour venger dignement la pendaison du Charolais de paille, ils
envoyèrent, au moyen d'une grosse bombarde, dans
Dinant même, un Louis XI pendu !

Cependant on commençait à savoir partout la vérité
sur Montlhéry, et que Paris était assiégé. A Liége,
quoique l'argent de France opérât encore, l'inquiétude
venait, les réflexions, les scrupules Le peuple craignait que la guerre n'eût pas été bien déclarée en
forme, qu'elle ne fût pas régulière, et il voulut qu'on
accomplit, pour la seconde fois, cette formalité. D'autre part, les Allemands se firent conscience d'assister
aux violences impies des Liégeois, à leurs saccage-
ments d'églises, ils crurent qu'il n'était pas prudent
de faire plus longtemps la guerre avec ces sacriléges
Un de leurs comtes dit à Raes : « Je suis chrétien, je

---

¹ Du Clercq, livre V ch XLV « Amplissant ung doublet plain
de feur, couvert d'un manteau armoiet des armes dudit sieur, et
mettant au-desseur un clockin de vache » Documents publié
par M. Gachard, II, 221, 252 — V. aussi ibid , lettres du 5 nov
1465 et du 23 sept

ne puis voir de telles choses[1]. » Leurs scrupules
augmentèrent encore quand ils surent que le Bourguignon négociait un traité avec le Palatin et son
frère, l'archevêque de Cologne A la première occasion,
dès qu'ils se virent un peu observés, régent, margrave[2], comtes, gens d'armes, ils se sauvèrent tous

Telle était, avec tout cela, l'outrecuidance de ce
peuple de Liége, que, délaissés des Allemands, sans
espoir du côté des Français, ils s'acharnaient encore
au Limbourg et refusaient de revenir L'ennemi approchait, une nombreuse noblesse qui, sommée par le
vieux duc comme pour un outrage personnel, s'était
hâtée de monter à cheval. Raes n'eut que le temps de
ramasser quatre mille hommes pour barrer la route
Cette cavalerie leur passa sur le ventre, il n'en rentra
pas moitié dans la ville (19 octobre 1465).

Cependant un chevalier arrive de Paris « Le roi a
fait la paix, vous en êtes[3] » Puis vient aussi de France
un magistrat de Liége . « Le comte a dicté la paix,
il est maître de la campagne · je n'ai pu revenir qu'a-
vec son sauf-conduit » — Tout le peuple crie · « La
paix ! » On envoie à Bruxelles demander une trêve

Grande était l'alarme à Liége, plus grande à Dinant
Les maîtres fondeurs et batteurs en cuivre, qui, par

---

[1] Adrianus de Veteri Bosco

[2] « Qui vir prudens erat » Suffridus Petrus

[3] Le roi avait peut-être intercédé de vive voix, mais dans le
traité, il n'y a rien pour eux, sauf que le roi avoue qu'ils ont agi
par suite des « Sollicitations d'aucuns nos serviteurs · » l'Englet
Il leur écrit « Audict appointement estes comprins Seroit difficile à nous de vous secourir » *Mss Legrand*

leurs forges, leurs formes, leur pesant matériel, étaient
comme scellés et rivés à la ville, ne pouvaient fuir
comme les compagnons ; ils attendaient, dans la stu-
peur, les châtiments terribles que la folie de ceux-ci
allait leur attirer. Dès le 18 septembre, ils avaient
humblement remercié la ville de Huy, qui leur conseillait de punir les coupables[1] Le 5 novembre, ils écri-
vent à la petite ville de Ciney d'arrêter ce maudit Co-
nard, auteur de tout le mal, qui s'y était sauvé. Le
même jour, insultés, attaqués par les gens de Bouvignes, mais n'osant plus bouger, immobiles de peur,
ils s'adressent au gouverneur de Namur, et le prient
de les protéger contre la petite ville. Le 13, ils sup-
plient les Liégeois de venir à leur secours, ils ont ap-
pris que le comte de Charolais embarque son artillerie
à Mézières pour lui faire descendre la Meuse.

Il arrivait, en effet, ce Terrible, comme on l'appela
bientôt, la saison ne l'arrêtait pas. Les folles paroles
du *chanteur* de Dinant, ces noms de *bâtard* et de *fils de
prêtre*[2], avaient été charitablement rapportés par ceux
de Bouvignes au vieux duc et à Madame de Bourgogne. Celle-ci, prude et dévote dame et du sang de
Lancastre, prit aigrement la chose, elle jura, s'il faut
en croire le bruit qui courut[3], que « s'il luy devoit
couster tout son vaillant, elle feroit ruyner ceste ville
en mettant toutes personnes à l'espée. » Le duc et la

[1] Documents publiés par M Gachard.
[2] « Pfaffenkind. » Nulle injure plus grave Grimm, Rechtsal-
terthumer, 476. Michelet, Origines du droit, 68
[3] Nous apprenons, disent les Dinantais, qu'elle est à l'Ecluse,
attendant des gens d'armes de divers pays » Documents Gachard.

duchesse pressèrent leur fils de revenir en France,
sous peine d'encourir leur indignation[1] Lui-même en
avait hâte, le trait, jeté au hasard par un fol, n'avait
que trop porté, le comte n'était pas bâtard, il est vrai,
mais bien notoirement petit-fils de *bâtard* du côté maternel[2]. La bâtardise était le côté par où cette fière
maison de Bourgogne, avec sa chevalerie, sa croisade
et sa Toison d'or, souffrait sensiblement Les Allemands
là-dessus étaient impitoyables ; le fils du fondateur de
la Toison n'aurait pu entrer dans la plupart des ordres
ou chapitres d'Allemagne. Aussi, ce mot de *bâtard*,
entendu pour la première fois, entendu dans le triomphe même, au moment où il dictait la paix au roi de
France, était profondément entré .. Il se croyait sali
tant que les vilains n'avaient pas ravalé leur vilaine
parole, lavé cette boue de leur sang

Donc, il revenait à marches forcées avec sa grosse
armée qui grossissait encore Sur le chemin, chacun
accourait et se mettait à la suite ; on tremblait d'être
noté comme absent Les villes de Flandre envoyaient

---

[1] « Sub pœna paternæ indignationis » *Ms pseudo-Amelgardi*

[2] Voyez tome sixième Il est curieux de voir les efforts maladroits du bonhomme Olivier de La Marche (Préface) pour
rassurer là-dessus son jeune maitre Philippe petit-fils de Charles
le Ter... aine « J'ay entrepris de vous monstrer que vostre li-
gnée du costé du Portugal *n'est pas seule issue de bastards* .
Jephté était au nombre des saincts, et toutefois il estoit fils
d'une femme publique De Salmon et de Raab, *femme publique*,
fut fil ...» Puis arrivent Alexandre, Bacchus, Perseus. Mi-
nos, Hercules, Romulus, Artus, Guillaume de Normandie, Henri,
roi d'Angleterre, Jean, roi de Portugal, pere de Madame de Bourgogne

leurs archers, les chevaliers picards, flottants jusque-
là, venaient pour s'excuser Tels vinrent même de l'armée du roi.

On tremblait pour Dinant, on la voyait déjà réduite
en poudre, et l'orage tomba sur Liége Le comte,
quelle que fût son ardeur de vengeance, n'était pas
encore le Téméraire, il se laissait conduire Ses conseillers, sages et froides têtes, les Saint-Pol, les Contay,
les Humbercourt, ne lui permirent pas d'aller perdre
de si grandes forces contre une si petite ville. Ils le
menèrent à Liége, Liége réduite, on avait Dinant

Encore se gardèrent-ils d'attaquer immédiatement.
Ils savaient ce que c'était que Liége, quel terrible guê-
pier, et que si l'on mettait le pied trop brusquement
dessus, on risquait, fort ou faible, d'être piqué à mort.
Ils restèrent à Saint-Trond, d'où le comte accorda une
trêve aux Liégeois[1]. Il fallait, sur toutes choses, ne
pas pousser ce peuple colérique, le laisser s'abattre et
s'amortir, languir l'hiver sans travail ni combat, il y

---

[1] Quand on connaît la violence de ces princes de la maison de
Bourgogne, rien ne frappe plus que la moderation de leurs paroles officielles On y sent partout l'esprit cauteleux des conseillers qui les dirigeaient, des Raulin, des Humbercourt, des Hugonet, des Carondelet Dans la campagne de France, le comte de
Charolais avait toujours assuré qu'il venait seulement conseiller
le roi, s'entendre avec les princes Pourquoi le roi l'avait-il attaque à Montlhery? Il s'en plaint dans l'un de ses manifestes —
De même, lorsque les Liégeois defient le duc, comme ennemi du
roi, leur allie, il répond froidement · « Ceci ne me regarde pas,
portez-le à mon fils » Et encore : « Pourquoi me ferait-on la
guerre? jamais je n'ai fait le moindre mal ni au regent, ni aux
Liégeois. » V. Duclercq, livre V, ch XXXIII, et Sutlridus Petrus,
ap. Chapeauville, III, 153.

avait à parier qu'il se battrait avec lui-même. Il fallait
surtout l'isoler, lui fermant la Meuse d'en haut et d'en
bas, lui ôter le secours des campagnes[1] en s'assurant
des seigneurs, le secours des villes, en occupant Saint-
Trond, regagnant Huy, amusant Dinant, bien entendu
sans rien promettre

Le comte avait dans son armée les grands seigneurs
de l'évêché, les Horne, les Meurs et les La Marche, qui
craignaient pour leurs terres, il défendit aux siens de
piller le pays, laissant plutôt piller, manger les Etats
de son père, les sujets paisibles et loyaux.

Dès le 12 novembre, les seigneurs avaient prépare
la soumission de Liége; ils avaient minuté pour elle
un premier projet de traité ou elle se soumettait à l'é-
vêque et indemnisait le duc. Ce n'était pas le compte
de celui-ci, qui, pour indemnité, ne voulait pas moins
que Liége elle-même, de plus, pour guérir son orgueil,
il lui fallait du sang, qu'on lui livrât des hommes, que
Dinant surtout restât à sa merci. A quoi la grande
ville ne voulait pour rien consentir[2], il ne lui convenait pas de faire comme Huy, qui obtint grâce en s'exé-
cutant et faisant elle-même ses noyades Liége ne voulait se sauver qu'en sauvant les siens, ses citoyens,
ses amis et alliés Le 29 novembre, lorsque la terre
tremblait sous cette terrible armée, et qu'on ne savait

---

[1] Il est probable que la banlieue elle-même n'était pas sûre, depuis que les forgerons de la ville avaient battu les houillers.

[2] « Concluserunt cives quod neminem darent ad voluntatem .
Ministeriales petebant pacem, sed nolebant aliquos homines dare
ad voluntatem. » Adrianus de Veteri Bosco, Ampliss. Coll., IV,
1284.

encore sur qui elle allait fondre, les Liégeois prirent secours à Dinant.

Pour celle-ci, il n'était pas difficile de la tromper, elle ne demandait qu'à se tromper elle-même, dans l'agonie de peur où elle était Elle implorait tout le monde, écrivait de toutes parts des supplications, des amendes honorables, à l'évêque, au comte (18, 22 nov) Elle rappelait au roi de France qu'elle n'avait fait la guerre que sur la parole de ses envoyés Elle chargeait l'abbé de Saint-Hubert et autres grands abbés d'intercéder pour elle, de prier le comte pour elle, comme on prie Dieu pour les mourants... Nulle réponse Seulement, les seigneurs de l'armée, ceux même du pays, endormaient de paroles la pauvre ville tremblante et crédule, s'en jouaient, tel essayait d'en tirer de l'argent [1].

Dinant avait reçu quelques hommes de Liége, elle avait foi en Liége, et regardait toujours de ce côté si le secours ne venait pas Elle ne l'avait pas encore reçu au 2 décembre. Elle était consternée C'est qu'à Liége, comme en bien d'autres villes, il ne manquait pas d'*honnêtes gens*, de modérés, de riches, pour désirer la paix à tout prix, au prix de la foi donnée au prix du sang humain. S'obstiner à protéger Dinant, à

---

[1] Rien de plus odieux. Jean de Meurs, après avoir d'abord bien reçu l'abbé de Florines, qui vient interceder, lui prend ses chevaux et le taxe outrageusement à la petite rançon d'un marc d'argent Louis de La Marche écrit aux gens de Dinant . « Fault acquerir amis, tant par dons que par biaux langaiges, ceulx qui de ce s'entremelleront, recompenser de leurs labeurs » Documents Gachard, II, 200-201.

defendre Liége, c'était s'imposer de lourdes charges
d'argent. Aussi, dès que les notables virent que le peuple commençait à s'abattre, ils prirent cœur, se firent
fort d'avoir un bon traité, et obtinrent des pouvoirs
pour aller trouver le comte de Charolais.

Ils n'étaient pas trop rassurés en allant voir ce redouté seigneur, ce fléau de Dieu.. Mais les premières
paroles furent douces, à leur grande surprise, il les
envoya dîner, puis (chose inattendue, inouïe, dont ils
furent confondus) lui-même, ce grand comte, les mena
voir son armée en bataille . Quelle armée ! vingt-huit
mille hommes à cheval (on ne comptait pas les pietons),
et tout cela couvert de fer et d'or, tant de blasons,
tant de couleurs, les étendards de tant de nations .
Les pauvres gens furent terrifiés, le comte en eut pitié
et leur dit pour les remettre : « Avant que vous ne nous
fissiez la guerre, j'ai toujours eu bon cœur pour les
Liégeois, la paix faite, je l'aurai encore. Mais comme
vous avez dit que tous mes hommes avaient été tués
en France, j'ai voulu vous en montrer le reste. »

Au fond, les députés le tiraient d'un grand embarras. L'hiver venait dans son plus dur (22 décembre)
peu de vivres, une armée affamée qu'il fallait laisser
se diviser, courir pour chercher sa vie, puisqu'on ne
lui donnait rien.

Les députés de Liége n'en signèrent pas moins le
traité tel que le comte l'eût dicté s'il eût campé dans
la ville devant Saint-Lambert Ce traité est justement
nommé dans les actes la *piteuse paix de Liége* :
Liége fait amende honorable, et bâtit chapelle en mémoire perpétuelle de l'amende. Le duc et ses hons à

jamais sont, comme ducs de Brabant, *avoués* de la ville,
c'est-à-dire qu'ils y ont l'épée. Liege n'a plus sur ses
voisins le ressort et la haute cour, ni la cour d'évêché,
ni celle de cité, ni *anneau*, ni *peron*. Elle paye au duc
390,000 florins, au comte 190,000, cela pour eux seuls,
quant aux réclamations de leurs sujets, quant à l'indemnité de l'évêque, on verra plus tard. La ville renonce à l'alliance du roi, livre les lettres et actes du
traité. Elle restitue obédience à l'évêque, au pape.
Défense de fortifier le Liégeois du côté du Hainaut, pas
même de villettes murées. Le duc passe et repasse la
Meuse, quand et comme il veut, avec ou sans armes;
quand il passe, on lui doit les vivres. Moyennant cela,
il y aura paix entre le duc et tout le Liégeois, *excepté
Dinant,* entre le comte et tout le Liégeois, *excepté
Dinant.*

Ce n'était pas une chose sans péril que de rapporter à Liége un tel traité.

Le premier des députés, celui qui se hasarda à
parler, Gilles de Mès, était un homme aimé dans le
peuple, un bon bourgeois, fort riche; jadis pensionnaire de Charles VII, il avait commencé le mouvement
contre l'évêque et avait eu l'honneur d'être armé chevalier de la main de Louis XI.

Il monte au balcon de la Violette et dit sans embarras :

« La paix est faite; nous ne livrons personne, seulement quelques-uns s'absenteront pour un peu de temps;
je pars avec eux, si l'on veut, et que je ne revienne
jamais, s'ils ne reviennent!... Après tout, que faire?
Nous ne pouvons résister. »

Alors un grand cri s'élève de la place « Traîtres! vendeurs de sang chrétien¹ » Dans ce danger, les partisans de la paix essayaient de se défendre par un mensonge « Dinant pourrait avoir la paix, c'est elle qui n'en veut pas¹. »

Gilles n'en fut pas moins poursuivi Les métiers voulurent qu'on le jugeât, mais comme c'était un homme doux et aimé, tous les juges trouvaient des raisons pour ne pas juger, tous se récusaient

Faute de juges, il aurait peut-être échappé, au moins pour ce jour. Malheureusement ce pacifique Gilles avait dit jadis une parole guerrière, violente, il y avait dix ans, mais l'on s'en souvint « Si l'évêque ne nomme plus de juges, nous aurons l'avoué (le capitaine de la ville)² »

Ce mot servit contre lui-même On força ce capitaine de juger, et de juger à mort

Alors le pauvre homme se tournant vers le peuple « Bonnes gens, j'ai servi cinquante ans la cité, sans reproche Laissez-moi vivre aux Chartreux ou ailleurs . Je donnerai, pour chaque métier, cent florins du Rhin, je vous referai, à mes dépens, les canons que vous avez perdus. » Son juge même se joignait à lui . « Bonnes gens, grâce pour lui, miséricorde¹ . »

Au plus haut de l'hôtel de ville, à une fenêtre, se tenaient Raes et Bar qui avaient l'air de rire. Un

---

¹ Il n'y a pas un mot de cela dans les documents authentiques de Dinant Tout porte à croire le contraire On ne peut faire ici grand cas de l'assertion du Liégeois Adrien généralement judicieux, mais ici trop intéressé à justifier sa patrie.

² Adrianus de Veteri Bosco

des bourgmestres, qui était leur homme, dit durement · « Allons, qu'on en finisse, nous ne vendrons
pas les franchises de la cité » On lui coupa la tête
Le bourreau lui-même était si troublé qu'il n'en pouvait venir à bout

La tête tombée, la trompette sonne, on proclame la
paix dont on vient de tuer l'auteur, et personne ne
contredit

Pendant ces fluctuations de Liége, ce long combat
de la misère et de l'honneur, le comte de Charolais se
morfondait tout l'hiver à Saint-Trond. Il ne pouvait
rien finir de ce côté, et chaque jour il recevait de
France les plus mauvaises nouvelles. Chaque jour il
lui venait des lettres lamentables du nouveau duc de
Normandie que le roi tenait à la gorge .. Ce duc avait
à peine *épousé sa duché*[1], que déjà Louis XI travaillait
au divorce, y employant ceux même qui avaient fait
le mariage, les ducs de Bretagne et de Bourbon.

Il n'avait pas marchandé avec ceux-ci Pour obtenir
du Breton qu'il ne bougeât pas, il lui donna un mont
d'or, cent vingt mille écus d'or.

Quant au duc de Bourbon, qui, plus que personne,
avait fait le duc de Normandie[2], et sans y rien ga-

---

[1] A l'inauguration du nouveau duc, on renouvela toutes les
formes anciennes l'epee, tenue par le comte de Tancarville,
connetable *héréditat* de Normandie, l'etendard que portait le
comte d'Harcourt maréchal *héréditat*, l'anneau ducal que l'evêque
de Lisieux, Thomas Bazin, passa au doigt du prince, le fiançant
avec la Normandie *Registres du chapitre de Rouen*, 10 *déc*
1465, cités par Floquet, Hist du Parlement de Normandie, I, 250

[2] Le duc de Bourbon s'etait montré l'un des plus acharnés, l'un
de ceux qui craignaient le plus qu'on ne se fiât au roi. V. ses

gner, il eut, pour le défaire, des avantages énormes [1].
Le roi le nomma son lieutenant dans tout le midi
A ce prix, il l'emmena et s'en servit pour ouvrir une
à une les places de Normandie, Évreux, Vernon, Louviers

Il avait déjà Louviers le 7 janvier (1466) Rouen
tenait encore, mais de Rouen à Louviers, tous venaient, un à un faire leur paix, demander sûreté Le
roi souriait et disait : « Qu'en avez-vous besoin ? Vous
n'avez point failli [2] »

Il excepta un petit nombre d'hommes, dont quel-

Instructions a M. de Chaumont « Que Monseigneur et les autres
princes se gardent bien d'entrer dans Paris De nouvel avons
sceu par gens venant de Paris l'intention que le Roy a de faire
faire aucun exces ou voie de fait Le Roy a faict serment de jamais ne donner grace ou pardon mais est delibere de soy en
venger par quelque moyen que ce soit voire tout honneur et seu-
rete arriere mise » Bibliotheque royale, ms Legrand, Preuves
12 oct. 1465 Quant a la haine des Bretons, il suffirait, pour la
prouver, du passage ou ils veulent jeter a la mer les envoyes de
Louis XI « Vela les François maudit soit-il qui les espargnera ! »
Actes de Bretagne, ed D Morice, II, 85
[1] Le roi ebranla d'abord le duc de Bourbon, en lui faisant peur
d'une attaque de Sforza en Lyonnais et Forez (Bernardino Co-
rio) Quant au Breton, le roi le put aigri, fache, lorsque ses amis
les Normands l'avaient mis hors de chez eux, lorsqu'il regrettat
amerement d'avoir relait un duc de Normandie a qui la Bretagne
devrait hommage
[2] « Les gens de nostre bonne ville de Rouen nous ont re-
monstre que ladicte entree fut faicte par nuyt et a leur desceu
et tres-grant desplaisance et si soubdain qu'ils n'eurent temps
ne espace de povoir envoyer devers nou pour nous en advertir »
(Communique par M Cheruel, d'après l'original aux Archives
municipales de Rouen tir 4, n° 7, 14 janvier 1466.

ques uns, pris en fuite, furent décapités ou noyés[1].
Plusieurs vinrent le trouver, qui furent comblés et se
donnèrent à lui, entre autres son grand ennemi Dammartin, désormais son grand serviteur

Le comte de Charolais savait tout cela et n'y pouvait
rien Il était fixé devant Liége, il écrivit seulement au
roi en faveur de Monsieur, et encore bien doucement,
« en toute humilité[2] » Tout doucement aussi, le roi
lui écrivit en faveur de Dinant

Il fallut un grand mois pour que le traité revînt de
Liége au camp, pour que le comte, enfin délivré, pût
s'occuper sérieusement des affaires de Normandie[3]
Mais alors tout était fini Monsieur était en fuite, il
s'était retiré en Bretagne, non en Flandre, préférant
l'hospitalité d'un ennemi à celle d'un si froid protecteur Celui-ci perdait pour toujours la précieuse occasion d'avoir chez lui un frère du roi, un prétendant
qui, dans ses mains, eût été une si bonne machine à
troubler la France

Le 22 janvier, cent notables de Liége lui avaient
rapporté la *piteuse paix*, scellée et confirmée Il semblait que le froid, la misère, l'abandon, eussent brisé
les cœurs...

---

[1] Où Desormeaux prend-il cette folle exagération ? « Il périt
presque autant de gentilshommes par la main du bourreau que
par le sort de la guerre »

[2] *Mss Baluze*, 9675 B, 13 janvier 1466.

[3] Le comte de Charolais y envoya Olivier, qui raconte lui-
même sa triste ambassade « Si passay parmy Rouen, et parlay
au Roy, *qui me demanda où j'alloye* » Olivier de la Marche,
liv I, ch. xv.

Quand le peuple vit cette lugubre procession des cent hommes emportant le testament de la cité, il pleura en lui-même Les cent partaient armés, cuirassés, contre qui? Contre leurs concitoyens, contre les pauvres bannis de Liége [1], qui, sans toit ni foyer, erraient en plein hiver, vivant de proie, comme des loups.

Alors, il se fit dans les âmes, par la douleur et la pitié, une vive réaction de courage Le peuple déclara que si Dinant n'avait pas la paix, il n'en voulait pas pour lui-même, qu'il résisterait

Le comte de Charolais se garda bien de s'enquérir du changement. Il ne pouvait pas tenir davantage il licencia son armée sans la payer (24 janvier), et emporta, pour dépouilles opimes, son traité à Bruxelles

Il y reçut une lettre du roi [2], lettre amicale, où le roi, pour le calmer, lui donnait la Picardie, qu'il avait déjà Quant à la Normandie, il exposait la nécessité où il s'était vu d'en débarrasser son frère qui l'avait désiré lui-même. Il n'avait pu légalement donner la Normandie en apanage, cela étant positivement défendu par une ordonnance de Charles V Cette province portait près d'un tiers des charges de la couronne Par la Seine, elle pouvait mettre directement l'ennemi à Paris Au reste, Rouen ayant été pris en pleine trève, le roi avait bien pu le reprendre. Il s'était remis de toute l'affaire à l'arbitrage des ducs de

[1] Duclercq

[2] *Legrand, Hist ms de Louis XI livre IX, fol* 37

Bretagne et de Bourbon. Il avait fait des efforts inima-
ginables pour contenter son frère; si les conférences
étaient rompues, ce n'était pas sa faute; il en était
bien affligé... Affligé ou non, il entrait dans Rouen
(7 février 1466).

CHAPITRE II

— SUITE —

Sac de Dinant. — 1466

La Normandie nous coûta cher. Pour la reprendre pour sauver la royauté et le royaume, Louis XI fit sans scrupule ce qui se faisait aux temps anciens dans les grandes extrémités, un sacrifice humain. Il immola, ou du moins laissa immoler, périr, un peuple, une autre France, notre pauvre petite France wallonne de Dinant et de Liége.

Il était lui-même en péril. Il avait repris Rouen, et il était à peine sûr de Paris. Il attendait une descente anglaise.

Il ne savait pas seulement s'il avait la Bastille. Ces

tours dont il voyait le canon sur sa tête, de l'hôtel des
Tournelles, elles étaient encore entre les mains de
Charles de Melun, de l'homme qui, au moment critique, le roi étant devant l'ennemi, avait hardiment
méconnu ses ordres, et qui, autant qu'il était en lui,
l'avait fait périr. Néanmoins, le roi n'avait pu lui retirer la garde de la Bastille [1], il la gardait si bien
qu'une certaine nuit les portes se trouvèrent ouvertes
les canons encloués il ne tenait qu'aux princes d'en
trer Ce ne fut que six mois après, à la fin de mai, que
« Maistre Jehan le Prévost, notaire et secrétaire du
roy, entra dedans la bastille Saint-Antoine, *par moyens
subtils*, » et mit dehors le gouverneur

D'avoir si *subtilement*, si vivement, repris la Normandie, c'était, dans ce siècle de ruse, un tour à faire
envie à tous les princes Ils n'en étaient que plus mortifiés Le Breton même, payé pour laisser faire quand
il vit la chose faite, fut plus en colère que les autres
Breton et Bourguignon, ils recoururent à un remède
extrême qui, depuis nos affreuses guerres anglaises,
faisait horreur à tout le monde, ils appelèrent l'Anglais.

Jusque-là, deux choses rassuraient le roi. D'abord,
son bon ami Warwick, gouverneur de Calais, tenait
fermée la porte de la France Puis, le comte de Charolais étant Lancastre par sa mère et ami des Lancastre,
il y avait peu d'apparence qu'il s'entendît avec la mai
son d'York, avec Édouard

Toutefois, on a vu qu'Édouard avait épousé une

Ni la [1] garde de Melun Jean de Troyes, ann 1466, fin mai.

nièce des Saint-Pol (serviteurs du duc de Bourgogne),
épousé malgré Warwick, dont il eût voulu se débarrasser Ce roi d hier, qui déjà reniait son auteur et
créateur, Warwick, aliénait son propre parti, et voyait
dès lors son trône porter sur le vide, entre York et
Lancastre Sa femme et les parents de sa femme, pour
qui il hasardait l'Angleterre, avaient hâte de s'appuyer
sur l'étranger. Ils faisaient leur cour au duc de Bourgogne, ils présentaient aux Flamands, aux Bretons,
l'appât d'un traité de commerce[1]. Madame de Bourgogne elle-même, bien plus homme que femme, immola
la haine pour York qu'elle avait dans le sang, à une
haine plus forte, celle de la France Elle fit accueillir
les démarches d'Édouard, agréa pour son fils la jeune
sœur de l'ennemi, comptant bien la former, la faire à
son image La digne bru d'Isabelle de Lancastre, Marguerite d'York, doit former à son tour Marie, grand'-
mère de Charles-Quint.

Louis XI, qui savait que ce mariage se brassait
contre lui, armait en hâte, il fondait des canons, prenait des cloches pour en faire. Ce qui lui manquait le
plus, c'était l'argent. On était épouvanté des monstrueuses sommes qu'il lui fallait pour préparer la
guerre ou acheter la paix dans le royaume, hors du
royaume. Le peuple, qui n'avait pas bien su ce que les
princes voulaient dire avec leur Bien public[2], ne le

---

[1] Rymer, 22 mars 1466 Le même jour, Édouard donne pouvoir
pour traiter d un double mariage entre sa sœur et le comte de
Charolais, entre la fille du comte et son frère Clarence

[2] « Sy ne savoient la plus-part la cause pourquoy ne quy les
mouvoit. » Du Clercq.

comprit que trop quand il lui fallut payer les dons et
gratifications, pensions, indemnités, qu'ils avaient
extorqués. Les trésoriers du roi, sommés par lui de
payer l'impossible, trouvèrent, au défaut d'argent, du
courage, et lui dirent « qu'ils avaient ouï dire à Messieurs (c'étaient les Trente-six, nommés pour réformer
l'État) *qu'il perdrait son peuple*, le fonds même d'où il
tirait l'argent..., que la paroisse, qui payait jusque-là
deux cents livres, allait être obligée d'en payer six
cents ; que cela ne se pouvait faire[1] » Il ne s'arrêta
point à cela et dit : « Il faut doubler, tripler les taxes
sur les villes, et que la répartition s'étende au plat
pays. » Le plat pays, les campagnes, c'étaient généralement les terres de l'Église, qui ne payait pas, et
celles des seigneurs, à qui l'on payait

Ou ne peut se dissimuler une chose, c'est qu'il fallait périr, ou, contre l'Angleterre, contre les maisons
de Bourgogne et de Bretagne, acheter l'alliance des
maisons de Bourbon, d'Anjou, d'Orléans. de Saint-
Pol

L'alliance des Bourbons, frères de l'évêque de Liége,
était à bien haut prix Elle impliquait une condition
misérable et déshonorante, une honte terrible à boire
l'abandon des Liégeois Et pourtant, sans cette alliance,
point de Normandie, plus de France peut-être. La dernière guerre avait prouvé de reste qu'avec toute la vi-

[1] Au soir, le Roy me parla et se coroussa de ce qu'on ne vouloit
faire deliberer selon son imagination, et je lui diz que j'avois oy
dire à MM qu'il perdoit son peuple » Lettre de Reilhac a M le
contrerolleur, maitre Jehan Bourre *Bibl royale mss. Legrand*
22 *septembre* 1466.

gueur et la célérité possibles le roi succomberait s'il avait à combattre à la fois le Midi et le Nord, que pour faire tête au Nord il lui fallait une alliance fixe avec le fief central[1], le duché de Bourbon.

Grand fief, mais de tous les grands le moins dangereux, n'étant pas une nation, une race à part, comme la Bretagne ou la Flandre, pas même une province, comme la Bourgogne, mais une agrégation tout artificielle des démembrements de diverses provinces, Berri, Bourgogne, Auvergne. Peu de cohésion dans le Bourbonnais, moins encore dans ce que le duc possédait au dehors (Auvergne, Beaujolais et Forez). Le roi ne craignait pas de lui confier, comme à son lieutenant, tous les pays du centre, sans contact avec l'étranger, la France dormante des grandes plaines (Berri, Sologne, Orléanais), la France sauvage et sans route des montagnes (Vélay et Vivarais, Limousin, Périgord, Quercy, Rouergue). Si l'on ajoute le Languedoc, qu'il lui donna plus tard, c'était lui mettre entre les mains la moitié du royaume[2].

Ce qui excuse un peu Louis XI d'une si excessive confiance, c'est d'abord que par l'immensité d'un tel établissement, il s'assurait le duc, qui ne pouvait jamais rien espérer d'ailleurs qui en approchât. De plus,

---

[1] Le centre géométrique de la France est marqué par une borne romaine, dans le Bourbonnais, près d'Alichamp, à trois lieues de Saint-Amand.

[2] Les étrangers semblent dès lors mettre le duc de Bourbon au niveau du roi. « Contentione suborta inter regem Franciæ et I ducem Borbonii ex una latere, et Karolum Burgundiæ ex altero » Hist. patriæ Monumenta, I, 612.

on avait vu, et dans la Praguerie, et dans la dernière guerre, qu'un duc de Bourbon, même en Bourbonnais, ne tenait pas fortement au sol, comme un duc de Bretagne, par deux fois il avait été en un moment dépouillé de tout, il pouvait grandir, sans être plus fort, n'ayant de racine nulle part

Personnellement aussi, Jean de Bourbon rassurait le roi[1] Il était sans enfant, sans intérêt d'avenir. Il avait des frères, il est vrai, des sœurs, que Philippe le Bon avait élevés et avancés, comme ses enfants. Mais justement parce que la maison de Bourgogne avait fait beaucoup pour eux, parce qu'ils en avaient tiré ce qu'ils pouvaient tirer, ils regardaient désormais vers le roi. C'était beaucoup sans doute pour Charles de Bourbon d'être archevêque de Lyon, légat d'Avignon, mais si le roi le faisait cardinal[1] Louis de Bourbon devait, il est vrai, à Philippe le Bon le titre d'évêque de Liége, mais pour qu'il en eût la réalité, pour qu'il rentrât dans Liége, il fallait que le roi ne défendît point les Liégeois Le roi fit le bâtard de Bourbon amiral de France, capitaine d'Honfleur, lui donna une de ses filles, avec beaucoup de bien, — fille bâtarde, mais il y en avait de légitimes; l'aînée, Anne de France, était toujours un enjeu des traités, on lui faisait épouser à deux ans, tantôt le fils du duc de Calabre, tantôt celui du duc de

---

[1] Ces Bourbons, quoique assez remuants, n'avaient pas encore le sang de Gonzague, de Foix et d'Albret La devise sur l'épée *Penetrabit*, ne fut adoptée que par le connétable — Le fameux *Qui qu'en grogne*, qu'on attribue aussi aux ducs de Bretagne, fut dit (vers 1400?) par Louis II de Bourbon contre les bourgeois qui s'alarmaient de la construction de sa tour Ibidem, II, 201

Bourgogne; on prévoyait sans peine que ces mariages par écrit en resteraient là, que, si le roi prenait un gendre, il le prendrait petit, une créature docile et prête à tout, comme pouvait être Pierre de Beaujeu, le cadet de Bourbon. Ce cadet se donna à Louis XI, le servit en ses plus rudes affaires, jusqu'à la mort et au delà, dans sa fille Anne, autre Louis XI, dont Pierre fut moins l'époux que l'humble serviteur

Le roi rallia ainsi à lui d'une manière durable toute la maison de Bourbon. Pour celles d'Anjou et d'Orléans, il les divisa.

Le fils de René d'Anjou, Jean de Calabre, alors comme toujours, avait besoin d'argent Ce héros de roman, ayant manqué la France et l'Italie, se tournait vers l'Espagne pour y chercher son aventure Les Catalans le voulaient pour leur roi, pour roi d'Aragon[1] Louis XI, le voyant dans ce besoin et cette espérance, lui envoie vingt mille livres d'abord, puis cent mille, un à-compte sur la dot de sa fille Au fond, sous couleur de dot, c'était un salaire, il fallait qu'à ce prix Jean de Calabre se chargeât du triste office d'aller en Bretagne réclamer, prendre au corps le frère du roi, celui-ci n'était pas fâché que le renommé chevalier se montrât aux Bretons comme recors ou sergent royal.

Quant à la maison d'Orléans, le roi détacha de ses intérêts le glorieux bâtard, le vieux Dunois, dont il maria le fils à une de ses nièces de Savoie. Le nom du

[1] Leur roi, D. Pedro de Portugal, neveu de la duchesse de Bourgogne, était r ort le 20 juin 1466.

vieillard donnait beaucoup d'éclat à la commission des
Trente-six, qui, sous sa présidence, devaient réformer
le royaume Le roi les convoqua lui-même en juillet
Les choses avaient tellement changé en un an que
cette machine inventée contre lui devenait maintenant
une arme dans sa main Il s'en servit comme d'une
ombre d'États qu'il faisait parler à son gré, donnant
leur voix pour la voix du royaume

C'était beaucoup d'avoir ramené si vite tant d'ennemis. Restait le plus difficile de tous, le général même
de la ligue, celui qui avait conduit les Bourguignons
jusqu'à Paris, qui les avait fait persister jusqu'à Montlhéry, qui s'était fait faire par le roi connétable de
France. Le roi, si durement humilié par lui, se prit
pour lui d'une grande passion, il n'eût plus de repos
qu'il ne l'eût acquis.

Saint-Pol, devenu ici connétable, mais de longue
date établi de l'autre côté, ayant son bien et ses enfants chez le duc, et une nièce reine d'Angleterre, devait y regarder avant d'écouter le roi Il était comme
ami d'enfance pour le comte de Charolais, il avait sa
confiance, l'avait toujours mené, il semblait peu probable qu'un tel homme tournât Il tourna, s'il faut
le dire, parce qu'il fut amoureux, il l'était de la belle-
sœur du duc de Bourgogne, sœur du duc de Bourbon,
épris de la demoiselle, plus épris du sang royal, d'une
si haute parenté L'amoureux avait cinquante ans, du
reste grand air, haute mine, faste royal, un grand luxe
d'habits, au-dessus de tous les hommes du temps Avec
tout cela, il n'était plus jeune, il avait un jeune fils.
Elle eût aimé Saint-Pol pour beau-père. Il réclamait

l'appui du comte de Charolais, qui n'aidait que faible-
ment à la chose, trouvant sans doute que son ami, à
peine connétable, voulait monter bien vite

Dans ce moment où Saint-Pol, mortifié, s'apercevait
qu'il avait cinquante ans, voici venu à lui le roi, les
bras ouverts, qui l'aime, et veut le marier, et non-seulement lui, mais son fils et sa fille Il donne au père,
au fils, ses jeunes nièces de Savoie, la fille de Saint-Pol
épousera le frère des deux nièces le neveu du roi[1].
Voilà toute la famille placée, alliée au même degré que
le roi à la maison souveraine de Savoie et de Chypre.

Le roi avait un si violent désir d'avoir Saint-Pol,
qu'il lui promit la succession d'un prince du sang qui
vivait encore, de son oncle, le comte d'Eu Il le fortifia
en Picardie, lui donnant Guise, il l'établit en Normandie, confiant à cet ennemi, à peine réconcilié, les clefs
de Rouen[2], le faisant capitaine de Rouen, tout à l'heure
gouverneur de la Normandie

Ce grand établissement de Saint-Pol signifiait une
chose, c'est que le roi, ayant repris la Normandie, voulait reprendre la Picardie Le comte de Charolais faisait semblant de rire, au fond, il était furieux La Picardie pouvait lui échapper Les villes de la Somme
regrettaient déjà de ne plus être villes royales[3] Com-

---

[1] Historiæ patriæ Monumenta, Chronica Sabaudiæ, ann. 1466,
t. I, p 639

[2] Ses lieutenants reçurent effectivement les clefs du château, du
palais, de la tour du pont (Communiqué par M Chéruel Archives municipales de Rouen Délibérations vol VII fol 259-
260)

[3] « Estoient courroucés qu'ils n'estoient plus au roy de France »
Du Clercq.

bien plus y eurent-elles regret, lorsque le comte, ne
sachant où prendre de l'argent pour sa guerre de
Liége, rétablit la gabelle, ce dur impôt du sel qu'il
venait d'abolir, qu'il avait promis de ne rétablir jamais.

Tout était à recommencer du côté des Liégeois. Le
glorieux traité que tout le monde célébrait devenait
ridicule, n'étant en rien exécuté. A grand'peine, par
instance et menace, on obtint ce qui couvrait au moins
l'orgueil : l'amende honorable. Elle se fit à Bruxelles,
devant l'hôtel de ville, le vieux duc étant au balcon
L'un des envoyés, celui du chapitre, le pria « de faire
qu'il y eût bonne paix, spécialement entre le seigneur
Charles son fils *et les gens de Dinant.* » A quoi le chancelier répondit : « Monseigneur accepte la soumission
de ceux qui se présentent, pour ceux qui font défaut,
il poursuivra son droit. »

Pour le poursuivre, il fallait une armée Il fallait remettre en selle la pesante gendarmerie, tirer du coin
du feu des gens encore tout engourdis d'une campagne
d'hiver, des gens qui la plupart ne devaient que quarante jours de service féodal et qu'on avait tenus neuf
mois sous le harnais sans les payer, parfois sans les
nourrir. Ils n'avaient pas eu le tiers de ce qu'on leur
devait. Tel, renvoyé de l'un à l'autre, reçut quelque
chose, à titre d'aumône, « en considération de sa pauvreté[1]. »

A moins de frais et d'embarras, l'ennemi, qui n'avait

---

[1] *Registres de Mons*, cités par M. Gachard, dans son ed. de Barante, t. II, p 265, nº 2.

ni feu ni foyer, s'était mis en campagne. Au premier chant de l'alouette, les enfants de la *Verte tente*[1] couraient déjà les champs, pillaient, brûlaient, mettant leur joie à désespérer, s'ils pouvaient, « le vieux monnart de duc et son fils Charlotteau »

Il fallut endurer cela jusqu'en juillet, et alors même il n'y avait rien de prêt Le duc, profondément blessé, devenait de plus en plus sombre Il ne manquait pas de gens autour de lui pour l'aigrir. Un jour qu'il se mettait à table, il ne voit pas ses mets accoutumés, il mande les gens de sa dépense · « Voulez-vous donc me tenir en tutelle ? — Monseigneur, les médecins défendent .» Alors, s'adressant aux seigneurs qui sont là : « Mes gens d'armes partent-ils donc enfin ? — Monseigneur, petite est l'apparence, ils ont été si mal payés qu'ils ont peur de venir, ce sont des gens ruinés, leurs habits sont en pièces, il faut que les capitaines les rhabillent » Le duc entra dans une grande colère . « J'ai pourtant tiré de mon trésor deux cent mille couronnes d'or. Il faudra donc que je paye mes gens d'armes moi-même !,. Suis-je donc mis en oubli ? » En disant cela, il renversa la table et tout ce qui était dessus, sa bouche se tordit, il fut frappé d'apoplexie, on croyait qu'il allait mourir... Il se remit pourtant un peu, et fit écrire partout que chacun fût prêt, « sous peine de la hart. »

[1] V. plus loin, p. 69, 72, et les Documents Gachard, II, 435, sur la *Verte tente* de Gand en 1453, Monstrelet, éd Buchon, p 387 Sur les *Galants de la feuillée* en Normandie, *Legrand, Hist ms* , *livre IX, fol.* 87-88, ann 1466 Cf. mes Origines du droit sur le *banni*, et sur l'*outlaw* anglais, sur Robin Hood, une curieuse thèse de M. Barry, professeur d'histoire.

La menace agit On savait que le comte de Charolais
était homme à la mettre à effet Pour moins, on lui
avait vu tuer un homme (un archer qu'il trouva mal
en ordre dans une revue) Tout le monde craignait sa
violence, les grands comme les petits Ici surtout, dans
une guerre dont le père et le fils faisaient une affaire
d'honneur, une querelle personnelle, il y eût eu danger à rester chez soi

Tous vinrent, il y eut trente mille hommes Les Flamands, de bon cœur, rendirent à leur vieux seigneur
le dernier service féodal dans une guerre wallonne.
Les Wallons eux-mêmes du Hainaut, les nobles du
pays de Liège, ne se faisaient aucun scrupule de con-
courir au nâtiment de la ville maudite La noblesse
et les milices de Picardie furent amenées par Saint-Pol;
marié par le roi le 1er août, il se trouva le 15 à l'armée de Namur, avec toute sa famille, ses frères et ses
enfants,

Le comte de Charolais venait d'apprendre, avec le
mariage de Saint-Pol, trois nouvelles du même jour,
non moins fâcheuses, trois traités du roi avec les maisons de Bourbon, d'Anjou et de Savoie En partant de
Namur, il donna cours à sa colère, écrivant au roi une
lettre furieuse, où il l'accusait d'appeler l'Anglais, de
lui offrir Rouen, Dieppe, Abbeville[1]...

---

[1] Duclos, Preuves, IV, 279 Il s'agissait de rendre le roi odieux,
il lui écrit peu après que les sergents du bailliage d Amiens *op-
priment le peuple*, qu'il faut en choisir de meilleurs, que le roi
confirmera . « Et avec ce, ferez grant bien et soulagement *au
pouvre peuple.* » *Bibl royale, mss. Baluze*, 9673 D , 16 oct
1466.

Toute cette fureur contre le roi allait tomb.r sur
Dinant Il y avait pourtant, en bonne justice, une
question dont il eût fallu avant tout s'enquérir. Ceux
qu'on allait punir, étaient-ce bien ceux qui avaient
péché? N'y avait-il pas plusieurs villes en une ville? La
vraie Dinant n'était-elle pas innocente? Lorsque dans
un même homme nous trouvons si souvent l *homme
double* (et multiple'), etait-il juste a attribuer l'unité
d'une personne à une ville, à un peuple?

Pourquoi Dinant était-elle Dinant pour tout le monde?
Par ses batteurs en cuivre, par ce qu'on a pelait le *bon
métier de la batterie* Ce métier avait fait *la* ville et la
constituait; le reste des habitants, quelque nombreux
qu'il fût, était un accessoire une fe..le at..ce par le
succes et le profit Il y avait, comme partout, des bourgeois, des petits marchands qui pouvaient aller et venir, vivre ailleurs Mais les batteurs en cuivre devaient,
quoi qu'il pût arriver, vivre là, mourir là, ils y étaient
fixés, non-seulement par leur lourd materiel d'ustens-
iles, grossi de père en fils, mais par la renommée de
leurs fonds, achalandés depuis des siècles, enfin par
une tradition d'art, unique, qui n'a point survécu. Ceux
qui ont vu les fonts baptismaux de Liege et les chan-
deliers de Tongres se garderont bien de comparer les
dinandiers qui ont fait ces chefs-d'œuvre à nos chaudronniers d'Auvergne et de Forez Dans les mains des
premiers, la batterie du cuivre fut un art qui le disputait au grand art de la fonte. Dans les ouvrages de
fonte, on sent souvent, à une certaine rigidité, qu'il y
a eu un intermédiaire inerte entre l'artiste et le metal
Dans la batterie, la forme naissait immédiatement

sous la main humaine[1], sous un marteau vivant comme
elle, un marteau qui, dans sa lutte contre le dur métal,
devait rester fidèle à l'art, battre juste, tout en bat-
tant fort; les fautes en ce genre de travail, une fois
imprimées du fer au cuivre, ne sont guère réparables.

Ces dinandiers devaient être les plus patients des
hommes, une race laborieuse et sédentaire Ce n'é-
taient pas eux, à coup sûr, qui avaient compromis la
ville. Pas davantage les bourgeois propriétaires. Je
doute même que les excès dussent être imputés aux
maîtres des petits métiers, qui faisaient le troisième
membre de la cité. De telles espiègleries, selon toute
apparence, n'étaient autre chose que des farces de
compagnons ou d'apprentis Cette jeunesse turbulente
était d'autant plus hardie qu'en bonne partie elle n'é-
tait pas du lieu, mais flottante, engagée temporaire-
ment, selon le besoin de la fabrication[2]. Légers de

---

[1] Pour apprécier la supériorité de la *main* sur les moyens mé-
caniques, lire les discours, pleins de vues ingénieuses et fecondes,
que M. Belloc a prononces aux distributions de prix de son École.
L'*Ecole gratuite de dessin*, dirigee (disons mieux, creee par cet
excellent maitre), a déja renouvele, vivifié dans Paris tous les
genres d'industrie qui ont besoin du dessin, orfevrerie, serrure-
rie, menuiserie, etc Sous une telle impulsion, ces metiers rede-
viendront des arts (*Note de* 1844)

[2] « Savoir faisons. Nous avoir cste humblement exposé de la
partie de Estienne la Marc *dynan*, ou potier darain, simple homme,
chargie de femme et de plusieurs enfans, que comme environ la
Chandeleur qui fut mil CCC,IIIIxx et cinq, icelluy supplant *se
feast louez* et convenanciez a un nomme Gautier de Coux, *dynan*,
ou potier darrain, *pour le servir jusques a certain temps*, lors a
venir, et parmi certain pris sur ce fait, et pour paier le vin dudit
marché » *Archives, Trésor des Chartes, reg* 139 *piece* 6,
lettre de grâce d'août 1404.

bagage et plus légers de tête, ces garçons étaient toujours prêts a lever le pied. Peut-être, enfin, les choses les plus hardies furent-elles l'œuvre voulue et calculée des meneurs gagés de la France ou des bannis errants sur la frontière.

Dans l'origine, les gens paisibles crurent sauver la ville en arrêtant les cinq ou six qu'on désignait le plus. Un d'eux, qu'on menait en prison, ayant crié « A l'aide! aux franchises violées! » la foule s'émut, brisa la prison et faillit tuer les magistrats. Ceux-ci, qui avaient à leur tête un homme intrépide, Jean Guérin, ne s'effrayèrent pas, ils assemblèrent le peuple, et d'un mot le ramenèrent au respect de la loi · « Quant aux fugitifs, nous ne les retiendrions pas d'un fil de soie, mais nous nous en prenons à ceux qui ont forcé les prisons de la cité. » Sur ce mot, plusieurs de ceux qui avaient délivré les coupables coururent après, les reprirent, les remirent eux-mêmes en prison[1].

Justice devait se faire. Mais pouvait-elle se faire par un souverain étranger. à qui la ville eût livré, non les prisonniers seulement, mais elle-même, son plus précieux droit, son épée de justice

Cette terrible question fut discutée par le petit peuple, si près de périr, avec une gravité digne d'une grande nation, digne d'un meilleur sort[2] Mais bientôt

---

[1] Lettre de Jehan de Guerin et autres magistrats de Dinant, 8 nov 1465 Documents Gachard II, 336

[2] Sur les trois membres de la cité. les batteurs 'aides des bourgeois' declarent qu'ils veulent traiter Ils demandent au troisième membre, composé des petits metiers, s'ils croient résister lorsque a ville de Liege, lorsque le roi de France *ont fait la paix?* Ils

il n'y eut plus à délibérer La ville ne fut plus elle-
même, envahie qu'elle était par un peuple d'étrangers.
Un matin, voilà tout le flot des pillards, des bandits,
qui remonte la Meuse, et qui, de Loss en Huy, de Huy
en Dinant, de plus en plus grossi d'écume, vient fina-
lement s'engouffrer là.

Comment ce peuple de sauvages, sans loi, sans patrie, s'était-il formé? Nous devons l'expliquer, d'autant
plus que c'est justement leur présence à Dinant, leurs
ravages dans les environs, qui mirent tout le monde
contre elle et firent de cette guerre une sorte de
croisade.

De longue date, la violence des révolutions politiques
avait peuplé de bannis les campagnes et les forêts.
Chassés une fois, ils ne rentraient guère, parce que,
leurs biens étant partagés ou vendus, il y avait trop de
gens intéressés à leur fermer la porte Beaucoup, plutôt que d'aller chercher fortune au loin, erraient dans
le pays. Les déserts du Limbourg, du Luxembourg, du
Liégeois, les *sept forêts d'Ardennes*, les cachaient aisément, ils menaient sous les arbres la vie des charbonniers; seulement, quand la saison devenait trop dure,

ne se plaignent de personne, ils n'attestent point le droit qu'ils
auraient eu d'ordonner, dans une ville qui, après tout, était
née de leur travail, et qui, sans eux, n'était rien. Ils invoquent
seulement le droit de la majorité, celui de deux membres, d'accord contre un troisième. Ce troisième résiste Il demande si l'on
veut, sous ce pretexte, le mettre en servitude. « Mais quelle servitude plus grande, répliquent les autres, que la guerre, la ruine
de corps et de biens? Dans un navire en peril ne faut-il pas jeter
quelque chose pour sauver le reste? n'abat-on pas un mur pour
sauver la maison en feu?

ils rôdaient autour des villages, demandaient ou prenaient Cette vie si rude, mais libre et vagabonde, tentait beaucoup de gens, l'instinct de vague liberté [1] gagnait de plus en plus, dans un pays où l'autorité elle-même avait supprimé le culte et la loi. Il gagnait l'ouvrier, l'apprenti, l'enfant, de proche en proche Ceux qui commencèrent à courir le pays, quand l'évêque retira ses juges, et qui s'amusaient à juger, étaient des garçons de dix-huit ou vingt ans; ils portaient au bras, au bonnet, au drapeau, une figure de sauvage.

Beaucoup d'hommes, se lassant de traîner dans les villes une vie ennuyeuse, laissaient leurs ménages, couraient les bois. Mais la femme, quelle que soit sa misère, ne s'en va pas ainsi elle reste, quoi qu'il arrive, avec les enfants. Les Liégeoises, dans cet abandon, montraient beaucoup d'énergie, n'ayant, par le droit du pays, que *Dieu et leur fuseau* [2], elles prenaient, au défaut du fuseau, les travaux que laissaient les hommes, elles leur succédaient aussi sur la place, s'intéressaient autant et plus qu'eux aux affaires publiques. Beaucoup de femmes marquèrent dans les révolutions, celle de Raes entre autres. Tout le monde à Liége, les femmes comme les hommes, connaissait les révolutions antérieures, on lisait le soir les chro-

---

[1] Très-fort chez nous autres Français Les missionnaires remarquent qu'au Canada les sauvages se francisaient peu mais les Français prenaient volontiers la vie errante des sauvages

[2] Voyez plus haut la page 15, note 1 Les Liégeoises devaient leur influence, non à la loi, mais à leur caractère énergique et violent Les Flamandes devaient la leur, au moins en grande partie, à la faculté qu'elles avaient de disposer plus librement de leur bien.

niques en famille[1], Jean Lebel, Jean d'Outremeuse, la
mère et l'enfant savaient par cœur ces vieilles bibles
politiques de la cité.

L'enfant marchait à peine qu'il courait à la place Il
y déployait l'étrange précocité française pour la parole et la bataille. Après la *piteuse paix*, lorsque les
hommes se taisaient, les enfants se mirent à parler[2].
personne n'osait plus nommer ni Bade ni Bourbon, les
enfants crièrent hardiment *Bade*, ils relevèrent ses
images; ils semblaient vouloir prendre en main le gouvernement, les hommes et les jeunes gens ayant gouverné, les enfants prétendaient avoir aussi leur tour.

Les Liégeois finirent par s en alarmer. Ne pouvant
contenir ces petits tyrans, on s'adressa à leurs parents
pour les obliger d'abdiquer. C'était chose bizarre,
effrayante en effet, de voir le mouvement, au lieu de
rester à la surface, descendre toujours et gagner...
atteindre le fond de la société, la famille elle-même.

Si les Liégeois eurent peur de ce profond bouleverse-
sement, combien plus leurs voisins[1] lorsque surtout ils
virent, après l amende honorable de Liége, tout ce qu'il
y avait de gens compromis quitter les villes, allai
grossir les bandes de la Verte tente, tout ce peuple
sauvage prendre Dinant pour repaire et pour fort
Ne pouvant bien s'expliquer l'apparition de ce phéno-

. [1] On trouve encore, après tant de révolutions, un grand nombre
de ces chroniques de famille (Observation de M. Levalleye).

   [2] Ils étaient probablement poussés par Raes et autres meneurs,
qui voulaient encore essayer de leur Allemand — Voir le detail
si curieux dans Adrianus de Veteri Bosco, Ampliss Collectio, IV
1291-2.

même, on était disposé à y voir une *manie* diabolique
ou une malédiction de Dieu. La ville était excommu-
niée, le duc en avait la bulle et l'avait fait afficher
partout. Le grave historien du temps affirme que si le
roi eût secouru « cette vilenaille » condamnée des
princes de l'Église, il aurait mis contre lui la noblesse
même de France[1].

Les terribles hôtes de Dinant, non contents de piller
et brûler tout autour, arrangèrent une farce outra-
geuse qui devait irriter encore le duc contre la ville et
la perdre sans ressource. Sur un bourbier plein de cra-
pauds (en dérision des Pays-Bas et du roi des eaux
sales?), ils établirent une effigie du duc, ducalement
habillé aux armes de Philippe le Bon, et ils criaient
« Le voilà, le trône du grand crapaud! » Le duc et le
comte l'apprirent, ils jurèrent que s'ils prenaient la
ville, ils en feraient exemple, comme on faisait aux
temps anciens, la détruisant et labourant la place, y
semant le sel et le fer.

Les insolents ne s'en souciaient guère. Des murs de
neuf pieds d'épaisseur, quatre-vingts tours, c'était un
bon refuge. Dinant avait été assiégée, disait-on, dix-
sept fois, et par des empereurs et des rois, jamais

---

[1] « Fait bon à croire que ung roi de France... doibt et peut
bien tenir une longue suspense entre dire et faire avant que...
soy former ennemy... *contre ung bras constitué champion de
l'Église*. Quand il l'auroit aidié a destruire par tels vilains, si
eut-il accru sa honte et son propre domage en perdition de tant
de noblesse que le duc y avoit, *lequel fesoit encore a craindre
a ung roy de France pour mettre sa noblesse... contre lui*, par
adjonction a hierre vilenaille que tous roys et princes doivent hayr
pour la conséquence. » Chastellain

prise Si le bourgeois eût osé témoigner des craintes, ceux de la Verte tente lui auraient demandé s'il doutait de ses amis de Liége, au premier signal, il en aurait quarante mille à son secours.

Leur assurance dura jusqu'au mois d'août. Mais quand ils virent cette armée si lente à se former, cette armée impossible, qui se formait pourtant et qui s'ébranlait de Namur, plus d'un de ceux qui criaient le plus fort, s'en alla doucement. Ils se rappelaient un peu tard le point d'honneur des enfants de la Verte tente, qui, conformément à leur nom, se piquaient de ne pas loger sous un toit.

Il y eut deux sortes de personnes qui ne partirent point. D'une part, les bourgeois et batteurs en cuivre, incorporés en quelque sorte à la ville par leurs maisons et leurs vieux ateliers, par leur important matériel, ils calculaient que leurs formes seules valaient cent mille florins du Rhin Comment laisser tout cela? comment le transporter? . Ils restaient là, sans se décider, à la garde de Dieu. — Les autres, bien différents, étaient des hommes terribles, de furieux ennemis de la maison de Bourgogne, si bien connus et désignés qu'ils n'avaient pas chance de vivre ailleurs, et qui peut-être ne s'en souciaient plus

Ceux-ci, d'accord avec la populace [1], étaient prêts à faire tout ce qui pouvait·rendre le traité impossible Bouvignes, pour augmenter la division dans Dinant,

---

[1] Dans un recit, au reste tres–hostile, on voit que cette populace noya des prêtres qui refusaient d'officier. (Du Clercq, Suffridus Petrus)

avait envoyé un messager, on lui coupa la tête, puis
un enfant avec une lettre, l'enfant fut mis en pièces.

Le lundi 18 août arriva l'artillerie, le sire de Hagenbach fit ses approches en plein jour et abattit moitié
des faubourgs. Ceux de la ville, sans s'étonner, allèrent brûler le reste. Sommés de se rendre, ils répondirent avec dérision, criant au comte que le roi et ceux
de Liége le délogeraient bientôt

, Vaines paroles Le roi ne pouvait rien. Il en était à
tripler les taxes La misère était extrème en France,
la peste éclatait à Paris Tout ce qu'il put, ce fut de
charger Saint-Pol de rappeler que Dinant était sous sa
sauvegarde. Or, c'était en grande partie pour cela qu'on
voulait la détruire

Mais si le roi ne faisait rien, Liége pouvait elle manquer à Dinant dans son dernier jour ? Elle avait promis un secours, dix hommes de chacun des trente-deux
métiers, en tout trois cent vingt hommes [1], la plupart
ne vinrent pas Elle avait donné à Dinant un capitaine
liégeois qui la quitta bientôt. Le 19 août arrive à
Liége une lettre où Dinant rappelle que sans l'espoir
d'un secours efficace, elle ne se serait pas laissé assiéger Les magistrats disent au peuple, en lisant la lettre : « Ne vous souciez; si nous voulons procéder avec
ordre, nous ferons bien lever le siége » Autre lettre
de Dinant le même jour, mais elle ne fut pas lue.

Le comte de Charolais ne songeait point à faire un
siége en règle Il voulait écraser Dinant avant que les

---

[1] C'est ce qu'on lit dans les actes. Les chroniqueurs disent
4,000 à 40,000, etc

Liégeois eussent le temps de se mettre en marche
Il avait concentré sur ce point une artillerie formidable, qui, avec ses charrois, se prolongeait sur la
route pendant trois heues Le 18, les faubourgs furent
rasés. Le 19, les canons, mis en batterie sur les ruines
des faubourgs, battirent les murs presque à bout portant Le 20 et le 21, ils ouvrirent une large brèche.
Les Bourguignons pouvaient donner l'assaut le samedi
ou le dimanche (23-24 août) Mais les assiégés se battaient avec une telle furie, que le vieux duc voulut
attendre encore, craignant que l'assaut ne fût trop
meurtrier

La promptitude extraordinaire avec laquelle le siége
était conduit montre assez qu'on craignait l'arrivée des
Liégeois. Cependant, du 20 au 24, rien ne se fit à
Liége. Il semble que pendant ce temps on attendait
quelque secours des princes de Bade, il n'en vint pas,
et le peuple perdit du temps à briser leurs statues. Le
dimanche 24 août, pendant que Dinant combattait encore, les magistrats de Liége reçurent deux lettres, et
le peuple décida que le 26 il se mettrait en route Il n'y
avait qu'une difficulté, c'est qu'il ne sortait jamais
qu'avec l'étendard de Saint-Lambert, que le chapitre
lui confiait, le chapitre était dispersé Les autres églises, consultées sur ce point, répondirent que la chose
ne les regardait point Telle à peu près fut la réponse
de Guillaume de la Marche, que l'on priait de porter
l'étendard. Tout cela traîna et fit remettre le départ
au 28.

Mais Dinant ne pouvait attendre Dès le 22, les bourgeois avaient demandé grâce, éperdus qu'ils étaient

dans cet enfer de bruit et de fumée, dans l'horrible
canonnade qui foudroyait la ville. . Mêmes prières le
24, et mieux écoutées, le duc venait d'apprendre que
les Liégeois devaient se mettre en mouvement, il se
montrait moins dur L'espoir rentrant dans les cœurs,
tous voulant se livrer, un homme réclama, l'ancien
bourgmestre Guérin, il offrit, si l'on voulait combattre
encore, de porter l'étendard de la ville .« Je ne me fie
à la pitié de personne, donnez-moi l'etendard, je vivrai
ou mourrai avec vous Mais, si vous vous livrez, personne ne me trouvera, je vous le garantis ! » La foule
n'écoutait plus, tous criaient « Le duc est un bon seigneur, il a bon cœur, il nous fera miséricorde. » Pouvait-il ne pas faire grâce, dans un jour comme celui du
lendemain ? c'était la fête de son aieul, du bon roi saint
Louis (25 août 1166.

C·ux qui ne voulaient pas de grâce s'enfuirent la
nuit, les bourgeois et les batteurs en cuivre, debar-
rassés de leurs défenseurs, purent enfin se livrer[1]. Les
troupes commencèrent a occuper la ville le lundi à
cinq heures du soir, et le lendemain à midi le comte
fit son entrée. Il entra, précédé des tambours, des
trompettes, et (conformément à l'usage antique) des
fols et farceurs d'office, qui jouaient leur rôle aux actes
les plus graves, traités, prises de possession[2].

---

[1] Un auteur, très-partial pour la maison de Bourgogne, avoue
que les batteurs en cuivre abrégèrent la defense « Ad hanc vic-
toriam tam celeriter obtinendam auxilium suum tulerunt fabri
cacabarii » Suffridus Petrus, ap Chapeauville, III, 138

[2] « Cum tubicinis, mimis et tympanis » Adrianus de Veteri
Bosco, ap. Martene IV, 1296 Voir aussi plus haut, p 147, note 3

... et la chose pr t l'ignoble aspect d'un déménagement.

Tome VIII

Le plus grand ordre était nécessaire Quelques obstinés occupaient encore de grosses tours où l'on ne pouvait les forcer. Le comte défendit de faire aucune violence, de rien prendre, même de rien recevoir, excepté les vivres Quelques-uns, malgré sa défense, se mettant à violer les femmes, il prit trois des coupables, les fit passer trois fois à travers le camp, puis mettre au gibet.

Le soldat se contint assez tout le mardi, le mercredi matin. Les pauvres habitants commençaient à se rassurer. Le mercredi 27, l'occupation de la ville étant assurée, rien ne venant du côté de Liège, le duc examina en conseil à Bouvignes ce qu'il fallait faire de Dinant Il fut décidé que, tout devant être donné à la justice et à la vengeance, à la majesté outragée de la maison de Bourgogne, on ne tuerait rien de la ville, qu'elle serait pillée le jeudi et le vendredi, brûlée le samedi (30 août), démolie, dispersée, effacée

Cet ordre dans le désordre ne fut pas respecté, à la grande indignation du vieux duc On avait trop irrité l'impatience du soldat par une si longue attente. Le 27 même, après le dîner, chacun se levant de table, met la main sur son hôte, sur la famille avec qui il vivait depuis deux jours : « Montre-moi ton argent, ta cachette, et je te sauverai. » Quelques-uns, plus barbares, pour s'assurer des pères, saisissaient les enfants ..

Dans le premier moment de violence et de fureur, les pillards tiraient l'épée les uns contre les autres Puis ils firent la paix, chacun s'en tint à piller son logis, et la chose prit l'ignoble aspect d'un déménage ment ce n'étaient que charrettes, que brouettes qui roulaient hors la ville Quelques-uns (des seigneurs et non des moindres) imaginèrent de piller les pillards, se postant sur la brèche et leur tirant des mains ce qu'ils avaient de bon.

Le comte prit pour lui ce qu'il appelait sa justice, des hommes à noyer, à pendre Il fit tout d'abord, au plus haut, sur la montagne qui domine l'église, mettre au gibet le bombardier de la ville, pour avoir osé tirer contre lui Ensuite, on interrogea les gens de Bouvignes, les vieux ennemis de Dinant, on leur fit désigner ceux qui avaient prononcé les *blasphèmes* contre le duc, la duchesse[1] et le comte Ils en montrèrent, dans leur haine acharnée, huit cents, qui furent liés deux à deux et jetés a la Meuse[2] Mais cela ne suffit pas aux gens de justice qui suivaient l'enquête, ils firent cette chose odieuse, impie, de prendre les femmes, et par

---

[1] Un auteur assure qu'au commencement du siege, Madame de Bourgogne, se faisant scrupule d'une vengeance si cruelle vint elle-même intercéder Mais l'epée etait tiree, ce n'etait plus une affaire de femme On ne l'ecouta pas Je ne puis retrouver la source ou j'ai puisé ce fait

[2] Le moine Adrien se tait sur ce point sans doute par respect pour le duc de Bourgogne, oncle de son evêque Jean de Henin a la suite de Barante, ed Reiffenberg dit effrontement « Je ne sçay que a sang froid on aye tuee nelluy. » Mais Commines ,edit de mademoiselle Dupont, liv II, ch I, t I, p 117., Commines, temoin oculaire et peu favorable aux gens de Dinant, dit expressement « Jusques a *huict cens noyés*, devant Bouvynes, a la grand requeste de ceulx dudict Bouvynes » Je trouve aussi dans un manuscrit « L'avuon *huict cens noyes* en la riviere de Meuse » L'auteur ne s'en tient pas la il pretend que le comte « mit a mort femmes et enfants » *Bibliothèque de Liége Continuateur de Jean de Stavelot, ms* 183, *ann* 1466

force ou terreur, de les faire témoigner contre les hommes, contre leurs maris ou leurs pères.

La ville était condamnée a être brûlée le samedi 30 Mais on savait que les Liégeois devaient tous, en corps de peuple, de quinze ans à soixante, partir le jeudi 28 août, ils seraient arrivés le 30 Il fallait, pour être en état de les recevoir, tirer le soldat de la ville, l'arracher à sa proie subitement, le remettre, après un tel désordre, en armes et sous drapeaux Cela était difficile, dangereux peut-être, si l'on voulait user de contrainte Des gens ivres de pillage n'auraient connu personne

Le vendredi 30, a une heure de nuit, le feu prend au logis du neveu du duc, Adolphe de Clèves, et de là court avec furie... Si, comme tout porte à le croire, le comte de Charolais ordonna le feu[1], il n'avait pas prévu qu'il serait si rapide. Il gagna en un moment les lieux où l'on avait entassé les trésors des églises On essaya en vain d'arrêter la flamme. Elle pénétra dans la maison de ville où étaient les poudres Elle atteignit aux combles, à la *forêt* de l'église Notre-Dame, ou l'on avait enfermé, entre autres choses précieuses, de riches prisonniers pour les rançonner Hommes et biens, tout brûla Avec les tours brûlèrent les vaillants qui y tenaient encore.

Avant que la flamme enveloppât toute la ville, on avait fait sortir les prêtres, les femmes et les enfants[2]

---

[1] Jacques Du Clerc tâche d'obscurcir la chose pour lui donner quelque ressemblance avec la ruine de Jérusalem, et faire croire que : « Ce estoit le plaisir de Dieu qu'elle fust destruite »

[2] Une partie des hommes passa en Flandre, a Middelbourg,

On les menait vers Liège, pour y servir de témoignage à cette terrible justice, pour y être un vivant *exemple* . Quand ces pauvres malheureux sortirent ils se retournèrent pour voir encore une fois la ville où ils laissaient leur âme et alors ils poussèrent deux ou trois cris seulement, mais si lamentables, qu'il n'y eut pas de cœur d'ennemi qui n'en fut saisi « de pitié, d'horreur[1] »

Le feu brûla, dévora tout, en long, en large et profondément Puis, la cendre se refroidissant peu à peu, on appela les voisins, les envieux de la ville, à la joyeuse besogne de démolir les murs noircis, d'emporter et disperser les pierres On les payait par jour, ils l'auraient fait pour rien.

Quelques malheureuses femmes s'obstinaient à revenir. Elles cherchaient Mais il n'y avait guère de vestiges Elles ne pouvaient pas même reconnaître où

---

d'autres en Angleterre, il semble que le duc ait fait cadeau de cette colonie a son ami Édouard On transplanta les hommes, mais non l'art selon toute apparence les artistes devinrent des ouvriers, du moins on n'a jamais parle de la *batterie* de Middelbourg ni de Londres — Les Dinantais, a peine a Londres prirent contre Édouard le parti de Warwick qui etait le parti français, dans leur incurable attachement pour le pays qui les avait si peu protégés[1] Lettres patentes d'Édouard IV fevrier 1470

[1] Je me trompe. Jean de Henin trouve que « La ville de Dynant fust plus doucement traictée qu'elle n'avoit desservy » — J'ai rencontre aussi les vers suivants sotte et barbare plaisanterie des vainqueurs que je ne rapporte que pour faire connaitre le goût du temps « Dynant ou soupant. Le temps est venu Que le tant et quant Que tas ans avant souvent et menu Te sera rendu, Dynant, ou soupant » *Bibliothèque de Bourgogne, ms*, n° 11033

avaient été leurs maisons[1] Le sage chroniqueur de Liége, moine de Saint-Laurent, vint voir aussi cette destruction qu'il lui fallait raconter Il dit « De toute la ville, je ne retrouvai d'entier qu un autel, de plus, chose merveilleuse, une image que la flamme n avait pas trop endommagée, une bien belle Notre-Dame qui restait toute seule au portail de son église[2] »

Dans ce vaste sépulcre d'un peuple, ceux qui fouillaient trouvaient encore Ce qu'ils trouvaient, ils le portaient aux receveurs qui se tenaient là pour enregistrer, et qui revendaient brocantaient sur les ruines D'après leur registre, les objets déterrés sont généralement des masses de métal, hier œuvres d'art, aujourd'hui lingots. Quelques outils subsistaient sous leurs formes, des marteaux, des enclumes, l'ouvrier se hasardait parfois à venir les reconnaître, et rachetait son gagne-pain.

Ce qui étonne en lisant ces comptes funèbres, c'est que parmi les matières indestructibles (qui seules, ce semble, devaient résister), entre le plomb, le cuivre et le fer, on trouva des choses fragiles, de petits meubles de ménage, de frêles joyaux de femmes et de famille ..

---

[1] « Les femmes mesmes quy y alloient pour trouver leurs maisons ne sçavoient cognoistre Tellement y feut besoigne que, quatre jours apres le feu prins, ceux qui regardoient la place ou la ville avoit este pooient dire Cy feut Dynant[1] » Du Clercq, liv V, ch LX-LXI En 1472, le duc autorisa le reconstruction de l'eglise de Notre-Dame *au lieu appelé Dinant.* Gachard, Analectes Belgique, p 318-320

[2] « Non inveni in toto Dyonanto nisi altare S Laurentii integrum, et valde pulchram imaginem B V Mariæ in porticu ecclesiæ suæ, etc » Adrianus de Veteri Bosco, ap Martene, IV, 1290

Vivants souvenirs d'humanité, qui sont restés là pour témoigner que ce qui fut détruit, ce n'étaient pas des pierres, mais des hommes qui vivaient, aimaient[1]

Je trouve, entre autres, cet article « *Item* Deux petites tasses d'argent, deux petites tablettes d'ivoire (dont une rompue,, deux oreillers, avec couvertures semées de menues paillettes d'argent, un petit peigne d'ivoire, un chapelet à grains de jais et d'argent, une pelote à épingles de femme, *une paire de gants d'épousée.* »

Un tel article fait songer.. Quoi[!] ce fragile don de noces, ce pauvre petit luxe d'un jeune ménage, il a survécu à l'épouvantable embrasement qui fondait le fer[!] il aura été sauvé apparemment, recouvert par l'éboulement d'un mur... Tout porte à croire qu'ils sont restés jusqu'à la catastrophe, sans se décider à quitter la chère maison, autrement, n'auraient-ils pas emporté aisément plusieurs de ces légers objets Ils sont restés, elle du moins, la nature des objets l'indique Et alors, que sera-t-elle devenue? . Faut-il la chercher parmi celles dont parle notre Jean de Troyes qui mendiaient sans asile, et qui contraintes par la faim et par la misère, s'abandonnaient, hélas[!] pour avoir du pain[2].

[1] Unes patrenostres de gaiet, ou il a des patrenostres d'argent entre deux . Une paire de gans d'espousee un boutoir a mettre espingles de femmes » — Puis il passe a autre chose « Item un millier de fer Item un millier de plomb » *Recepte des biens trouvez en ladite planche de Dinant* Document Gachard, II, 381.

[2] « Et a cause d'icelle destruction, devindrent les pauvres habitants d'icelle mendiants, et aucunes jeunes femmes et filles

Ah! madame de Bourgogne, quand vous avez demandé cette terrible vengeance, vous ne soupçonniez
pas sans doute qu'elle dût coûter si cher! Qu'auriez
vous dit, pieuse dame, si vers le soir, vous aviez vu, de
votre balcon de Bruges, la triste veuve traîner dans la
boue, dans les larmes et le péché?

abandonnées à tout vice et pesché, pour avoir leur vie. » ean de
Troyes.

CHAPITRE III

Alliance du duc de Bourgogne et de l'Angleterre. Reddition de Liége.
1466-1467.

La prise de Dinant étonna fort. Personne n'eût de-
viné que cette ville, qu'on croyait approvisionnée pour
trois ans, avec ses quatre-vingts tours, ses bonnes murailles et les vaillantes bandes qui la défendaient, pût
être emportée en six jours. On connut pour la première fois la célérité des effets de l'artillerie.

Le 28 août, à midi, un homme arrive à Liége; on
lui demande : « Qu'y a-t-il de nouveau? — Ce qu'il y
a, c'est que Dinant est pris. » On l'arrête. A une heure,
un autre homme : « Dinant est pris, tout le monde

tué . » Le peuple courut aux maisons de Raes et des
chefs pour les égorger , il n'en trouva qu'un, qui fut
mis en pièces Heureusement pour les autres, arriva
ce brave Guerin de Dinant, qui dit magnanimement
« Ne vous troublez Vous ne nous auriez servi en
rien, et vous auriez bien pu périr » Le peuple se calma
et, tout en prenant les armes, il envoya au comte pour
avoir la paix.

Malgré sa victoire, et pour sa victoire même, il ne
pouvait la refuser. Une armée, après cette affreuse
fête du pillage, ne se remet pas vite, elle en reste ivre
et lourde Celle-ci, qui n'était pas payée depuis deux
ans, s'était garni les mains, chargée et surchargée.
Quand les Liégeois, sortis de leurs murs, les rencontrèrent à l'improviste, ils auraient eu bon marché de
cette armée de porteballes[1]

Mais ce premier moment passé, l'avantage revenait
au comte Les Liégeois demandèrent un sursis, et rompirent leurs rangs Les *sages* conseillers du comte
voulaient qu'on profitât de ce moment pour tomber sur
eux. Saint-Pol s'adressa à son honneur, à sa chevalerie[2]. S'il eût exterminé Liége après Dinant, il se serait
trouvé plus fort que Saint-Pol ne le désirait

Cet équivoque personnage, grand meneur des Picards
et tout-puissant en Picardie, devait inquiéter le comte
tout en le servant Il était venu au siége, mais il s'était

---

[1] « Ceste nuict estoit l'ost des Bourguignons en grant trouble
et double Aulcuns d eulx eurent envie de nous assaillir et mon
adviz est qu ils en eussent eu du meilleur » Commines

[2] Commines — Agente plurimum et pro miseris intervenente
comite Sancti Pauli » Amelgard Amplis Coll IV, 742

abstenu du pillage, retenant ses gens sous les armes,
« pour protéger les autres, disait-il, en cas d'événements » On lui avait donné à rançonner une ville pour
lui seul, et il n'était pas satisfait Il pouvait, s'il y
trouvait son compte, faire tourner pour le roi la noblesse de Picardie Le roi avait pris ce moment où il
croyait le comte embarrassé pour le chicaner sur ses
empiétements, sur le serment qu'il exigeait des Picards. Il avait une menaçante ambassade à Bruxelles,
des troupes soldées et régulières qui pouvaient agir,
Saint-Pol aidant, lorsque l'armée féodale du comte de
Charolais se serait écoulée comme à l'ordinaire

Ce n'est pas tout. Les trente-six réformateurs du
Bien public, bien dirigés par Louis XI, vont aussi tourmenter le comte Ils lui envoient un conseiller au Parlement pour réclamer auprès de lui. et l'interroger, en
quelque sorte, sur son manque de foi à l'égard du seigneur de Nesles qu'il a promis de laisser libre et qu'il
tient prisonnier. La réponse était délicate, dangereuse,
l'affaire intéressant tous les arrière-vassaux toute la
noblesse Le comte suivit d'abord les prudentes instructions de ses légistes, il équivoqua Mais le terme
et froid parlementaire le serrant de proche en proche,
respectueux, mais opiniâtre, il perdit patience, allégua
la conquête, le droit du plus fort L'autre ne lâcha pas
prise et dit hardiment « Le vassal peut-il conquérir
sur le roi, son suzerain[1]?.. » Il ne lui laissait qu'une

---

[1] Il dit gravement aussi que le roi pourrait bien le poursuivre
en dommages et intérêts *Bibliothèque royale, ms Du Puy*, 762,
procès-verbal du 27 septembre 1466.

réponse à faire, savoir qu'il tenait ce suzerain, qu'il n'était point vassal, mais souverain lui même et prince étranger. Il fut sorti alors de la position double dont les ducs de Bourgogne avaient tant abusé, il eût laissé au roi, naguère attaqué par la noblesse, le beau rôle de protecteur de la noblesse française, du royaume de France, contre l'étranger

Contre l'ennemi Il fallait qu'il s'avouât tel pour s'arracher de la France Or, cela était hasardeux, ayant tant de sujets français, cela était odieux, ingrat, dur pour lui-même . Car il avait beau faire, il était Français, au moins d'éducation et de langue Son rêve était la France antique, la chevalerie française, nos preux, nos douze pairs de la Table ronde[1] Le chef de la *Toison* devait être le miroir de toute chevalerie. Et cette chevalerie allait donc commencer par un acte de félonie ! Il fallait que Roland fût d'abord Ganelon de Mayence[!]

Pour ne plus dépendre de la France. il lui fallait se faire anti-français. anglais Jean sans Peur qui n'avait pas peur du crime, hésita devant celui-ci Son fils le commit par vengeance, et il en pleura La France y faillit périr ; elle était encore, trente ans après, dépeuplée, couverte de ruines. Un pacte avec les Anglais, un pacte avec le diable, c'était à peu près même chose dans la pensée du peuple Tout ce qu'on pouvait comprendre ici, de l'horrible mêlée des deux Roses, c'est que cela avait l'air d'un combat de damnés.

---

[1] « S'appliquoit a lire et faire lire devant luy du commencement les joyeux comptes et faicts de Lancelot et de Gauvain » Olivier de la Marche

Les Flamands, qui, pour leur commerce, voyaient
sans cesse les Anglais et de près, se représentent le
chef des lords comme « un porc sanglier sauvage, »
mal né, « mal sain, » et ils appellent l'alliance du roi
et de Warwick « un accouplement monstrueux, une
conjonction déshonnête   » — « Telle est cette nation,
dit le vieux Chastellain, que jamais bien ne s'en peut
écrire, *sinon en peche* » Il ne faut pas s'étonner si le
comte de Charolais, tout Lancastre qu'il était par sa
mère, réfléchissait longtemps avant de faire un mariage anglais

Par cela même qu'il était Lancastre, il n'en avait que
plus de répugnance à tendre la main à Edouard d'York,
à abjurer sa parenté maternelle Dans cette alliance
deux fois dénaturée, oubliant, pour se faire Anglais,
le sang français de son père et de son grand-père, il
ne pouvait pas même être Anglais selon sa mère, selon
la nature

Il n'avait pas le choix entre les deux branches anglaises Édouard venait de se fortifier de l'alliance
des Castillans, jusque-là nos alliés, et ceux-ci, par
un étrange renversement de toutes choses, étaient
priés d'alliance et de mariage par leur éternel ennemi,
le roi d'Aragon ; mariage contre nous, dont on eût pris
la dot de ce côté des Pyrénées L'idée d'un partage du
royaume de France leur souriait à tous La sœur de
Louis XI, duchesse de Savoie, négociait dans ce but
avec le Breton, avec Monsieur, et se faisait déjà donner
pour la Savoie tout ce qui va jusqu'à la Saône

Pour relier et consolider le cercle où l'on voulait
nous enfermer, il fallait ce sacrifice étrange qu'un

Lancastre épousât York, et ce sacrifice se fit Un mois avant la mort de son père, le comte de Charolais, non sans honte et sans ménagement, franchit le pas Il envoya son frère, le grand bâtard, à un tournoi que le frère de la reine d'Angleterre ouvrait tout exprès à Londres Le bâtard emmenait avec lui Olivier de la Marche, qui, le traité conclu, devait le porter au Breton et le lui faire signer

Le mariage était facile, la guerre difficile Elle convenait à Edouard, mais point à l'Angleterre. Sans vouloir rien comprendre à la visite du bâtard de Bourgogne, sans s'informer si leur roi veut la guerre, les évêques et les lords font la paix pour lui Ils envoient, en son nom, leur grand chef Warwick à Rouen[1] Ce riche et tout puissant parti, possesseur de la terre et ferme comme la terre, n'avait pas peur qu'un roi branlant osât le désavouer

Louis XI reçut Warwick, comme il eût reçu les rois-évêques d'Angleterre, pour lesquels il venait. Il fit sortir à sa rencontre tout le clergé de Rouen, pontificalement vêtu, la croix et la bannière[2]. Le démon de la

---

[1] Cette explication ne surprendra pas ceux qui savent quels étaient les vrais rois d'Angleterre La trêve expirait. Warwick se fit sans doute sceller des pouvoirs pour la renouveler, par son frère, l'archevêque d York, chancelier d'Angleterre, *contre le gré du roi* Ce qui est sûr, c'est qu'après le départ de Warwick, Edouard, furieux, alla avec une suite armée reprendre les sceaux chez l'archevêque qui se disait malade, il lui ôta deux manoirs de la couronne, et il prit cette précaution auprès du nouveau garde des sceaux, que, s'il voyait qu'un ordre royal pût préjudicier au roi. « Then he differe the expedition » Rymer, Acta

[2] « Was receyved into Roan with procession and grete honour

guerre des Roses entra, parmi les hymnes, comme un
ange de paix. Il alla droit a la cathédrale faire sa
prière, de là à un couvent, où le roi le logea près de
lui. C'était encore trop loin au gré du roi, il fit percer
un mur qui les séparait, afin de pouvoir communiquer
de nuit et de jour. Il l'avait reçu en famille, avec la
reine et les princesses. Il faisait promener les Anglais
par la ville, chez les marchands de draps et de velours,
ils prenaient ce qui leur plaisait et l'on payait pour
eux. Ce qui leur agréait le plus, c'était l'or, et le roi,
connaissant ce faible des Anglais pour l'or, avait fait
frapper tout exprès de belles grosses pièces d'or, pesant dix écus la pièce, à emplir la main.

Warwick lui venait bien à point. Il avait grand besoin de s'assurer de l'Angleterre, lorsqu'il voyait le feu
prendre aux deux bouts, en Roussillon et sur la Meuse,
au moment où il apprenait la mort de Philippe le Bon
(m. le 15 juin), l'avénement du nouveau duc de Bourgogne[1]

Il se trouva, par un hasard étrange, que les envoyés
du roi, chargés d'excuser les hostilités de la Meuse, ne
purent arriver jusqu'au duc. Il était prisonnier de ses
sujets de Gand. Ils ne lui voulaient aucun mal, disaient-ils, ils l'avaient toujours soutenu contre son

into Our Lady church. » Fragment, edité par Hearne a la suite des
Th. Sprotti Chronica, p. 297. L'auteur a reçu tous les détails de
la bouche d'Édouard IV. « I have herde of his owne mouth »
Ibidem, p. 298

[1] Rien de plus mélancolique que les paroles de Chastellain
« Maintenant c'est un homme mort, » etc. Elles sont visiblement
écrites au moment même, on y sent l'inquiétude, la sombre attente de l'avenir.

père, il était comme leur enfant, il pouvait se croire
en sûreté parmi eux « comme au ventre de sa mère »
Mais ils ne l'en gardaient pas moins, jusqu'à ce qu'il
leur eût rendu tous les privileges que son père leur
avait ôtés.

Il se trouvait en grand péril, ayant eu l'imprudence
de faire son *entrée* au moment même ou ce peuple violent était dans sa fête populaire, une sorte d'émeute
annuelle, la fête du grand saint du pays Ce jour-là,
ils étaient et voulaient être fols, « tout étant permis,
disaient-ils, aux fols de Saint-Liévin. »

Triste folie, sombre ivresse de bière, qui ne passait
guère sans coups de couteaux Tout ainsi que, dans la
légende, les barbares traînent le saint au lieu de son
martyre, le peuple, dévotement ivre, enlevait la chàsse
et la portait a ce lieu même, à trois heues de Gand
Il y veillait la nuit, en s'enivrant de plus en plus Le
lendemain, le saint *voulait* revenir, et la foule le rapportait. criant, hurlant, renversant tout. Au retour,
passant au marché, le saint *voulut* passer justement
tout au travers d'une loge ou l'on recevait l'impôt
« Saint Liévin, criaient-ils, ne se dérange pas. » La
baraque disparut en un moment, et à la place se dressa
la bannière de la ville, le saint lui-même, de sa propre
bannière, en fournissant l'étoffe A côté reparurent
toutes celles des métiers, plus neuves que jamais, « ce
fut comme une féerie, » et sous les bannières les métiers en armes. « Et tant croissoient et multiphoient
que c'estoit une horreur »

Le « duc s'épouvanta durement . « Il avait par malheur amené avec lui sa fille toute petite, et le tresor

que lui laissait son père. Cependant la colère l'emporta Il descend en robe noire, un bâton à la main · « Que vous faut-il? qui vous émeut, mauvaises gens? » Et il frappa un homme, l'homme faillit le tuer. Bien lui prit que les Gantais se faisaient une religion *d· ne point toucher au corps de leur seigneur*, telle était la teneur du serment féodal, et, dans leur plus grande fureur, ils le respectaient Le duc tiré de la presse et monté au balcon, le sire de la Gruthuse, noble flamand, fort aimé des Flamands et qui savait bien les manier, se mit à leur parler en leur langue, puis le duc lui-même, aussi en flamand Cela les toucha fort, ils crièrent tant qu'ils purent *Wille-come* ' (Soyez le bienvenu ')

On croyait que le duc et le peuple allaient s'expliquer en famille, mais voilà que « un grand rude vilain, » monté, sans qu'on s'en aperçût, vient, lui aussi, se mettre à la fenêtre à côté du prince Là, levant son gantelet noir, il frappe un grand coup sur le balcon pour qu'on fasse silence, et sans crainte ni respect il dit : « Mes frères, qui êtes là-bas, vous êtes venus pour faire vos doléances à votre prince ici présent, et vous en avez de grandes causes D'abord, ceux qui gouvernent la ville, qui dérobent le prince et vous, vous voulez qu'ils soient punis? Ne le voulez-vous pas? — Oui, oui, cria la foule. — Vous voulez que la cuillotte soit abolie? — Oui, oui' — Vous voulez que vos portes condamnées soient rouvertes et vos bannières autorisées? — Oui, oui' — Et vous voulez encore ravoir vos châtellenies, vos blancs chaperons, vos anciennes manières de faire? n'est-il pas vrai? — Oui, crièrent ils de toute la place » — Alors se tournant vers le duc, l'homme dit . « Monseigneur, voila en un mot pourquoi ces gens-là sont assemblés ; je vous le déclare, et ils m'en avouent, vous l'avez entendu , veuillez y pourvoir Maintenant, pardonnez-moi, j'ai parlé pour eux, j'ai parlé pour le bien. »

Le sire de la Gruthuse et son maître « s'entre-regardoient piteusement. » Ils s'en tirèrent pourtant avec quelques bonnes paroles et quelques parchemins Tout ce grand mouvement, si terrible à voir, était au fond peu redoutable Une grande partie de ceux qui le faisaient, le faisaient malgré eux Pendant l'émeute[1], plusieurs métiers, les bouchers et les poissonniers, se trouvant près du duc, lui disaient de n'avoir pas peur, de prendre patience, qu'il n'était pas temps de se venger *des méchantes gens*. . Il se passa à peine quelques mois, et les plus violents, effrayés eux-mêmes, allèrent demander grâce On croyait que toutes les villes imiteraient Gand, mais il n'y eut guère d'agité que Malines La noblesse de Brabant se montra unanime pour

---

[1] Lire le recit de Chastellain, plus naïf, mais tout aussi grand que les plus grandes pages de Tacite — Cf les détails donnes par le *Registre d'Ypres*, et par celui de *la Colace de Gand*, ap Barante-Gachard, II, 275-277 — V aussi Recherches sur le seigneur de La Gruthuyse, et sur ses mss (par M Van Praet) 1831, in-8

Malgre l'autorité de Wiellant j'ai peine a croire que deux hommes tels que Commines et Chastellain, temoins de ces evenements, se soient trompes de deux ans sur l'epoque de la soumission Je croirais plutot que Gand se soumit et demanda son pardon dès le mois de decembre 1467 qu'elle ne l'obtint qu'en janvier 1469, et que l'amende honorable n'eut lieu qu'au mois de mai de la meme annee

contenir les villes et repousser le prétendant du roi,
Jean de Nevers, qui se remuait fort, croyant l'occasion favorable Le duc, comme porté sur les bras de
ses nobles, se trouva au-dessus de tout Loin que ce
mouvement l'affaiblit, il n'en fut que plus fort pour
retomber sur Liége[1].

Il me faut dire la fin de Liége, je dois raconter
cette misérable dernière année, montrer ce vaillant
peuple dans la pitoyable situation du débiteur sous le
coup de la contrainte par corps.

Deux hommes avaient écrit le pesant traité de 1465,
« deux solennels clercs » bourguignons que le comte
menait dans ses campagnes, maître Hugonet, maître
Caroudelet. Ces habiles gens n'avaient rien oublié,
rien n'avait échappé a leur science, a leur prévoyance[2],
aucune des *exceptions* dont Liege eût pu se prevaloir,
aucune, hors une seule c'est qu'elle était tout a fait
insolvable

Ils étaient partis de ce principe, que *qui perd doit
payer*, *et qui ne peut payer doit payer davantage*, ac-
quittant, par-dessus la dette, les frais de saisie Liege
devait donner tant en argent et tant en hommes qui
payeraient de leurs têtes. Mais, comme elle ne voulait

[1] Il accusait les Liegeois d'avoir souleve Giard *Bibl. de Liége*,
ms Bertholet, n° 81, *fol* 444

[2] « Renonçons a tous droits, allegations, exceptions, deffenses,
privileges, lintes, cautelles, a toutes recisions dispensations de
serment et *au droit disant que genéral renonciation ne vault,
se l'especial ne précede* » Lettre qu'on fit signer aux Liegeois le
22 déc 1465 Documents Gachard, II, 311

pas livrer de têtes, pour que justice fût satisfaite, ils ajoutèrent encore en argent la valeur de ces têtes, tant pour monseigneur de Bourgogne, tant pour M de Charolais.

Cette terrible somme devait être rendue à Louvain, de six mois en six mois, à raison de soixante mille florins par terme Si tout le Liégeois eût payé, la chose était possible, mais d'abord les églises déclarèrent qu'ayant toujours voulu la paix, elles ne devaient point payer la guerre Ensuite, la plupart des villes, quoique leurs noms figurassent au traité, trouvèrent moyen de n'en pas être. Tout retomba sur Liége, sur une ville alors sans commerce, sans ressources, très-populeuse encore, d'autant plus misérable

Ce peuple aigri, ne pouvant se venger sur d'autres, prenait plaisir à se blesser lui-même Il devenait cruel. Ses meneurs l'occupaient de supplices On s'étouffait aux exécutions, les femmes comme les hommes. Il fallut hausser l'échafaud pour que personne n'eût à se plaindre de ne pas bien voir. Une scène étrange en ce genre fut la *joyeuse entrée* qu'ils firent à un homme qui, disait-on, avait livré Dinant; ils le firent *entrer* à Liége, comme le comte avait fait à Dinant, avec trompettes, musiques et fols, pour lui couper la tête

Il n'y avait plus de gouvernement à Liége, ou si l'on veut, il y en avait deux celui des magistrats qui ne faisaient plus rien, et celui de Raes qui expédiait tout par des gens à lui, les plus pauvres en général et les plus violents, qu'il avait (par respect pour la loi qui défendait les armes) armés de gros bâtons. Raes n'habitait point sa maison, trop peu sûre. Il se tenait dans un lieu de franchise, au chapitre de Saint Pierre, lieu d'ailleurs facile à défendre. Que cet homme tout puissant dans Liége occupât un lieu d'asile, comme aurait fait un fugitif, cela ne peint que trop l'état de la cité!

La fermentation allait croissant. Vers Pâques, le mouvement commence, d'abord par les saints, leurs images se mettent à faire des miracles. Les enfants de la Verte tente reparaissent, ils courent les campagnes, font leurs justices, égorgent tel et tel. Les gens d'armes de France vont arriver; les envoyés du roi l'assurent. Pour hâter le secours, ceux du parti français mènent hardiment les envoyés à la colline de *Lotting*, à *Herstall* (le fameux berceau des Carlovingiens), et là, avec notaire et témoins, leur font *prendre possession*[1]...

Possession de Liége? Il semble qu'ils n'aient osé le dire, la chose n'ayant pas réussi. Tels étaient la force de l'habitude et le respect du droit chez le peuple

---

[1] « Iverunt super collem de Lotting, et *acceperunt possessionem* pro comite Nivernensi et rege Franciæ. Simuler in Bolen et circum, et sequenti die in Herstal. » Adrianus de Veteri Bosco, Ampliss. Coll. IV, 1309 (23 jul. 1467). — Le roi semble avoir tâté Louis de Bourbon à ce sujet. « Et pour ce qu'il estoit necessaire de savoir le vouloir de ceulx de la cité, et s'ils se vouldroient par maint seigneur (de Liége) *soumettre à vous*. » Lettre de Chabannes et de l'évêque de Langres au roi. Bibl. royale, mss Legrand, Preuves, ann. 1467. — C'est là sans doute la véritable raison pour laquelle les Liégeois refusèrent d'envoyer au roi; ils craignent de s'engager. L'excuse qu'ils donnent est bien faible : « La raison si est qu'il a en ceste cité tres-grand nombre de nobles hommes. » Bibl. royale, mss. Balèze, vol. A. fol. 24, 1er août 1467.

qui semblait entre tous l'ami des nouveautés, les Liégeois pouvaient battre ou tuer leur evêque et leurs
chanoines, mais ils soutenaient toujours qu'ils étaient
sujets de l'Eglise, et croyaient respecter les droits de
l'évêché.

Quoiqu'il y eût déjà des hostilités des deux parts et
du sang versé, ils prétendaient ne rien faire contre
leur traité avec le duc de Bourgogne. « Nous pouvons
bien, disaient-ils, sans violer la paix, faire payer Huy
et reprendre Saint-Trond, qui est une des filles de
Liége. » L'évêque était dans Huy « N'importe, disaient-ils, nous n'en voulons point à l'évêque. »

L'évêque ne s'y fia point Comme prêtre, et par sa
robe dispensé de bravoure, il exigea que les Bourguignons envoyés au secours sauvassent sa personne
plutôt que la ville Le duc fut hors de lui quand il les
vit revenir.. Tristes commencements d'un nouveau
règne, de voir ses hommes d'armes s'enfuir avec un
prêtre, et d'avoir été lui-même à la merci de va-nu-
pieds de Gand !

Il n'hésita plus et franchit le grand pas. Il fit venir
des Anglais, cinq cents d'abord[1]. Édouard en avait
envoyé deux mille à Calais, et ne demandait pas mieux
que d'en envoyer davantage, mais le duc, qui voulait
rester maître chez lui, s'en tint à ces cinq cents Ils
lui suffisaient comme épouvantail, du côté du roi.

Le nombre n'y faisait rien. Cinq cents Anglais, un

[1] Communes —« Si le Roy se feust melle realement de la guerre
des Liegeois en son contraire, il avoit deux mille Anglois a Calais, venus tout prests pour les faire venir en Liege, et trente mil
francs la envoyes pour les payer en cas de besoing » Chastellain.

seul Anglais, dans l'armée de Bourgogne, c'était, pour
ceux qui avaient de la mémoire, un signe effrayant .
La situation était plus dangereuse que jamais, l'Angleterre et ses alliés, l'Aragonais, le Castillan et le
Breton, s'entendaient mieux qu'autrefois et pouvaient
agir d'ensemble, sous une même impulsion, ajoutez
qu'il y avait en Bretagne un prétendant tout prêt, qui
déjà signait des traités pour partager la France.

Le roi connaissait parfaitement son danger Dès
qu'il sut que le vieux duc était mort, et que désormais
il aurait à faire au duc Charles, il fit ce qu'il eut fait
si une flotte anglaise eût remonté la Seine, il arma la
ville de Paris[1]

Rendre à Paris ses armes et ses bannières. l'orga-
niser en une grande armée, cela pouvait paraître hardi, quand on se rappelait la douteuse attitude des Pa-
risiens pendant la dernière guerre Charles VI les
avait jadis désarmés, Charles VII, *roi de Bourges*, ne
s'était jamais fié beaucoup à eux Louis XI, à qui ils
avaient failli au besoin, ne se fit pas moins parisien
tout à coup, son danger après Montlhery lui avait ap-
pris qu'avec Paris, et la France de moins, il serait encore roi de France, il résolut de regagner Paris. quoi
qu'il coûtât, de le ménager, de le fortifier, dût-il écraser tout le reste

Il l'avait exempté de taxes dans la crise il maintint
cette exemption, malgré le terrible besoin d'argent ou
il était[2] Cela lui assurait surtout le Paris commer-

[1] Ordonnances, XVI, juin 1467

[2] « Ordre au tresorier du Dauphine de payer à Dunois, etc ;

çant, les halles, le nord de la ville. La cité et le midi
n'avaient jamais payé grand'chose, n'étant guère ha-
bités que de privilégiés, gens de robe et d'église, étudiants ou suppôts de l'Université.

Saint-Germain, Saint-Victor, les Chartreux, entouraient et gardaient en quelque sorte le Paris du midi.
Le roi les exempta des droits d'amortissement

La Cité, c'était Notre-Dame et le Palais, le parlement et le chapitre Louis XI s'était mal trouvé de
n'avoir pas respecté ces puissances. Il s'amenda, re-
connût la haute justice féodale des chanoines. Quant
aux parlementaires, leur grande affaire était de pouvoir se passer tout doucement leurs offices de main
en main, comme propriétés de famille, en couvrant
leurs arrangements d'un semblant d'élections Le roi
ferma les yeux, les laissa s'élire entre eux, fils, frères,
neveux, cousins, il promit de respecter les élections
et de laisser les offices dans les mêmes mains

Le seul point où il n'entendit à aucun privilége, ce
fut l'armement Le Parlement et le Châtelet, la chambre des comptes, les gens de l'hôtel de ville, les pacifiques généraux des aides et des monnaies, tous durent
monter à cheval ou fournir des hommes. Les églises
mêmes furent tenues d'en solder. Il n'y avait rien à
objecter, quand on voyait un évêque, un cardinal de
Rome, le vaillant cardinal Balue, cavalcader devant
les bannières et passer les revues.

aux gens de l'Auvergne de payer au duc de Bretagne, etc , à ceux
du Languedoc de payer au duc de Bourbon, etc 1466-1467 »
Archives du royaume, K. 70, 27 *février et* 4 *oct* 1466, 14 *janvier*
1467

Le roi et la reine vinrent voir c'était un grand spectacle; soixante et quelques bannières, soixante à quatre-vingt mille hommes armés[1] Il y en avait depuis le Temple jusqu'à Reuilly, jusqu'à Conflans, et de là en revenant le long de la Seine jusqu'à la Bastille Le roi avait eu l'attention paternelle d'envoyer et faire défoncer quelques tonneaux de vin.

Il était devenu vrai bourgeois de Paris C'était plaisir de le voir s'en aller par les rues, souper tout bonnement chez un bourgeois, un élu, Denis Hesselin, il est vrai qu'ils étaient compères, le roi lui ayant fait l'honneur de lui tenir son enfant sur les fonts Il envoyait la reine avec madame de Bourbon et Perette de Châlons (sa maîtresse), souper, baigner (c'était l'usage) chez Dauvet, premier président. Il consultait volontiers les personnes notables, parlementaires, procureurs, marchands. Il n'y avait pas désormais à se jouer des gens de Paris, le roi n'eût pas entendu raillerie, un moine normand s'étant avisé d'accuser deux bourgeois, sans preuves, le roi le fit noyer. Tellement il était devenu ami chaud de la ville[1]

Toute grande qu'elle était il la voulait plus grande et plus peuplée Il fit proclamer à son de trompe que toutes gens de toutes nations qui seraient en fuite pour vol ou pour meurtre, trouveraient sûreté ici Dans un petit pèlerinage qu'il fit à Saint-Denis, comme il s'en allait devisant par la plaine avec Balue, Luillier et quelques autres, trois ribauds vinrent se jeter à

---

[1] Si le greffier n'a pas vu trouble, dans son ardeur guerrière Jean de Troyes, 15 septembre 1467.)

genoux, criant grâce et rémission, ils avaient été
toute leur vie voleurs de grand chemin, larrons et
meurtriers, le roi leur accorda bénignement ce qu'ils
demandaient

Il n'y avait guère de jour qu'on ne le vît à la messe
à Notre-Dame, et toujours il laissait quelque offrande[1]
Le 12 octobre, il y avait été à vêpres, puis, pour se
reposer, chez Dauvet, le président, au retour, comme
il était nuit noire, il vit au-dessus de sa tête une
étoile, et l'étoile le suivit jusqu'à ce qu'il fut rentré
aux Tournelles.

Il avait bien besoin de croire à son étoile. Le coup
qu'il attendait était porté Le Breton avait envahi la
Normandie, et déjà il était maître d'Alençon et de
Caen (15 oct.). Le roi n'avait pu le prévenir S'il eût
bougé, le Bourguignon lui jetait en France une armée
anglaise Il avait envoyé quatre fois au duc en quatre
mois, tantôt offrant d'abandonner Liége, et tantôt réclamant pour elle.

Il essaya de l'intervention du pape, qu'il avait re-
gagné, en faisant enregistrer l'abolition de la Pragmatique Il obtint à ce prix que le Saint-Siége, qui
avait naguère excommunié les Liégeois, prierait aussi
pour eux. Mais le duc voulut à peine voir le légat, et
encore à condition qu'il ne parlerait de rien.

Le connétable, envoyé par le roi, fut reçu de manière à craindre pour lui-même Il venait parler de
paix à un homme qui déjà avait l'épée tirée, le bras
prêt à frapper . Le duc lui dit durement . « Beau cou

_____

[1] *Mss Legrand, Pre ces, octobre* 1467.

sin, si vous êtes né connétable, vous l'êtes de par moi.
Vous êtes né chez moi, et vous avez chez moi le plus
beau de votre vaillant Si le roi vient se mêler de mes
affaires, ce ne sera pas à votre profit » Saint-Pol,
pour l'apaiser, lui garantit pour douze jours que rien
ne remuerait du côté de la France Sur quoi, il dit en
montant à cheval . « J'aurai dans trois jours la bataille, si je suis battu, le roi fera ce qu'il voudra du
côté des Bretons » Il se moquait sans doute[1] il ne
pouvait guère ignorer qu'au moment même (19 octobre) Alençon et Caen devaient être ouvertes au duc de
Bretagne.

Qui eût pu l'arrêter, lancé comme il était par la colère? Il avait fait défier les Liégeois, à la vieille manière barbare, avec la torche et l'épée Il eut un moment l'idée de tuer cinquante otages qui étaient entre
ses mains. Les pauvres gens avaient répondu de la
paix sur leurs têtes. Un des vieux conseillers (jusque-
là des plus sages) était d'avis de les faire mourir. Heureusement, le sire d'Humbercourt, plus modéré et
plus habile, sentit tout le parti qu'on pouvait tirer de
ces gens

Les deux armées se rencontrèrent devant Saint-
Trond La place était gardée pour Liège par Renard
de Rouvroy, homme d'audace et de ruse, attaché au
roi, et qui lui avait servi, comme on a vu, à jouer la
comédie de la fausse victoire de Montlhéry Dans l'armée des Liégeois, qui venait au secours de Saint-

---

[1] Comines ne l'a pas senti, parce qu'il n'a pas rapproché les
dates.

Trond, on remarquait le bailli de Lyon, qui depuis un mois leur promettait du secours*, et qui les trompait d'autant mieux que le roi le trompait lui-même[1].

Selon Comines, qui put les voir de loin, ils auraient été trente mille; d'autres disent dix-huit mille. L'étendard était porté par le sire de Bierlo Bare de Surlet était à leur tête, avec Raes et la femme de Raes, madame Pentecôte d'Arkel. Cette vaillante dame, qui suivait partout son mari, s'était déjà signalée au combat d'Huy. Ici, elle galopait devant le peuple, et l'animait bien mieux que Raes n'eût su faire[2].

La confiance pourtant n'était pas générale. Les églises s'étaient prêtées de mauvaise grâce à escorter l'étendard de Saint-Lambert, comme l'usage le voulait, tel couvent, pour s'en dispenser, avait déguisé des laïques en prêtres. Encore cette escorte, à peine à deux lieues, voulait revenir. L'honneur de porter l'étendard fut offert au bailli de Lyon, qui n'accepta pas. Bare de Surlet, le jour du départ, voulant monter un cheval de bataille que venait de lui vendre l'abbé de Saint-Laurent, trouva qu'il était mort la nuit.

---

[1] Rien n'indique qu'il y eût d'autres Français — Dammartin, que Meyer y fait venir avec quatre cents hommes d'armes, six mille archers! (Annales Flandr , p 341), n'avait pas bougé de Mouzon Le bailli de Lyon, fort embarrassé à Liege, faisait tout au monde pour le faire venir; sa lettre au capitaine Salazar (*Bibl. royale, mss Legrand, Preuves*) est bien naïve « Se nul inconvénient leur sorvient, y diront que le Roy et vous et moy qui les ay conseglez, an somes cause . Les genz d'armes seront plus aysees icy que là, et tout le pays s'apreste vous fere tres-grand chière, etc. »

[2] « Plus quam vir ejus fecisset. » Adrianus

L'armée liégeoise arriva le soir à Brusten, près Saint-Trond; les chefs la retinrent dans le village et la forcèrent d'attendre le lendemain (28 oct)

Au matin, le duc, « monté sur un courlaut, » passait devant ses lignes, un papier a la main; c'était son ordonnance de bataille, tout écrite, telle que ses conseillers l'avaient arrêtée la nuit Qu adviendrait-il de cette première bataille qu'il livrait comme duc² c'était une grande question, un important augure pour tout le règne. Il y avait a craindre que son bouillant courage ne mit tout en hasard. Il parait qu'on trouva moyen de le tenir dans un corps qui ne bougea pas La cavalerie, en général, resta inactive pendant la bataille , dans cette plaine fangeuse, coupée de marais, elle eût pu renouveler la triste aventure d'Azincourt.

Vers dix heures, les gens de Tongres, impatients, inquiets, ne purent plus supporter une si longue attente, ils marchèrent à l ennemi Les Bourguignons les repoussèrent, criblèrent de flèches et de boulets ceux qui gardaient le fossé, gagnèrent le fossé, les canons Puis, comme ils n'avaient plus de quoi tirer, les Liégeois reprirent l'avantage. De leurs longues piques, ils chargèrent les archers « Et en une troupe, tuèrent quatre ou cinq cents hommes en un moment; et branloient toutes nos enseignes, comme gens presque déconfits, Et sur ce pas, fit le duc marcher les archers de sa bataille que conduisoit Philippe de Crèvecœur, homme sage, et plusieurs autres gens de bien, qui avec un grand hu¹ assaillirent les Liégeois, qui en un moment furent desconfitz »

Il paraît qu'on fit croire au duc qu'il leur avait tué
six mille hommes. Comme il le répète et s'en moque
lui-même. Il assure que la perte était peu de chose,
que sur un si grand peuple, il n'y paraissait guère.
Renard de Rouvroy, ayant tenu encore trois jours
dans Saint-Trond, Raes et le bailli avaient le temps de
mettre Liége en défense. Mais il aurait fallu abattre
autour des murs certaines maisons qui étaient aux
églises, et elles n'y consentaient pas.

De cœur et de courage, sinon de force, la ville était
tuée. On avait beau dire au peuple que les envoyés
du roi négociaient, que le légat allait venir pour tout
arranger, chacun commençait à songer à soi, à vouloir faire la paix avant les autres, d'abord les petites
gens de la rivière, les poissonniers. Puis les églises
s'enhardirent et déclarèrent qu'elles voulaient traiter.
On les laissa faire, et elles traitèrent, non-seulement
pour elles, mais pour la cité.

Ce qu'elles obtinrent, et qui n'était rien moins
qu'une grâce, ce fut de rendre tout, « à volonté, »
sauf le feu et le pillage. Les prêtres, n'ayant rien à
craindre pour eux-mêmes, se contentèrent d'assurer
ainsi les biens, sans s'inquiéter des personnes.

Cet arrangement fut accepté, l'egoïsme gagnant,
comme il arrive dans les grandes craintes. On choisit
trois cents hommes, dix de chaque métier, pour aller
demander pardon. La commission était peu rassu-
rante. Le duc avait pris dix hommes de Saint-Trond,
et dix hommes de Tongres, auxquels il avait fait couper la tête.

Trois cents suffiraient-ils ? L'ennemi une fois dans

la ville n'en pendrait-il pas d'autres? . Cette crainte se répandit et devint si forte que les portes ne s'ouvrirent pas Le vaillant Bierlo, qui avait porté l'étendard, qui l'avait défendu et sauvé, se mit aussi à défendre les portes, s'obstinant à les tenir fermées, à moins que la sûreté des personnes ne fût garantie.

Le duc attendait les trois cents sur la plaine. Sa position était mauvaise « On était en fin cœur d'hiver, et les pluies plus grandes qu'il n'est possible de dire, le pays fangeux et mol à merveille Nous étions (c'est Commines qui parle) en grande nécessité de vivres et d'argent, et l'armée comme toute rompue Le duc n'avoit nulle envie de les assiéger, et aussi n'eût-il su S ils eussent attendu deux jours à se rendre, il s'en fût retourné. La gloire qu'il reçut en ce voyage lui procéda de la grâce de Dieu, contre toute raison. Il eut tous ces honneurs et biens pour la grâce et bonté dont il avoit usé envers les otages, dont vous avez oui parler. »

Croyant qu'il n'y avait qu'à rentrer dans la ville, le duc avait envoyé, pour entrer le premier, Humbercourt qu'il en avait nommé gouverneur, et qui n'y était point haï. Porte close Humbercourt se logea dans l'abbaye de Saint-Laurent, tout près des murs de la ville, dont il entendait tous les bruits[1] Il n'avait que deux cents hommes, nul espoir de secours en cas

---

[1] Cette curieuse scène de nuit avait deux témoins très-intelligents qui l'ont peinte, un jeune homme d'armes bourguignon, Philippe de Commines, et un moine Adrien de Vieux-Bois Tout le couvent, en alarme, s'occupait à cuire du pain pour ceux qui viendraient, quel que fut leur parti

d'attaque. Heureusement il avait avec lui quelques-uns
des otages, qui lui servirent merveilleusement, pour
travailler la ville et l'amener à se rendre « Si nous
pouvons les amuser jusqu'à minuit, disait-il, nous aurons échappé, ils seront las et s'en iront dormir. »
Il détacha ainsi deux otages aux Liégeois, puis (le
bruit redoublant dans la ville) quatre autres, avec une
bonne et amicale lettre, il leur disait Qu'il avait toujours été bon pour eux, que pour rien au monde il ne
voudrait consentir à leur perte, naguère encore il
était des leurs, du métier des *fèves* et maréchaux, il
en avait porté la robe, etc La lettre vint à temps,
ceux de la porte parlaient d'aller brûler l'abbaye et
Humbercourt dedans Mais : « Tout incontinent, dit
Commes, nous ouîmes sonner la cloche d'assemblée,
dont nous eûmes grande joie, et s'éteignit le bruit que
nous entendions à la porte. Ils restèrent assemblés
jusqu'à deux heures après minuit, et enfin conclurent
qu'au matin ils donneroient une des portes au seigneur d'Humbercourt. Et tout incontinent s'enfuit de
la ville messire Raes de Lintre et toute sa séquelle[1]. »

Au matin, les trois cents, en chemise, furent menés
dans la plaine, se mirent à genoux dans la boue et
crièrent merci. Le bon ami du roi, le legat, qui venait
intercéder, se trouva là justement pour ce piteux

---

[1] Voir dans Adrien la scène intérieure de Liege, l'abandon du
tribun. On lui en voulait de ne s'être pas fait tuer, comme Bare de
Surlet On prétendait qu'après la bataille il avait passé la nuit
dans un moulin, etc Ce qui est sûr, c'est qu'une fois rentré dans
Liége, il montra beaucoup de fermeté et ne quitta qu'au dernier
moment.

spectacle Quoi qu'il pût dire, le duc y fit peu d'attention Le sage Humbercourt eût voulu qu'il se servît
de ce légat pour le faire entrer avant lui dans la ville,
pour bénir et calmer le peuple, l'endormir, rendre
'entrée plus sûre

Loin de là, le duc, tenant à faire croire qu'il entrait
de force, « à portes renversées, » fit à l'instant mettre
le marteau aux murs et détacher les portes de leurs
gonds C'était l'ancien usage, quand le vainqueur
n'entrait pas par la brèche, qu'on lui couchât les portes sur le pavé, afin qu'il les foulât et marchât dessus

Le 17 novembre, au matin, les troupes entrèrent,
puis le duc accompagné de l'évêque, puis des troupes, et toujours des troupes, jusqu'au soir Il n'était
pas sans émotion en se voyant enfin dans Liège, le
matin, il avait pu à peine manger

La foule à travers laquelle il passait offrait l'aspect
de deux peuples distincts, des élus et des réprouvés,
en ce jour de jugement ; à droite, les élus, c'est-à-dire
le clergé, en blanc surplis, avec les gens qui tenaient
au clergé ou voulaient y tenir, tous ayant à la main
des cierges allumés, comme les Vierges sages ; à gauche, sans cierge, aussi bien que sans armes, l'épaisse
et sombre file des bourgeois, gens de métiers et menu
populaire, portant la tête basse

Ils roulaient en eux-mêmes la terrible sentence, encore inconnue, et tout ce que peut contenir pour celui
qui se livre, ce mot vague, infini · A volonté. Personne, tant qu'il n'était pas expliqué, ne savait qui
était vivant et qui était mort

L'attente fut prolongée jusqu'au 26 novembre Ce

jour-là sonna la cloche du peuple pour la dernière fois Sur l'estrade, devant le palais, au lieu consacré et légal où jadis siégeait le prince évêque, s'assit le maître et juge.. Près de lui, Louis de Bourbon, et en bas le condamné, le peuple, pour ouïr la sentence D'illustres personnages avaient place aussi sur l'estrade, comme pour représenter la chrétienté un Italien, le marquis de Ferrare, un Suisse, le comte de Neufchatel (maréchal de Bourgogne), enfin Jacques de Luxembourg, oncle de la reine d'Angleterre

Un simple secrétaire et notaire lut « haut et clair » l'arrêt

Arrêt de mort pour Liége Il n'y avait plus de cité, plus de murailles, plus de loi, plus de justice de ville ni de justice d'évêque, plus de corps de métiers

Plus de loi, des échevins nommés par l'évêque, assermentés au duc, jugeront *selon droit et raison escripte*,[1] d'après le mode que fixeront le seigneur duc et le seigneur évêque

Liége n'est plus une ville, n'ayant ni portes, ni murs, ni fossé; tout sera effacé et mis de niveau, en sorte qu'on puisse y entrer de partout « comme en un village »

La voix de la cité, son bourgmestre, l'épée de la cité, son avoué, lui sont ôtés également L'avoué, le défenseur désormais, c'est l'ennemi, le duc, comme

---

[1] « Sans avoir regart aux malvais stieles, usaiges et coustumes selon lesquelz lesdis eschevins ont aultrefois jugiet » Documents Gachard, II, 447 — Adrien, ordinairement fort exact, ajoute : « Et modum per dominum ducem et dominum episcopum ordinandum. » Ampliss. Coll , IV, 1322.

avoué suprême, siége et lève son droit dans la ville,
au pont d'Amercœur

Loin qu'il y ait un corps de ville, il n'y a plus de
corps de métiers. Liége perd les deux choses dont elle
était née, dont elle eût pu renaître les métiers et la
cour épiscopale; ses fameuses justices de l'Anneau et
de la paix de Notre-Dame[1]

Elle ne juge plus et elle est jugée, jugée par ses
voisines, ses ennemis, Namur, Louvain, Maestricht
Les appels seront maintenant portés dans ces trois
villes.

Maestricht est franche, indépendante et ne paye
plus rien. Liége paye, par-dessus les six cent mille
florins du premier traité, une rançon de cent quinze
mille lions

C'est-à-dire qu'elle se ruine pour se racheter, pri-
sonnière qu'elle est. Et tout en se rachetant, il faut
qu'elle livre douze hommes pour la prison ou pour la
mort, le duc décidera.

L'acte lu, le duc déclara que c'était bien là sa sentence Son chancelier, s'adressant à ceux qui étaient
dans la place, leur demanda s'ils acceptaient tous ces
articles et voulaient s'y tenir . L'on constata qu'ils
avaient accepté, que pas un n'avait contredit, qu'ils
avaient dit, bien distinctement, *Oy, oy*. Le chancelier
se tourna ensuite vers l'évêque et vers le chapitre,

---

[1] Le peuple perd son antique et joyeux privilege de danser dans
l'eglise, etc — « Sera abolie l'abusive coustumme de tenir les
consiaux en l'eglise de Saint-Lambert, du marchiet de piusseurs
denrees, des danses et jeuz et aultres negociations illicites que
l'on y a accoustumé de faire. » Documents Gachard, II, 433.

qui répondirent *Oy*, comme le peuple Et alors le duc,
s'adressant à la foule, daigna dire que, s'ils tenaient
parole, il leur serait un bon protecteur et gardien

Cette bonté n'empêcha pas que quelques jours
après, l'échafaud ne fût dressé On amena les *douze*
qui avaient été livrés, *trois*, mis sur l'échafaud, y reçurent grâce, *trois fois* trois furent décapités. La terreur qu'inspira ce spectacle eut tant d'effet que cinq
mille hommes achetèrent leur pardon

Il y avait dans Liége une chose qui était aussi
chère aux Liégeois que leur vie . c'était le principal
monument de la ville et son palladium, ce qu'ils appelaient leur *péron*, une colonne de bronze au pied de
laquelle le peuple, pendant tant de siècles, avait fait
les lois, les actes publics Cette colonne, qui avait as-
sisté à toute la vie de Liége, semblait Liége elle-
même. Tant qu'elle était là, rien n'était perdu, la cité
pouvait toujours revivre. Le duc mit dans son arrêt
ce terrible article . « Le *péron* sera enlevé, sans qu'on
puisse le rétablir jamais, pas même en refaire l'image
dans les armes de la ville. »

Il emporta en effet la colonne avec lui, la plaça,
comme au pilori, à la Bourse de Bruges, et sur le
triste monument furent gravés des vers en deux langues, où on le fait parler (comme si Liége parlait à la
Flandre) .

Ne leve plus un sourcil orgueilleux !
Prends leçon de mon aventure,
Apprends ton neant pour toujours !
J'etois le signe venere de Liege, son titre de noblesse,
La gloire d'une ville invaincue
Aujourd'hui expose (le peuple rit et passe !)

¹ Un historien du XVIIᵉ siècle ajoute : « Le duc fit abattre la statue de Fortune, que les Liégeois avoient dressée sur le marché pour marque de leur liberté et fiché un clou à sa roue, afin qu'elle ne tournast. » Mélart. C'est la traduction de l'inscription latine donnée par Meyer, fol. 312. Voir la très-plate inscription française dans D. Plancher et Salazar. Histoire de Bourgogne, IV, 358.

CHAPITRE IV

Péronne. — Destruction de Liége. 1468.

Une foule inquiète attendait le duc de Bruxelles : solliciteurs, suppliants, envoyés de tous pays. Il y avait, entre autres, de pauvres gens de Tournai qui étaient là, à genoux, pour excuser je ne sais quelle plaisanterie des enfants de la ville; le duc ne parlait de rien moins que de les marquer au front d'un fer rouge aux armes de Bourgogne[1].

[1] Il l'aurait fait si ses nobles n'avaient intercédé. (Poutrain.) — Tournai, enfermée de toutes parts et s'obstinant à rester française, se trouvait dans un état de siége perpétuel. Les Flamands,

A sa violence, à son air sombre, on voyait bien que la fin de cette affaire de Liége n'était pour lui qu'un commencement Il remuait en pensée plus de choses qu'une tête d'homme n'en pouvait contenir. On eût pu lire sur son visage sa menaçante devise « Je l'ay empris[1] » Il allait *entreprendre*, avec quel succès' Dieu le savait. Une comète qui parut à son avénement donnait fort à penser « J'entrai en imagination (dit Chastellain). Je m'attends à tout La fin fera le jugement »

Ce qu'on pouvait prévoir sans peine, c'est qu'avec un tel homme il y aurait beaucoup à faire et à souffrir, que ses gens auraient peu de repos, qu'il lasserait tout le monde avant de se lasser Jamais on ne surprit en lui ni peur ni fatigue « Fort de bras, fort d'échine, de bonnes fortes jambes, de longues mains, un rude joûteur à jeter tout homme par terre, le teint et le poil bruns, la chevelure épaisse, *houssue* . »

Fils d'une si *prude femme* et si *beguine*, lisant insatiablement dans sa jeunesse les vieilles histoires des preux, on avait cru qu'il serait un vrai manoir de chevalerie[2] Il était devot, disait-on, particulièrement à la vierge Marie On remarquait qu'il avait les yeux « angéliquement clairs »

---

quand ils voulaient, la faisaient mourir de faim et par représailles elle se moquait fort de ses pesants voisins trop bien nourris

[1] C'est l'expression du formidable portrait attribué à Van Eyck Celui qu'on voyait à Gand dans une précieuse collection (vendue en 1840) est sombre, violent, bilieux le teint accuse l'origine anglo-portugaise Il a été souvent copié

[2] Il eut « l'entendement et le sens si grand qu'il resistoit à ses

Les Flamands, Hollandais, tous les gens du nord et de langues allemandes avaient mis un grand espoir dans leur jeune comte Il parlait leur langue, puisait au besoin dans leur bourse, vivait avec eux et comme eux sur les digues, à voir la mer, qu'il aimait fort, ou bien à bâtir sa tour de Gorckum Dès qu'il fut maître, on aperçut qu'il y avait encore en lui un tout autre homme qu'on ne soupçonnait pas, homme d'affaires, d'argent et de calcul « Il prit le mors aux dents, veilla et estudia en ses finances. » Il visita le trésor de son père [1], mais pour le bien fermer, voulant vivre et suffire à tout avec son domaine et ce qu'il tirerait de ses peuples L'argent de Liége et tout l'extraordinaire ne devaient point les soulager, mais rester dans les coffres En tout un ordre austère. La joyeuse maison du bon duc devint comme un couvent [2]; plus de

complexions, tellement qu'en sa jeunesse ne fut trouvé plus doux, ne plus courtoy que luy Il apprenoit a l'ecole moult bien, etc » Olivier de la Marche Le portrait capital est celui de Chastellain On y voit qu il avait l'esprit tres-cultivé, beaucoup de faconde et de subtilite . « Il parloit de grand sens et parfond, et continuoit longuement au besoin » Ce qui contredit le mot de Commines « Trop peu de malice et descns, » etc La contradiction n est qu'apparente, on peut être discoureur, logicien et peu judicieux

[1] Selon Olivier de la Marche Quatre cent mille ecus d or, soixante-douze mille marcs d argent, deux millions d'or en meubles, etc En 1460, Philippe le Bon avait ordonne a ses officiers de rendre leurs comptes dans les quatre mois qui suivaient l année revolue (Notice de Gachard sur les anciennes chambres des comptes, en tête de son Inventaire) En 1467-8 le duc Charles cree une chambre des domaines, regle la comptabilite, en divise les fonctions entre le receveur et le payeur, etc *Archives gen de Belgique, Reg. de Brabant, n° 4, fol 42-46

[2] « Se delitoit en beau parler, et en amonester ses noble-

grande table commune où les officiers et seigneurs
mangeaient avec le maître Il les divisa et parqua en
tables différentes, d'où, le repas fini, on les faisait dé-
filer devant le prince, qui notait les absents l'absent
perdait les gages du jour

Nul homme plus exact, plus laborieux Il était le
matin au conseil et il y était le soir, « se travaillant
soy et ses gens, outrageusement » Ses gens, ceux du
moins qu'il employait le plus, c'étaient des gens de
langue française et de droit romain, des hommes de
loi bourguignons ou comtois Le règne des Comtois[1],

vertu, comme un orateur   assis en haut-dais pare — Il mist sus
une audience, laquelle il tint trois fois la semaine, après-diner ,
les nobles de sa maison estoient assis devant ly en bancs chacun
selon son ordre, sans y oser faillir , souvent toutefois a grand-
tannance des assis » Chastellain

[1] Ce que nous disons ici des ministres de la maison de Bourgogne contraste avec le remarquable esprit de mesure qui carac-
térise la Franche-Comté A portée de tout et informés de tout,
les Comtois eurent de bonne heure deux choses savoir faire savoir s'arrêter Savants et philosophes ,Cuvier Jouffroy. Droz',
legistes erudits et littérateurs Proudhon et ses collègues de la
Faculté de Paris, Dunod, Weiss. Marmier , tous les Comtois dis-
tingués se recommandent par ce caractère Nodier lui-même qui
a donné l'élan à la jeune littérature, ne l'a pas suivi dans ses ex-
centricités. Les devises franc-comtoises sont modestes et sage
Granvelle, *Durate*; Olivier de la Marche *Tant a souffert*, Besançon, *Plût a Dieu* — J'attends beaucoup, pour l'étude de la
Franche-Comté des documents qu'elle publie dans ses excellents
mémoires académiques, et de la savante et judicieuse histoire de
M Clerc

Ces familles de legistes se poussaient à la fois dans la robe et
dans l'épée Un Carondelet est tué a Montlhéry un Rochefort y
commande cent hommes d'armes, en recompense e, il est fait maître
des requêtes, plus tard, il devient chancelier de France Son père

commencé sous Philippe le Bon par Raulin, continué sous son fils par le De Goux, les Rochefort, les Carondelet, éclate dans l'histoire par la tyrannie des Granvelle. Leurs traditions d'impérialisme romain, de procédures secrètes, etc., furent pourtant connues dès l'époque où le chancelier Raulin, armé d'un simple billet de son maître absent, fit étouffer le sire de Granson entre deux matelas[1]

On reconnaît, dans la sentence de Liége, la main de ces légistes, à cet article surtout, où, substituant le *droit écrit* à la coutume, ils ajoutent à ce mot déjà si vague un arbitraire illimité « Selon le mode que fixeront le seigneur duc et le seigneur évêque. »

Après Liége, la Flandre. Dès le lendemain de la bataille, une lettre fut écrite par le duc, une menace *contre tous les fieffés* de Flandre qui ne rendraient pas le service militaire Cette expression semblait étendre l'obligation du service à une foule de petites gens, qui tenaient, à titre de fiefs, des choses minimes pour une minime redevance. L'effroi fut grand[2], l'effet subit, beaucoup aimèrent mieux laisser là fief et tout et passer la frontière Il fallut que le duc s'expliquât, il dit dans une nouvelle lettre, non plus *tous les fieffés*,

avait eu ses biens confisqués *pour une petite rature* qu'il fit à son profit dans un acte Le faux n'est pas rare en ce temps Cf le fameux procès du bâtard de Neutchâtel, Der Schweitzerische Geschichtforscher, I, 403

[1] Dunod.

[2] La menace est du 5 novembre, et l'explication du 20 décembre, en six semaines, l'émigration avait commencé. « Se partent et absentent, ou sont à voulente d'eux partir et absenter » Gachard.

mais· « Nos féaux vassaux et sujets, *tenus et accoutumés*
de servir et *fréquenter* les armes. »

Le mot d'*aide* ne prêtait pas moins que celui de *fief*
au malentendu. Sous ce mot féodal (aide de joyeuse
entrée, aide de mariage), il demanda un impôt régulier, annuel, pour seize ans Le total semblait monstrueux pour la Flandre, douze cent mille écus, pour
le Brabant, huit cent mille livres, cent mille livres
pour le Hainaut « Il n y eut personne qui ne fût per-
plexe durement et frappé au front, d'ouir nommer
cette horrible somme de deniers à prendre sur le
peuple. »

Par ces violentes chicanes pour changer ses vassaux
en sujets, pour devenir de suzerain féodal, souverain
moderne, le duc de Bourgogne n'en restait pas moins,
dans l'opinion de tous et dans la sienne, le prince de
la chevalerie Il en gardait les formes, et elles devenaient souvent dans ses mains une arme politique. Juge
de l'honneur chevaleresque, comme chef de la Toison
d'or, il somma son ennemi, le duc de Nevers, de comparaître au chapitre de l'ordre[1], le fit condamner
comme contumax, biffer son nom, noircir son écusson [2].

Ceux même que le roi avait cru s'attacher et qu'il

---

[1] Le duc fit lire et adopter a ce chapitre une ordonnance qui
mettait dans sa main toute la juridiction de l'ordre V le texte
dans Reiffenberg, Histoire de la Toison-d Or, p 30

[2] Il le déshonorait après l'avoir dépouillé Sur cette terrible
minute de la maison de Bourgogne sur la cession forcée qu'Hugonet extorqua, sur le courage du notaire qui glissa dans l'acte
même (au pli du parchemin où posait le sceau), une toute petite
protestation V Preuves de Commines

avait achetés le plus cher tournaient au duc de Bourgogne, comme au chef naturel des princes et seigneurs.

Un nouveau *Bien public* se préparait, plus général
et dans lequel entreraient ceux qui s'étaient abs-
tenus de l'autre René devait en être, quoique le
roi aidât alors son fils en Espagne Deux femmes y
poussaient, la douairière de Bourbon, aux enfants de
qui il avait confié moitié du royaume, et la propre
sœur de Louis XI, qui, il est vrai, lui ressemblait trop
pour subir aisément sa protection tyrannique, plus il
faisait pour elle, plus elle travaillait contre lui.

L'Anglais n'avait pu être du premier *Bien public ;*
on l'invitait au second. Le Bourguignon épousait la
sœur d'Édouard, et le Breton épousait en quelque sorte
l'Angleterre elle-même, voulant l'établir à côté de lui,
en Normandie Le roi, les voyant tous appeler l'Anglais, s'avisa d'un expédient qu'ils n'avaient pas prévu,
il appela la France.

Il convoqua les États généraux (avril), les trois ordres ; soixante villes envoyèrent leurs députés[1]. Il
leur posa simplement la vraie question « Le royaume
veut-il perdre la Normandie ? » La confier au jeune
frère du roi, qui n'était rien que par les ducs de Bour-

---

[1] Chaque ville envoya trois députés, un prêtre et deux laïques
— La relation du greffier Prevost, imprimée dans les collections
(Isambert, etc), se trouve plus complète dans un ms de Rouen,
les dates et certains détails y sont plus exactement indiqués On
y voit un seul bourgeois porter la parole au nom de plusieurs
villes (Communiqué par M Cheruel, d'après le ms des *Archives
municipales de Rouen*)

gogne et de Bretagne, c'était la leur donner, ou plutôt y mettre les Anglais

Ce n'était pas la faute du duc de Bretagne si les Anglais n'y étaient pas Ils n'avaient pas besoin d'y prendre une place, comme Henri V avait dû le faire, on leur en offrait douze Chose étrange pour leur faire accepter ces villes, il fallait les payer, ils chicanaient sur la solde Le fait est qu'ils avaient grand'peine à venir, Édouard n'osait bouger de chez lui

Que l'offre eut été faite, cela n'était pas douteux. Warwick (par conséquent Louis XI), en avait copie[1] Les États, quand on leur fit cette révélation, en eurent horreur . Qu'il y eût un Français pour recommencer les guerres anglaises, l'égorgement de la France[1] . Tous ceux qui étaient là, même les princes et les seigneurs qui chancelaient la veille, retrouvèrent du cœur, et offrirent au roi leurs biens et leurs vies

« La chose, dit lui-même le noble historien de la maison de Bourgogne touchait la *perpétuité* du royaume, et le roy n'y a que son *voyage* » Tous le sentirent Le vœu des États, porté au duc à Cambrai, venait avec autorité Le mépris qu'il en fit, soigneusement répandu par le roi, mit beaucoup de gens contre lui Les plus pacifiques eurent une velléité de guerre. Il y eut à Paris un tournoi des enfants de la ville[2], et même plus sérieux que ces exercices ne l'étaient alors, ceux

---

[1] Dépêche de Menypeny au roi, *Legrand, Hist de Louis XI* (ms *de la Bibl royale*, liv *XI p* 1, 16 *janvier* 1468 V. aussi Rymer, 3 août
[2] Ici le greffier Jean de Troyes se redresse, enfle la voix et donne tout au long le noble détail

ci, dans leur inexpérience, y allèrent trop vivement,
et ils se blessèrent.

Le mouvement fut fort contre le duc de Bourgogne
Ce qui le prouverait, c'est que l'homme le plus flottant
et qui jusque-là s'était le plus ménagé, Saint-Pol, devint audacieux tout à coup et s'en alla à Bruges où
était le duc, fit une entrée bruyante, avec force fan-
fares, et faisant porter devant lui l'épée de connétable. Aux plaintes qu'on en fit, il ne répondit rien, sinon que Bruges était du royaume, qu'il était connétable
de France, et que c'était son droit d'aller partout
ainsi.

Le duc attendait à Bruges sa future épouse, Marguerite d'York Il y avait là un monde complet de
toutes nations, une foule d'étrangers venus pour voir
la fête Le duc en profita pour montrer solennellement
quel rude justicier il était, quel haut seigneur, combien indépendant et au-dessus de tout Il fit, sans
forme de procès, couper la tête à un jeune homme de
grande maison qui avait fait un meurtre Toute la noblesse eut beau prier, l'exécution ne s en fit pas moins
à la veille du mariage.

Ce mariage anglais contre la France fut fort sérieux, dans la bizarre magnificence de ses fêtes guer-
rières, plein de menace et de sombre avenir. Les mille
couleurs de tant de costumes et de bannières étaient
attristées des couleurs du maître, qui dominaient tout,
le noir et le violet[1].

_____

[1] « My-parti de noir et de violet » selon Jean de Henin et Olivier de la Marche

La sœur des trois fratricides, Marguerite d'York, apportait avec elle cent cinquante ans de guerre entre parents. Ses archers anglais descendirent sa litière au seuil de l'hôtel de Bourgogne, où la reçut la douairière Isabelle. Des archers peu ou point de lords[1]. ur évêque anglais qui avait mené la chose, malgré tous les évêques.

Au mariage assistèrent deux cardinaux, Balue, l'espion du roi, et un légat du pape qui venait demander pour la pauvre ville de Liége un sursis au payement. Les malheureux étaient déjà tellement ruinés, deux ans auparavant, que pour un premier terme il leur avait fallu dépouiller leurs femmes leur ôter leurs anneaux, leurs ceintures, Le duc fut inflexible Cette dureté dans un tel moment ne pouvait porter bonheur au nouveau mariage Les mariés à peine au lit, le feu prit.. ils faillirent brûler[2]

Le tournoi fut celui de l'arbre ou *péron* d'or. apparemment pour rappeler celui de Liége[3] Aux intermèdes, parmi une foule d'allusions, on vit le saint anglais, le saint par lequel le duc jurait toujours, saint Georges, qui tuait le dragon[4]. Deux héros, deux amis,

---

[1] Sauf les lords de la façon d'Edouard, les parents de sa femme et un cadet des Talbot

[2] « Wen they were both in bedde » Fragment publié par Hearnes, a la suite des Th Sprottu Chronica in-8°, 1719, p 2 6?

[3] Olivier de la Marche lui donne les deux noms, a la fin de la fete, le *peron* d'or est jeté a la mer

[4] Rien de plus magnifique et de plus fantasque (V Olivier), parfois avec quelque chose de barbare, par exemple le duc portant son écu «couvert de florins branlants, » par exemple, le cou

Hercule et Thésée (Charles et Edouard ?) désarmèrent
un roi qui se mit à genoux, et se fit leur serf. Le duc
figura en personne au tournoi, combattit, puis tout à
coup laissa la mariée, s'en alla en Hollande pour lever
l'*aide* de mariage.

Le roi crut que cette fête de guerre, ces menaces,
ce brusque départ annonçaient un grand coup Depuis
trois mois, il s'y attendait. En mai, le chancelier
d'Angleterre avait solennellement annoncé une descente, et le roi pour la retarder avait jeté en Angleterre un frère d'Henri IV Il voyait un camp immense
se faire contre lui près de Saint-Quentin. Il y avait à
parier qu'au 15 juillet, la trêve avec la Bourgogne ex-
pirant, Bourguignon, Breton, Anglais, tous agiraient
d'ensemble.

La chose semble avoir en effet été convenue ainsi.
Le Breton seul tint parole, agit, et porta seul les
coups. Le roi le serra à la fois par le Poitou et par la
Normandie, lui reprit Bayeux, Vire et Coutances. Il
cria au secours, et n'obtint du Bourguignon que cinq
ou six cents hommes pour garder Caen Celui-ci était
jaloux, il se souciait peu d'affermir le Breton en Nor-

---

plet brutal « Faites-vous l'âne, ma maitresse ? » — La tour que
le duc batissait en Hollande ne manqua pas de se trouver à la fete
de Bruges, du plus haut de la tour, par un jeu bizarre, des bêtes
musiciennes, loup, bouc ou sanglier, sonnaient, chantaient aux
quatre vents — Autre merveille, et plus etrange (feerie hollan-
daise ou anglaise?) la bete de l'ocean du Nord, la baleine, entre
et nage a sec De son ventre sortent des chevaliers, des géants,
des sirenes sirenes, geants et chevaliers, combattent et font la
paix, comme si l'Angleterre finissait sa guerre des deux Roses
Le monstre alors, ravalant ses enfants, nage encore et s'ecoule.

mandie. Tard, bien tard, sur son instante prière, ayant
reçu une lettre suppliante, écrite de sa main, il consentit à passer la Somme, mais pacifiquement encore
et sans tirer l'épée Si peu soutenu, il fallut bien que
'e Breton traitât, abandonnant le frère du roi, et re-
nettant ce qu'il avait en Normandie à la garde du duc
de Calabre, qui alors était tout au roi (traité d'Ancenis, 10 septembre) Le roi avait gagné la partie

Ce qui sans doute avait contribué à ralentir le duc
de Bourgogne, c'est qu'il voyait une révolution se faire
derrière lui. Depuis son cruel refus de donner un sursis à Liége, cette misérable ville, tout écrasée et sanglante qu'elle était, remuait son cadavre   Dès les
premiers jours d'août s'ébranla des Ardennes une
foule hideuse, sans habits, des massues pour armes,
de vrais sauvages qui depuis longtemps vivaient dans
les bois[1] Ces malheureux bannis, entendant dire qu'il
y aurait un coup de désespoir, voulurent en être, et
pour mourir aimèrent mieux, après tout, mourir chez
eux.

Le 4 août, ils avaient essayé déjà de prendre Bouillon Ils avancèrent toujours en grossissant leur troupe.
et, le 8 septembre, ils entrèrent dans Liége en criant
Vive le roi! de sorte que le duc de Bourgogne put ap
prendre en même temps la révolution de Liége et la
soumission du Breton (10 septembre)

Le duc, qui avait peu de forces à Liége, les en avait

---

[1] « Inermes ac nudi, sylvestribus tantum truncis et fun¹ lapi-
dibusque armati » J Piccolomini, Comment , lib. III, p. 400, et
apud Freher, t. III, p. 273.

retirées, comme on l'eu prrait depuis longtemps au
nom de l'évêque Il avait ruine de fond en comble,
non-seulement la ville, mais les églises, obligées de
répondre pour la ville Plus de cour spirituelle, plus
de juridiction ecclésiastique, plus d'argent à tirer des
plaideurs. Le lieutenant du duc de Bourgogne, Humbercourt, laisse a Liége comme receveur et percepteur,
était seul maitre, l'évêque n'était rien Les gens qui
gouvernaient celui-ci, a leur tête le chanoine Robert
Morialmé, prêtre guerrier qu'on voyait souvent armé
de toutes pièces, eurent recours, pour se délivrer des
Bourguignons, au dangereux expédient de rappeler
les bannis de France[1] Il se figurait sans doute que le
roi y joindrait ses troupes et soutiendrait l'évêque,
frère du duc de Bourbon, contre le duc de Bourgogne.

Les bannis, rentrant dans Liége, n'y trouvèrent point
l'évêque, mais, pour toute autorité, le légat du pape.
Le légat eut grand'peur quand il se vit au milieu de
ces gens presque nus, et qu'on aurait pris pour des
bêtes fauves, tant les cheveux et le poil leur avaient
crû[2]. L'aspect était horrible, les paroles furent douces
et touchantes Ils s'adressèrent au vieux prêtre romain
comme à un père, le supplièrent d intercéder pour
eux . « Ce sont, disaient-ils, nos dernières prieres que
nous vous confions Qu on nous laisse revenir, repren-

---

[1] Magister Robertus habebat nomen, quod ipse scripsisset litte
ras, nomine domini, fugitivis de Francia *quod redirent*, quia omnes dicebant quod fuissent remandati. » Adrianus de Veteri
Bosco, Coll ampliss , IV, 1337.

[2] Capillorum et barbarum promissione, sylvestrium hominum
instar. » Piccolomini, ap. Freher, II, 274.

dre nos travaux, nous ne voulons plus vivre dans les
bois, la vie y est trop dure.   Si l'on ne nous écoute,
nous ne répondons plus de ce que nous allons faire.   »
Le légat leur demandant s'ils voulaient poser les
armes pour le laisser arranger tout avec l'évêque, ils
fondirent en larmes et dirent qu'ils ne demandaient
qu'à rentrer en grâce, à revenir avec leurs pères, leurs
mères et leurs enfants,

Le légat prévint de grands désordres, et peut-être
sauva la ville en leur donnant ces bonnes paroles.
Plusieurs avaient fait d'abord de terribles menaces,
disant que tout le mal venait des prêtres, et ils commençaient à faire main basse sur eux Il les calma,
emmena les chefs à Maestricht, où était l'évêque, et
lui conseilla de revenir L'évêque n'osait, il avait
peur et des bannis et du duc de Bourgogne, qui lui
écrivait qu'il arrivait dans un moment. Cette dernière
peur fut apparemment la plus forte, car il reprit ses
chaînes et s'en alla docilement à Tongres retrouver
Humbercourt, lieutenant du duc de Bourgogne, contre
lequel ses chanoines avaient rappelés les bannis

Le duc n'avait pas tort d'annoncer qu'il pourrait
agir Le roi, qui débarrassé des Bretons eût pu, ce
semble, le mener rudement, le priait au contraire lui
faisait la cour, voulait lui payer les frais de la campagne, L'armée royale, bien supérieure à l'autre, plus
aguerrie surtout, ne comprenait rien à cela et n'était
pas loin d'accuser le roi de couardise C'est qu'on ne
voyait pas, derrière, que le duc de Bourgogne occupait
toujours Caen, qu'un beau-frère d'Édouard lui tenait
une armée à Portsmouth et n'attendait qu'un signe

pour passer. Ce coûteux armement anglais, annoncé
en plein Parlement, préparé tout l'été, serait-il en pure
perte? rien de moins vraisemblable, le roi n'avait en
ce moment nul moyen d'empêcher la descente, tout
au plus pouvait-il, en revanche, lancer aux Anglais
Marguerite d'Anjou qu'il avait à Harfleur

Il était donc en ces perplexités, allant, venant, devant
le duc de Bourgogne. Celui-ci, ferme dans ses grosses
places de la Somme, dans un camp immense (une ville
plutôt) qu'il s'était bâti, mettait son orgueil à ne
bouger d'un pas; le Breton l'avait abandonné, mais
que lui importait, seul n'était-il pas assez fort? ,
Ainsi, tout restait là; le roi, qui se mourait d'impatience, s'en prenait à ceux qui traitaient pour lui
Chaque jour plus soupçonneux (et déjà maladif), il ne
se fiait plus à personne, jusqu'à hésiter d'armer ses
gens d'armes, dans une lettre, il ordonne de porter les
lances sur des chariots, et de ne les donner qu'au
besoin.

Une chose lui donnait espoir du côté du duc de
Bourgogne, c'est que tout le monde venait lui dire
qu'il était dans une furieuse colère contre le Breton.
S'il en était ainsi, le moment était bon, cette colère
contre un ami pouvait le disposer à écouter un ennemi
Le roi le crut sans peine, et parce qu'il avait grand
besoin qu'il en fût ainsi, et parce qu'il était justement
lui-même dans cette disposition. Trahi successivement
par tous ceux à qui il s'était fié, par Du Lau, par Nemours, par Melun, il n'avait trouvé de sûreté que dans
un ennemi réconcilié, Dammartin, celui qui jadis
l'avait chassé de France; il lui avait mis en main son

armée, le commandement en chef au-dessus des maréchaux.

Il ne désespérait donc pas de regagner son grand
ennemi. Mais pour cela il ne fallait pas d'intermédiaire, il fallait se voir et s'entendre. Tout est difficile
entre ceux qu'on envoie, qui hesitent qui sont respon-
sables, entre gens qui font eux-mêmes leurs affaires,
souvent tout s'aplanit d'un mot. Il semblait d'ailleurs
que si l'un des deux pouvait y gagner, c'était le roi,
tout autrement fin que l'autre, et qui, renouvelant
l'ancienne familiarité de jeunesse, pouvait le faire
causer, peut-être, en le poussant un peu, violent
comme il était, en tirer justement les choses qu'il
voulait le moins dire.

Quant au péril que quelques-uns voyaient dans l'entrevue, le roi n'en faisait que rire. Il se rappelait sans
doute qu'au temps du Bien public, le comte de Charolais, causant et marchant avec lui entre Paris et
Charenton, n'avait pas craint parfois de s'aventurer
loin de ses gens, il s'était si bien oublié un jour qu'il
se trouva au dedans des barrières.

Les serviteurs influents des deux princes ne semblent pas avoir été contraires à l'entrevue. D'une part
le sommelier du duc[1], de l'autre Balue[2], se remuaient

---

[1] « Ledict duc envoya devers ledict seigneur un sien valet de
chambre, homme fort privé de luy. Le roi y print grant fiance, et
eust vouloir de parler audict duc. » Commines — « Un sommelier
du corps du duc fut mandé par le roy de France et par le congé
du duc y alla, et tant parlementerent ensemble, et fit ledict (sommelier) tant d'alées et de venues, que le duc assura le roy. » Olivier de la Marche

[2] Le billet du duc au cardinal (ms. Legrand) est bien caressant,

fort pour avancer l'affaire Saint-Pol s'y opposait
d'abord, et cependant il semble que ce soit sur une
lettre de lui que le roi ait pris son parti et franchi le
pas.

Tout porte à croire que le duc ne méditait point un
guet-apens Selon Commines, il se souciait peu de voir le
roi, d'autres disent qu'il le désirait fort[1] Je croirais
aisément tous les deux, il ne savait peut-être pas lui-
même s'il voulait ou ne voulait pas, c'est ce qu'on
éprouve dans les commencements obscurs des grandes
tentations

Quoi qu'il en soit, le roi ne se confia pas à la légère, il fit accepter au duc la moitié de la somme of-
ferte, et ne partit qu'en voyant l'accord négocié déjà
en voie d'exécution. Il recevait pour l'aller et le retour les paroles les plus rassurantes Rien de plus
explicite que les termes de la lettre et du sauf-conduit
que lui envoya le duc de Bourgogne La lettre porte :
« Vous pourrez seurement venir, aler et retourner... »
Et le sauf-conduit « Vous y pouvez venir, demeurer
et séjourner, et Vous en retourner seurement ès lieux
de Chauny et de Noyon, à vostre bon plaisir, toutes

---

d'une familiarité bien flatteuse « Tres-cher et especial amy. Et
adieu, cardinal, mon bon amy » Von *Ibidem* la lettre de Saint
Pol, qui semblerait perfidement calculée pour pousser le roi par
la vanité

[1] C'est ce que Saint-Pol dit dans cette lettre, et ce que disaient
d'autres encore . « L'on dit que M de Bourgogne a grande envie
de le veoir » Neanmoins, il ajoute « Hier, sur le soir, vint le vi-
dame d'Amiens, qui amena un homme qui affirme sur sa vie que
Bourgogne ne tend a cette assemblee, sinon pour faire quelque
echec en la personne du roy. »

les fois qu'il vous plaira, sans que aucun empesche-
ment soit donné a Vous, *pour quelque cas qu'il soit, ou
puisse advenir*[1].» (8 oct 1468) Ce dernier mot rendait
toute chicane impossible, quand même on eût pu
craindre quelque chose d'un prince qui se piquait
d'être un preux des vieux temps, qui chevauchait fièrement sur la parole donnée, se vantant de la tenir
mieux que ne voulaient ses ennemis. Tout le monde
savait que c'était là son faible par ou on le prenait
Au Bien public, quand il effectua sa menace avant le
bout de l an, le roi, pour le flatter, lui dit . « Mon
frère, je vois bien que vous êtes gentilhomme et de la
maison de France »

Donc, comme gentilhomme et chez un gentilhomme,
le roi arriva seul ou à peu près Reçu avec respect
par son hôte, il l'embrassa longuement par deux fois,
et il entra avec lui dans Péronne[2], lui tenant, en vieux
camarade, la main sur l épaule Ce laisser-aller dimi-
nua fort quand il sut qu'au moment même entraient

---

[1] L original du sauf-conduit fut reconnu pour *écrit de sa main*,
par son frere le Grand bâtard par ses serviteurs intimes Bâtche
et Crevecœur, et son ancien secretaire. Guillaume de Clluny Cette
piece si precieuse est conservee a la *Bibliothèque royale*

[2] « Quand Monseigneur vint pres du roy, il s inclina tout bas a
cheval Lors le print le roy entre ses bras la teste nue, et le tint
onguement acole, et Monseigneur pareillement Apres ces acole-
ments, le roy nous salua et quand il ot ce fait il rembrasa Monseigneur, et Monseigneur lui, la moittie plus longuement qui n a-
voient fait Tout en riant ils vindrent en ceste ville et descendy
a l ostel du receveur, et devo t venir ? a la... daner *logni au
chasteau Messire Poncet*, avecq M le bistard sont *logie au
chastel* » Le dernier mot ferait croire qu il se trouva au chateau
sous la garde d un de ses ennemis Documents Gachard)

par l'autre porte ses plus dangereux ennemis, le
prince de Savoie, Philippe de Bresse, qu'il avait tenu
trois ans en prison, dont il venait de marier la sœur
malgré lui, et le maréchal de Bourgogne, sire de
Neufchâtel, à qui le roi avait donné puis retiré Épinal, deux hommes très-ardents, très-influents près du
duc, et qui lui amenaient des troupes

Le pis, c'est qu'ils avaient avec eux des gens sin-
gulièrement intéressés à la perte du roi, et fort capa-
bles de tenter un coup, l'un était un certain Poncet
de la Rivière, à qui le roi donna sa maison à mener
à Montlhéry, et qui, avec Brézé, lui brusqua la bataille pour perdre tout L'autre, Du Lau, sire de Châ-
teauneuf, ami de jeunesse du roi en Dauphiné et dans
l'exil, avait eu tous ses secrets et les vendait, il avait
essayé de le vendre lui-même et de le faire prendre,
mais c'était le roi qui l'avait pris Cette année même,
se doutant bien qu'on le ferait échapper, Louis XI
avait, de sa main, dessiné pour lui une cage de fer.
Du Lau, averti et fort effrayé, trouva moyen de s'enfuir, il en coûta la vie à tous ceux qui l'avaient gardé,
et par contre-coup à Charles de Melun, dont le roi fit
expédier le procès de peur de pareille aventure,

Ce Du Lau, ce prisonnier échappé qui avait manqué
la cage de si près, le voilà qui revient hardiment de lui-
même, pardevant le roi, avec Poncet, avec d'Urfé, tous
se disant serviteurs et sujets du frère du roi, tous
fort intéressés à ce que ce frère succède au plus vite[1]

---

[1] V le curieux livre de M Bernard sur cette spirituelle et in-
trigante famille des d Urfé.

Le roi eut peur que le duc eût laissé venir ces gens, qu'il reçut ces traîtres tout à côté de lui. C'était chose sinistre et qui sentait le pont de Montereau... Il crut qu'il y avait peu de sûreté à rester dans la ville; il demanda à s'établir au château, sombre et vieux fort, moins château que prison, mais enfin c'était le château du duc même, sa maison, son foyer, il devenait d'autant plus responsable de tout ce qui arriverait.

Le roi fut ainsi mis en prison sur sa demande, il ne restait plus qu'à fermer la porte. Qu'il manquât de bons amis pour y pousser le duc, on ne peut le supposer. Ces arrivants qui trouvaient la chose en si bon train, qui voyaient leur vengeance à portée, leur ennemi sous leur main, qui, à travers les murs, sentaient son sang... croira-t-on qu'ils aient été si parfaits chrétiens que de parler pour lui? Nul doute qu'ils n'aient fait des efforts désespérés pour profiter d'une telle occasion... que, tournant autour du duc de toutes les manières, ils ne lui aient fait honte de ses scrupules, qu'ils n'aient dit que ce serait pour en rire à jamais, si la proie venant d'elle-même au chasseur, il n'en voulut pas. N'était-ce pas un miracle d'ailleurs, un signe de Dieu, que cette venimeuse bête se fût livrée ainsi? Lâchez-la, avec quoi croyez-vous la tenir? quel serment, quel traité possible? quelle autre sûreté qu'un cul de basse-fosse!

À quoi le duc enfin, tremblant de vouloir et de ne vouloir pas, mais maître de lui pourtant et faisant bonne contenance, aura noblement répondu que « tout cela n'y faisait rien... que sans doute l'homme était digne de tout châtiment, mais qu'une exécution ne lui

allait pas, à lui, duc de Bourgogne, la Toison qu'il
portait était jusqu'ici nette, grâce à Dieu, ayant promis, signé, pour deux royaumes de France, il ne ferait rien à l'encontre   La veille encore il avait reçu
l'argent du roi Garder l'homme pour garder l'argent,
était-ce leur conseil?.. Il fallait être bien osé pour lui
parler ainsi [1] »

Tel fut le débat, et plus violent encore, la plus simple connaissance de la nature humaine porterait à le
croire, quand même tout ce qui suit ne le mettrait pas
hors de doute

Mais on peut croire aussi, non moins fermement,
que le duc en serait resté là, malgré toute la véhé-
mence du combat intérieur, sans pouvoir en sortir, si
les intéressés n'eussent, à point nommé, trouvé une
machine qui, poussée vivement, démontât sa résolu-
tion

Il n'ignorait certainement pas (au 10 octobre) que
les bannis étaient rentrés dans Liége le 8 septembre.
Dès la fin d'août, Humbercourt, retiré à Tongres avec
l'évêque, les observait et en donnait avis [1] Le mouvement était accompagné, encouragé par des gens du
roi. Le duc le savait avant l'entrevue de Péronne, et
dit qu'il le savait [2].

---

[1] « In fine Augusti dicebatur scripsisse litteras ut apponerent
diligentiam ad custodiendum passagia » Adrian , Ampls , Coll.
IV, 1328

[2] Le duc se plaignait dès lors de ce que : « Les Liegeois fesoient mine de se rebeller, a cause de deux ambassadeurs que le
Roy leur avoit envoyez, pour les solliciter de ce faire   A quoi
respondit Ballue que lesditz Liegeois ne l'oseroient faire » Commines (ed Dupont), I 151 Ceci ne peut être tout à fait exact Ni

Il était facile à prévoir que les Liégeois tenteraient un coup de main sur Tongres pour ravoir leur évêque et l'enlever aux Bourguignons, Humbercourt le prévit[1] Le duc en apprenant que la chose était arrivée, pouvait être irrité, sans doute mais pouvait il être surpris? Il fallait donc, si l'on voulait que cette nouvelle eût grand effet sur lui l'amplifier. Tourner tragiquement C'est ce que firent les ennemis du roi ou, si l'on veut, que le hasard ait été seul auteur de la fausse nouvelle, on avouera que le hasard les servit à commandement

« Humbercourt est tué, l'évêque est tué. les chanoines sont tués » Voilà comme la nouvelle devait arriver pour faire effet, et telle elle arriva

Le duc entra dans une grande et terrible colère. — non pour l'évêque. sans doute. qui périssait pour avoir joué double, — mais pour Humbercourt pour l'outrage à la maison de Bourgogne. pour l'audace de cette canaille, pour la part surtout que pouvaient avoir à tout cela les envoyés du roi.

le duc, ni Ballue ne pouvait ignorer que les Liégeois étaient rebelles depuis un mois Ce qui reste du passage de Commine. c'est que le duc savait parfaitement, avant de recevoir le roi qu les envoyés du roi travaillaient Liège — Les dates et les faits nous sont donnés ici par un témoin plus grave que Commines et en ce qui concerne Liège par Humbercourt lui-même qui était tout près qui en faisait son unique affaire et qui a bien voulu éclairer le moine chroniqueur Adrien sur ce que Adrien n'a pu voir lui-même « Dominus de Humbercourt, ex cujus relatu ista scripta sunt » Ampliss Collectio IV, 138

[1] Deux fois il demanda une garde « Petivit custodiam vigilarum .. Iterum misit » Ibidem, 1344.

C'était un grand malheur, mais pour qui? Pour le
roi, qu'un mouvement encourage par lui eût abouti à
l'assassinat d'un évêque, d'un frère du duc de Bourbon, cela le mettait mal avec le pape, qui jusque-là lui
était favorable dans cette affaire de Liége de plus,
l risquait d'y perdre l'appui du seul prince sur lequel
l comptât, du duc de Bourbon, à qui il avait mis en
main les plus importantes provinces du centre et du
midi. Le duc de Bourgogne, que risquait-il? que per-
dait-il en tout cela (sauf Humbercout)? on ne peut le
comprendre.

Ce qui pouvait nuire à ses affaires, ce n'était pas
que les Liégeois eussent tué leur évêque, mais qu'ils
l'eussent repris, rétabli dans Liége, qu'ils se fussent
réconciliés avec lui, et que l'évêque lui-même, appuyé
par le légat du pape, priât le duc de Bourgogne de ne
plus se mêler d'une ville qui relevait du pape et de
l'Empire, mais nullement de lui

Le fait est que l'évêque était bien portant Humbercourt aussi (relâché sur parole). La bande qui ramena
de Tongres à Liége l'évêque et le légat, tua plusieurs
chanoines qui avaient trahi Liége, l'excitant puis
l'abandonnant, mais pour l'évêque, ils lui témoignè-
rent le plus grand respect, tellement que quelques-
uns des leurs ayant hasardé un mot contre lui, ils les
pendirent eux-mêmes à l'instant. L'évêque, fort effrayé
et de ces violences et de ces respects, accepta l'espèce
de triomphe qu'on lui fit à sa rentrée dans Liége.
« Enfants, dit-il, nous nous sommes fait la guerre,
je vois que j'étais mal informé, eh bien! suivons de
meilleurs conseils... C'est moi qui désormais serai

votre capitaine Fiez-vous en moi, je me fie en vous. »

Revenons à Péronne, et répetons encore que le mouvement des Liégeois sur Tongres, si probable et si naturel, ne devait guère surprendre le duc, que la mort de l'évêque, après sa conduite équivoque, cette mort, mauvaise au roi (donc bonne au duc), ne put lui faire mener grand deuil, ni faire tout ce grand bruit. De croire que le roi, qui n'y gagnait rien et y perdait tant, eût provoqué la chose lorsqu'il laissait au frère du mort tant de provinces en main, une vengeance si facile, lorsqu'il venait de remettre lui-même à la merci du duc de Bourgogne, c'était croire le roi fol, ou l'être soi-même

La distance au reste n'est pas si immense entre Liége et Péronne Le roi entra a Péronne, et les Liégeois à Tongres le même jour, dimanche, 9 octobre[1]. La fausse nouvelle parvint le 10 au duc[2], mais le 11, le 12, le 13, durent arriver, avec des renseignements exacts, les Bourguignons que les Liégeois avaient trouvés dans Tongres et renvoyés exprès C'est le 14 seulement qu'on fit signer au roi le traité par lequel on lui faisait expier la mort de l'évêque que l'on savait vivant.

[1] Jour de *la Saint-Denis*, ces deux entreprises hasardeuses furent risquées le même jour, peut-être pour le même motif, parce que c'était *la Saint-Denis*, et dans la confiance que le patron de la France les ferait réussir On sait le fameux cri d'armes « En avant, Montjoie Saint-Denis! » Louis XI était superstitieux, et les Liégeois fort exaltés

[2] Cette célérité remarquable s'explique en ce que les Liégeois firent leur coup vers minuit, la nouvelle eut pour venir a Péronne les vingt-quatre heures du 9 octobre et une partie du 10

La colère du duc dans le premier moment, pour un
événement qui rendait sa cause très-bonne, qui le fortifiait et tuait le roi, cette colère bizarre fut-elle une
comédie? Je ne le crois pas. La passion a des ressources admirables pour se tromper, s'animer en toute
bonne foi, lorsqu'elle y a profit. Il lui était utile d'être
surpris, il le fut, utile de se croire trahi, il le crut. Il
fallait que sa colère fût extrême, effroyable, aveugle,
pour qu'il oubliât tout à fait le fatal petit mot du sauf-
conduit . *Quelque cas qui soit ou puisse advenir*. Effroyable en effet fut cette colère, et comme elle eût été
si le roi lui avait tué sa mère, sa femme et son enfant... Terribles les paroles, furieuses les menaces .
Les portes du château se fermèrent sur le roi, et il eut
dès lors tout loisir de songer « se voyant enfermé *ra-
sibus* d'une grosse tour, où jadis un comte de Verman-
dois avait fait mourir un roi de France. »

Louis XI, qui connaissait l'histoire, savait parfaitement qu'en général les rois prisonniers ne se gardent
guère (il n'y a pas de tour assez forte), voulût-on
garder, on n'en est pas toujours le maître, témoin
Richard II à Pomfret, Lancastre eût voulu le laisser
vivre qu'il ne l'aurait pu. Garder est difficile, lâcher
est dangereux. « Un si grant seigneur pris, dit Commines, ne se délivre pas. »

Louis XI ne s'abandonna point, il avait toujours de
l'argent avec lui, pour ses petites négociations, il
donna quinze mille écus d'or à distribuer, mais on le
croyait si bien perdu, et déjà on le craignait si peu,
que celui à qui il donna garda la meilleure part.

Une autre chose le servit davantage, c'est que les

plus ardents à le perdre étaient des gens connus pour
appartenir à son frère, et qui déjà « se disoient au duc
de Normandie » Ceux qui étaient vraiment au duc de
Bourgogne, son chancelier de Goux, le chambellan
Communes qui couchait dans sa chambre et qui l'obser-
vaient dans cette tempête de trois jours lui firent entendre probablement qu'il n'avait pas grand intérêt à
donner la couronne à ce frère, qui depuis longtemps
vivait en Bretagne Risquer de faire un roi quasi Breton, c'était un pauvre résultat pour le duc de Bourgogne un autre aurait le gain, et lui, selon toute apparence, une rude guerre Car, si le roi était sous clef,
son armée n'y était pas, ni son vieux chef d'écorcheurs,
Dammartin [1]

Il y avait un meilleur parti C'était de ne pas faire
un roi, — d'en délaire un plutôt, de profiter sur celui-
ci tant qu'on pouvait de le diminuer et l'amoindrir,
de le faire, dans l'estime de tous si petit, si misérable
et si nul, qu'en le tuant on l'eût moins tué

Le duc, après de longs combats s'arrêta à ce parti,
et il se rendit au château « Comme le duc arriva en
sa présence la voix luy trembloit tant il estoit esmeu
et prest de se courroncer Il fit humble contenance de
corps, mais son geste et parole estoit aspre, demandant au roy s'il vouloit tenir le traicté de paix » Le
roi « ne put celer sa peur. » et signa l'abandon de
tout ce que les rois avaient jamais disputé aux ducs [2].

---

[1] Lequel venait d'*écorcher* Charles de Melun en avait la peau
et devait tout craindre si les amis de Melun prévalaient

[2] C'est toute une longue suite d'ordonnances datées du même
jour (14 octobre', de concessions croissantes qu'on dirait arrachées

Le roi « ne put celer sa peur » et signa l'abandon.

Tome VIII

Impr. Wattier et Cⁱᵉ

Puis, on lui fit promettre de donner à son frère (non plus la Normandie), mais la Brie, qui mettait le duc presqu'à Paris, et la Champagne, qui reliait tous les États du duc, lui donnant toute facilité d'aller et venir entre les Pays-Bas et la Bourgogne.

Cela promis, le duc lui dit encore « Ne voulez-vous pas bien venir avec moi à Liége, pour venger la trahison que les Liégeois m'ont faite à cause de vous ? L'évêque est votre parent, étant de la maison de Bour bon. » La présence du duc de Bourbon, qui était là, semblait appuyer cette demande, qui d'ailleurs valait un ordre, dans l'état où se trouvait le roi [1].

Grande et terrible punition, et méritée du jeu perfide que Louis XI avait fait de Liége, la montrant pour faire peur, l'agitant, la poussant, puis retirant la main .. Eh bien, cette main déloyale, prise en flagrant délit, il fallait qu'aujourd'hui le monde entier la vit .égorger ceux qu'elle poussait, qu'elle déchirât ses propres fleurs de lis qu'arboraient les Liégeois, que Louis XI mit dans la boue le drapeau du roi de France . Après cela, maudit, abominable, infâme, on pouvait laisser aller l'homme, qu'il allât en France ou ailleurs

Seulement, pour se charger de faire ces grands

d'heure en heure. Elles remplissent trente-sept pages in-folio Ordon. XVII.

[1] Le faux Amelgard, dans son désir de laver le duc de Bourgogne, avance hardiment contre Commines et Olivier, témoins oculaires, que ce fut le roi qui demanda d'aller à Liége « Et de hoc quidem minime a Burgundionum duce rogabatur, qui etiam optare potius dicebatur, ut propriis servatis finibus de ea re non se fatigaret. » Amelgardi Excerpta, Ampliss Coll IV, 737.

exemples, pour se constituer ainsi le ministre de la
justice de Dieu, il ne faut pas voler le voleur au gibet...
C'est justement ce qu'on tâcha de faire

Le salut du roi tenait surtout à une chose, c'est
qu'il n'était pas tout entier en prison, Prisonnier à
Péronne, il était libre ailleurs en sa très-bonne armée,
en son autre lui-même, Dammartin Son intérêt visible
était que Dammartin n'agit point, mais qu'il restat en
armes et menaçant. Or Dammartin reçut coup sur
coup deux lettres du roi, qui lui commandaient tantôt
de licencier, tantôt d'envoyer l'armée aux Pyrénées,
c'est-à-dire de rassurer les Bourguignons, de leur
laisser la frontière dégarnie et libre pour entrer s'ils
voulaient après leur course de Liége

La première lettre semble fausse, ou du moins dictée
au prisonnier, à en juger par sa fausse date[1], par sa
lourde et inutile préface, par sa prolixité, rien de
plus éloigné de la vivacité familière des lettres de
Louis XI.

La seconde est de lui, le style l'indique assez Le
roi dit, entre autres choses, pour décider Dammartin
à éloigner l'armée · « Tenez pour sûr que je n'allai jamais de si bon cœur en nul voyage comme en celui-ci ..
M de Bourgogne me pressera de partir, tout aussitôt
qu'il aura fait au Liége, et désire plus mon retour que
je ne fais »

---

[1] On a eu soin de le faire dater du jour où le roi arrivait et était
encore libre, du 9 octobre On lui fait dire que les Liégeois *ont
pris l'évêque*, il fut pris le 9 à Tongres, on ne pouvait le savoir
le 9 à Péronne La lettre dit encore que le traité *est fait*, il ne fut
fait que le 14.

Ce qui démentait cette lettre et lui ôtait crédit, c'est que le messager du roi qui l'apportait était gardé à vue par un homme du duc, de peur qu'il ne parlât Le piége était grossier. Dammartin en fit honte au duc de Bourgogne, et dit que s'il ne renvoyait le roi, tout le royaume irait le chercher

Le roi devait écrire tout ce qu'on voulait Il était toujours en péril. Son violent ennemi pouvait rencontrer quelque obstacle qui l'irritât et lui fit déchirer le traité, comme il avait fait le sauf-conduit En supposant même que le duc se tînt pour satisfait, il y avait là des gens qui ne l'étaient guère, les serviteurs de son frère, qui n'avaient rien à attendre que d'un changement de regne Le moindre pretexte leur eût suffi pour revenir à la charge auprès du duc, réveiller sa fureur, tirer de lui peut-être un mot violent qu'ils auraient fait semblant de prendre pour un ordre[1] Le roi, qui ne meurt point, comme on sait, eût seulement changé de nom, de Louis qu'il était, il fût devenu Charles.

Liége n'avait plus, pour résister, ni murs, ni fossés, ni argent, ni canons, ni hommes d'armes Il lui restait une chose, les fleurs de lis, le nom du roi de France; les bannis, en rentrant, criaient Vive le roi!... Que le roi vînt combattre contre lui-même, contre ceux qui combattaient pour lui, cette nouvelle parut si étrange, si follement absurde, que d'abord on n'y voulait pas croire .. Ou, s'il fallait y croire, on croyait des choses plus absurdes encore, des imaginations insensées,

---

[1] Comme le mot qui tua Thomas Becket, le mot qui tua Richard II, etc.

par exemple que le roi menait le duc à Aix-la-Chapelle pour le faire empereur[1]

Ne sachant plus que croire, et comme fols de fureur, ils sortirent quatre mille contre quarante mille Bourguignons Battus, ils reçurent pourtant au faubourg l'avant-garde ennemie qui s'était hâtée, afin de piller seule, et qui ne gagna que des coups

Le légat sauva l'évêque[1] et tâcha de sauver la ville. Il fit croire au peuple qu'il fallait laisser aller l'évêque, pour prouver qu'on ne le tenait pas prisonnier Lui-même, il alla se jeter aux pieds du duc de Bourgogne, demanda grâce au nom du pape, offrit tout, sauf la vie Mais c'était la vie qu'on voulait cette fois[2] .

Une si grosse armée, deux si grands princes, pour forcer une ville tout ouverte, déjà abandonnée, sans espoir de secours, c'était beaucoup et trop Les Bourguignons, du moins, le jugeaient ainsi . ils se croyaient trop forts de moitié, et se gardaient négligemment... Une nuit, voilà le camp forcé, on se bat aux maisons du duc et du roi personne d'armé, les archers jouaient aux dés, à peine, chez le duc, y eut-il quelqu'un pour barrer la porte. Il s'arme, il descend, il trouve les uns qui crient . « Vive Bourgogne! » les autres « Vive le

[1] A en croire l'absurde et malveillante explication des Bourguignons, ce légat, qui était vieux, malade riche un grand seigneur romain, n'aurait fait tout cela que pour devenir evêque lui-même Cette opinion a été refutée par M de Gerlache

[2] N'oublions pas que le duc avait lui-même rappelé Humbercourt (, il avait laissé venir les bannis lorsqu'il pouvait avec quelque cavalerie, les disperser à leur sortie des bois nous ne serons pas loin de croire qu'il désirait une dernière provocation pour ruiner la ville.

roi, et tuez ! » Pour qui était le roi ? on l'ignorait encore Ses gens tiraient par les fenêtres, et tuaient plus de Bourguignons que de Liégeois

Ce n'étaient pourtant que six cents hommes (d'autres disent trois cents), qui donnaient cette alerte, des gens de Franchimont, rudes hommes des bois, bucherons ou charbonniers, comme ils sont tous, ils étaient venus se jeter dans Liége quand tout le monde s'en éloignait[1]. Peu habitués à s'enfermer, ils sortirent tout d'abord ; montagnards et lestes à grimper, ils grimpèrent la nuit aux rochers qui dominent Liége, et trouvèrent tout simple d'entrer, eux trois cents, dans un camp de quarante mille hommes, pour s'en aller, à grands coups de pique, réveiller les deux princes... Ils l'auraient fait certainement, si, au lieu de se taire, ils ne s'étaient mis, en vrais Liégeois, à crier, à faire un grand « hu !. . » Ils tuèrent des valets, manquèrent les princes, furent tués eux-mêmes, sans savoir qu'ils avaient fait, ces charbonnier d'Ardennes, plus que les Grecs aux Thermopyles.

Le duc, fort en colère d'un tel réveil, voulut donner l'assaut Le roi préférait attendre encore; mais le duc lui dit que si l'assaut lui déplaisait, il pouvait aller à Namur Cette permission de s'en aller au moment du danger n'agréa point au roi, il crut qu'on en tirerait avantage pour le mettre plus bas encore, pour dire qu'il avait saigné du nez... Il mit son honneur à tremper dans cette barbare exécution de Liége.

[1] On varie sur le nombre « Quatre cents hommes portant la couleur et livrée du duc. » *Bibliothèque de Liége, ms. Bertholet,* nº 183, *fol* 463

Il semblait tenu à faire croire qu'il n'était point
forcé, qu'il était là pour son plaisir, par pure amitié
pour le duc. A une première alarme, deux ou trois
jours auparavant, le duc semblant embarrassé, le roi
avait pourvu à tout, donné les ordres. Les Bourguignons, émerveillés, ne savaient plus si c'était le roi
ou le duc qui les menait à la ruine de Liège.

Il aurait été le premier à l'assaut, si le duc ne l'eut
arrêté. Les Liégeois portant les armes de la France,
lui, roi de France, il prit, dit-on, il porta la croix de
Bourgogne. On le vit sur la place de Liège, pour achever
sa triste comédie, crier : « Vive Bourgogne ! » Haute
trahison du roi contre le roi.

Il n'y eut pas la moindre résistance [1]. Les capitaines
étaient partis le matin, laissant les innocents bourgeois
en sentinelle. Ils veillaient depuis huit jours, ils n'en
pouvaient plus. Ce jour-là ils ne se figuraient pas qu'on
les attaquât, parce que c'était dimanche. Au matin,
cependant, le duc fait tirer pour signal sa bombarde
et deux serpentines, les trompettes sonnent, on fait les
approches. . Personne, deux ou trois hommes au guet,
les autres étaient allés dîner. « Dans chaque maison,
dit Commines, nous trouvons la nappe mise. »

L'armée, entrée en même temps des deux bouts de
la ville, marcha vers la place, s'y réunit, puis se divisa
pour le pillage en quatre quartiers. Tout cela prit deux
heures, et bien des gens eurent le temps de se sauver

[1] Dans tout ceci, je suis Commines et Adrien de Vieux-Bois,
deux témoins oculaires. Le récit de Piccolomini, si important
pour le commencement, n'est, je crois, pour cette fin qu'une amplification.

Cependant, le duc, ayant conduit le roi au palais, se rendit à Saint-Lambert, que les pillards voulaient forcer, ils l'écoutaient si peu qu'il fut obligé de tirer l'épée et il en tua un de sa main.

Vers midi, toute la ville était prise, en plein pillage. Le roi dînait au bruit de cette fête, en grande joie, et ne tarissant pas sur la vaillance de son bon frère ; c'était merveille, et chose à rapporter au duc, comme il le louait de bon cœur [1]

Le duc vint le trouver, et lui dit : « Que ferons-nous de Liége ? » Dure question pour un autre, et où tout cœur d'homme aurait hésité . Louis XI répondit en riant, du ton des Cent Nouvelles « Mon père avait un grand arbre près de son hôtel, où les corbeaux faisaient leur nid, ces corbeaux l'ennuyant, il fit ôter les nids, une fois, deux fois, au bout de l'an, les corbeaux recommençaient toujours Mon père fit déraciner l'arbre, et depuis il en dormit mieux. »

L'horreur, dans cette destruction d'un peuple, c'est que ce ne fut point un carnage d'assaut, une furie de vainqueurs, mais une longue exécution [1] qui dura des mois. Les gens qu'on trouvait dans les maisons étaient

---

[1] Antoine de Loisey, licencié en droit, l'un de ceux apparemment qui restaient là pour continuer cette besogne fort peu juridique, écrit le 8 novembre au président de Bourgogne « L'on ne besoigne présentement aucune chose en justice, senon que tous les jours l'on fait nyer et pendre tous les Liegeois que l'on treuve, et de ceulx que l'on a fait prisonniers qui n'ont pas d'argent pour eulx rançonner Ladite cité est bien butinée, car il n y demeure riens que après feuz, et pour expérience je n'ay peu finer une feulle de papier pour vous escripre au net mais pour riens je n'en ay peu recouvrer que en ung viez livre » Lenglet

gardes, réservés, puis, par ordre et méthodiquement, jetés a la Meuse. Trois mois après, on noyait encore![1]

Même le premier jour, le peu qu'on tua (deux cents personnes peut-être) fut tué à froid. Les pillards, qui égorgèrent aux Mineurs vingt malheureux à genoux qui entendaient la messe, attendirent que le prêtre eût consacré et bu, pour lui arracher le calice.

La ville aussi fut brûlée en grand ordre Le duc fit commencer à la Saint-Hubert, anniversaire de la fondation de Liége Un chevalier du voisinage fit cette besogne avec des gens de Limbourg. Ceux de Maestricht et d'Huy, en bons voisins, vinrent aider et se chargèrent de démolir les ponts Pour la population, il était plus difficile de la détruire. elle avait fui en grande partie, dans les montagnes Le duc ne laissa à nul autre le plaisir de cette chasse Il partit le jour des premiers incendies, et il vit en s'éloignant la flamme qui montait. Il courut Franchimont, brûlant les villages, fouillant les bois Ces bois sans feuilles, l'hiver, un froid terrible lui livraient sa proie Le vin gelait, les hommes aussi, tel y perdit un pied. un autre deux doigts de la main Si les poursuivants souffrirent à ce point, que penser des fugitifs, des femmes, des enfants? Cmomines en vit une morte de froid, qui venait d'accoucher

Le roi était parti un peu avant le duc, mais sans se

---

[1] C'est le temoignage d Adrien Pour Angelo il me paraît meriter peu d'attention. son poeme est, je crois une amplification en vers de l'amplification de Piccolomini Il fait dire a un messager « qu'il a vu noyer *deux mille* personnes, egorger *deux mille* » L'exageration ne s'arrête pas la . « Monsterus ecrit qu en la cite

montrer pressé, et seulement quatre ou cinq jours
après qu'on eut pris Liége. D'abord, il l'avait tâté par
ses amis; puis il lui dit lui-même « Si vous n'avez
plus rien à faire, j'ai envie d'aller à Paris faire publier
notre appointement en Parlement.. Quand vous aurez
besoin de moi, ne m'épargnez pas. L'été prochain, si
vous voulez, j'irai vous voir en Bourgogne; nous
resterons un mois ensemble, nous ferons bonne chère »
Le duc consentit « toujours murmurant un petit, » lui
fit encore lire le traité, lui demanda s'il y regrettait
rien, disant qu'il était libre d'accepter, « et lui faisant
quelque peu d'excuse de l'avoir mené là. Ainsi s'en
alla le roi à son plaisir, » heureux et étonné de s'en
aller sans doute, se tâtant et trouvant par miracle
qu'il ne lui manquait rien, tout au plus son honneur
peut-être.

Fut-il pourtant de tout point insensible, je ne le crois
pas, il tomba malade quelque temps après C'est qu'il
avait souffert à un endroit bien délicat, dans l'opinion
qu'il avait lui-même de son habileté Avoir repris deux
fois la Normandie si vite et si subtilement, pour s'en
aller ensuite faire ce pas de jeune clerc!.. Tant de sim-
plesse, une telle foi naïve aux paroles données, il y
avait de quoi rester humble à jamais. . Lui, Louis XI
lui, maître en faux serments, pouvait-il bien s'y laisser
prendre . La farce de Péronne avait eu le dénoûmer
de celle de Patelin l'habile des habiles, dupé par
Agnelet... Tous en riaient, jeunes et vieux, les petits

'furent tués 40 000 hommes, et 12,000 femmes et filles noyées »
Bibliothèque de Liège, ms Bertholet n° 183.

enfants, que dis-je? les oiseaux causeurs, geais, pies
et sansonnets, ne causaient d'autre chose; ils ne
savaient qu'un mot, Pérette[1].

S'il avait une consolation, dans cette misère, c'était
probablement de songer et de se dire tout bas qu'il
avait été simple, il est vrai, mais l'autre encore plus
simple de le laisser aller. Quoi! le duc pouvait croire
que, le sauf-conduit n'ayant rien valu, le traité vaudrait? Il l'a retenu, contre sa parole, et il le laisse
aller, sur une parole!

Vraiment le duc n'était pas conséquent. Il crut que
la violation du sauf-conduit, bien ou mal motivée, lui
ferait peu de tort[2]. c'est ce qui arriva. Mais en même
temps il s'imaginait que la conduite double de Louis XI
à Liége, l'odieux personnage qu'il y fit, le perdrait
pour toujours[3]. Cela n'arriva pas. Louis XI ne fut

[1] Double allusion, ce nom, qui était celui de la maîtresse du roi
rappelait celui de Peronne. Il parait qu'il y eut a cette occasion
un debordement de plaisanteries. « Il fit defendre que personne
vivant ne feust si ose de rien dire a l'opprobe du Roi tout de
bouche, par escript, signes, painctures, rondeaulx, ballades, virelaiz, libelles diffamatoires chançons de ceste ne aultrement. Ce
mesme jour, furent prinses toutes les pies, jais et chouettes pour
les porter devant le Roy, et estoit escript le lieu ou avoient été
prins lesdits oiseaux, et aussi tout ce qu'ils savoient dire. » Jean
de Troyes.

[2] Les Français même en parlent assez ironiquement. Gagnin seul
articule l'accusation d'un guet-apens premedité « Vagatum est
Burgundum dum cogitasse de rege capiendo et nude a Leodia illum
abducendo, sed ab Anthonio fratre ejus nothe dissuasum abstinuisse » R. Gagnin Compendium ed. 1500 F. CXX Chronique qui pretend traduire Gagnin avec les additions du roi ne se
pas donner ce passage Chronique Martiniane fol. CC.

[3] C'est ce qu'esperent le faux Anselme et Charles, son fils ou-

point ruiné, perdu, mais seulement un peu ridicule, on se moqua un moment du trompeur trompé, ce fut tout

Personne ne connaissait bien encore toute l'insensibilité du temps Les princes ne soupçonnaient pas eux-mêmes combien peu on leur demandait de foi et d'honneur[1] De là beaucoup de faussetés pour rien, d'hypocrisies inutiles de là aussi d'étranges erreurs sur le choix des moyens C'est le ridicule de Péronne, où les acteurs échangèrent les rôles, l'homme de ruse faisant de la chevalerie, et le chevalier de la ruse.

Tous les deux y furent attrapés, et devaient l'être Une seule chose étonne C'est que les conseillers du duc de Bourgogne, ces froides têtes qu'il avait près de lui, l'aient laissé relâcher le roi sans demander nul garantie, nul gage qui répondît de l'exécution. La seule précaution qu'ils imaginèrent, ce fut de lui faire signer des lettres par lesquelles il autorisait quelques princes et seigneurs à se liguer et s'armer contre lui, s'il violait le traité, autorisation bien superflue pour des gens qui, de leur vie, ne faisaient autre chose que conspirer contre le roi[2].

nier pourtant s'apitoie « C'est le roi le plus humble qu'il y ait eu depuis mille ans, etc

[1] Sans doute, la moralité n'a pas péri alors (ni alors, ni jamais) seulement elle est absente des rapports politiques, elle s'est refugiée ailleurs, comme nous verrons Je ne puis m'arrêter ici pour traiter un si grand sujet V Introduction de Renaissance.

[2] Il donna cette autorisation au duc d'Alençon et aux Armagnacs qui étaient en conspiration permanente il la donna au duc d'Orléans qui avait six ans, et au duc de Bourbon, qui, ne pouvant espérer d'une ligue la moindre partie des avantages énormes que

Si les conseillers du duc se contentèrent à si bon marché, il faut croire que le roi, qui fit avec eux le voyage, n'y perdit pas son temps Il obtint en allant à Liège l'un des principaux effets qu'il s'était promis de la démarche de Péronne. Il se fit voir de près, prit langue et s'aboucha avec bien des gens qui jusque-là le détestaient sur parole On compara les deux hommes, et celui-ci y gagna, n'étant pas fier comme l'autre, ni violent, ni outrageux On le trouva bien « saige, » et l'on commença à songer qu'on s'arrangerait bien d'un tel maître On lui savait d'ailleurs un grand mérite, c'était de donner largement de ne pas marchander avec ceux qui s'attachaient à lui, le duc au contraire donnait peu à beaucoup de gens, et partant n'obligeait personne Ceux qui voyaient de loin, Communes et d'autres (jusqu'aux frères du duc), entrèrent « en profonds pensements » ils se demandèrent s'il était probable que le plus fin joueur perdit toujours[1] Qu'adviendrait-il ? on ne le savait trop encore, mais, en servant

laissavait faits le roi, n'avait garde de hasarder une telle position — Les lettres du roi existent à Gand Trésorerie des chartes ce 11 autre)

[1] Un mot, pour finir, sur les sources Je n'ai pas cité l'auteur le plus consulté. Suivridus il brouille tous les faits les dates il suppose qu'il y avait dans Liège des troupes françaises pour la défendre contre Louis XI Il croit que si longtemps fut surprise, c'est qu'on y était dès le 9 la paix qui ne fut conclue que le 14 etc, etc Chapeauville III 171-173 Piccolomini est important tant qu'il suit le légat, témoin oculaire il est inutile pour la fin L'auteur capital pour Peronne est Communes, pour Liège Adrien témoin oculaire (éclairé d'ailleurs par *Humbercourt* qui écrit sur les lieux au moment où les choses se passent et qui donne toute la série des dates jour par jour souvent heure par

le duc, le plus sûr était de se tenir toujours une porte
ouverte du côté du roi.

heure. N'ayant pas connu cet auteur, et ne pouvant établir les
dates, Legrand n'a pu y rien comprendre, encore moins son co-
piste Duclos, et tous ceux qui suivent.

LIVRE XVI
CHAPITRE PREMIER
Diversions d'Angleterre. Mort du frère de Louis XI. Beauvais. 1469-1472

L'histoire du xvᵉ siècle est une longue histoire, longues en sont les années, longues les heures. Elles furent telles pour ceux qui les vécurent, elles le sont ✻ pour celui qui est obligé de les recommencer, de les revivre.

Je veux dire pour l'historien, qui, ne faisant point un jeu de l'histoire, s'associerait de bonne foi à la vie des temps écoulés... Ici, où est la vie ? Qui dira où sont les vivants et où sont les morts ?

✻ Barbara Tuchman.

À quel parti porterais-je intérêt? Entre ces diverses
figures, en est-il une qui ne soit louche et fausse? une
où l'œil se repose, pour y voir nettement exprimés les
idées, les principes dont vit le cœur de l'homme [1]?

Nous sommes descendus bien bas dans l'indifférence
et la mort morale Et il nous faut descendre encore.
Que Sforza et autres Italiens aient professé la trahison,
que Louis XI, Saint-Pol, Armagnac, Nemours, aient
toute leur vie juré et parjuré, c'est un spectacle assez
monotone à la longue Mais maintenant les voici sur-
passés, pour la foi mobile et changeante, la France et
l'Italie vont le céder au peuple grave qui a toujours
prétendu à la gloire de l'obstination C'est un curieux
spectacle de voir ce hardi comédien, le comte de Warwick, mener si vivement la prude Angleterre d'un roi
à l'autre, et d'un serment à l'autre, lui faisant crier
aujourd'hui. *York pour toujours!* et demain *Lancastre
pour toujours!* sauf à changer demain encore.

Cet imbroglio d'Angleterre est une partie de l'histoire
de France Les deux rivaux d'ici se firent la guerre
là-bas, guerre sournoise, d'intrigue et d'argent. Les

[1] Celui qui, à tâtons, traverse ces limbes obscurs de l'histoire,
se dit bien que là-bas le jour commence à poindre, que ce xve siècle est un siècle chercheur qui se trouve lui-même à la longue,
que la vie morale, pour être déplacée alors, et malaisée à saisir,
n'en subsiste pas moins Et, en effet un observateur attentif qui
la voit peu sensible dans les rapports politiques la retrouvera,
cette vie, forte au foyer et dans les rapports de famille La famille
dépouille peu à peu la dureté féodale elle se laisse humaniser
aux douces influences de l'équité et de la nature — Et c'est peut-
être pour cela justement que les petits regardent d'un œil si indifférent se jouer, en haut, sur leur tête, le jeu des politiques

fameuses batailles shakspeariennes des Roses furent
souvent un combat de l'argent français contre l'argent
flamand, le duel des écus, des florins

Ce qui fit faire à Louis XI l'imprudente démarche
de Péronne, pour brusquer le traité, c'est qu'il crut le
duc de Bourgogne tellement maître de l'Angleterre
qu'il pouvait d'un moment à l'autre lui mettre à dos
une descente anglaise

Le duc pensait comme le roi, il croyait tenir l'Angleterre et pour toujours, l'avoir épousée. Son mariage
avec Marguerite d'York n'était pas un caprice de
prince, les peuples aussi étaient mariés par le grand
commerce national des laines, par l'union des hanses
étrangères qui gouvernaient à la fois Bruges et Londres Une lettre du duc de Bourgogne était reçue à
Londres avec autant de respect qu'à Gand Il parlait
l'anglais et l'écrivait il portait la Jarretière comme
Édouard la Toison il se vantait d'être meilleur Anglais que les Anglais

D'après tout cela il n'était pas absurde de croire
qu'une telle union durerait Cette croyance, partagée
sans doute par les conseillers du duc de Bourgogne,
lui fit faire une faute grave, qui le mena à la ruine, à
la mort

Louis XI était au plus bas, humilié, malade il semblait prendre chrétiennement son aventure, enregis-
trait le traité avec résignation.

L'ami de Louis XI, Warwick, n'allait pas mieux que
lui Il s'était compromis avec le commerce de Londres,
en contrariant le mariage de Flandre, et le mariage
s'était fait, et l'on avait vu le grand comte figurer

tristement à la fête, mener la fiancée dans Londres[1], cheminer par les rues devant elle, comme Aman de vant Mardochée

Donc, Louis XI allant si mal, Warwick si mal, l'Angleterre étant sûre, le moment semblait bon pour s'étendre du côté de l'Allemagne, pour acquérir la Gueldre au bas du Rhin, en haut le landgraviat d'Alsace. La Franche-Comté y eût gagné[2] Les principaux conseillers du duc étant Comtois durent lui faire agréer les offres du duc d'Autriche, qui lui voulait engager ce qu'il avait d'Alsace et partie de la Forêt-Noire Seulement, c'était risquer de se mettre sur les bras de grosses affaires, avec les ligues suisses, avec les villes du Rhin, avec l'Empire . Le duc ne s'arrêta pas à cette crainte, et dès qu'il se fut engagé dans cet infini obscur « des Allemagnes, » l'Angleterre à laquelle il ne songeait plus, tant il croyait la bien tenir, lui tourna dans la main

L'Angleterre, et de plus la France. Il s'était cru bien sûr d'établir le frère du roi en Champagne, entre ses Ardennes et sa Bourgogne, ce qui lui eût donné passage d'une province à l'autre, et relié en quelque sorte les deux moitiés isolées de son bizarre empire

Le roi, qui ne craignait rien tant, fit pour éviter ce

---

[1] « Rode behynde the erle Warwick. » Fragment d'une chronique contemporaine, publiée par Hearne, à la suite des Thomæ Sprotti Chronica (1719), page 296

[2] Voir, entre autres ouvrages, l'Esquisse des relations qui ont existé entre le comte de Bourgogne et l'Helvétie, par Duvernoy (Neufchâtel, 1841), et les Lettres sur la guerre des Suisses, par le baron de Gingins-la-Sarraz (Dijon, 1840),

péril une chose périlleuse; il se fia à son frère; il lui
mit dans les mains la Guienne et presque toute l'Aquitaine, lui rappela qu il était son unique héritier (héritier d'un malade), et il lui donna un royaume pour
attendre.

Du même coup il l'opposait aux Anglais, qui récla-
maient cette Guienne, le rendait suspect au Breton[1],
l'éloignait du Bourguignon, dont il eût dépendu s'il eût
accepté la Champagne

Troc admirable, pour un jeune homme qui aimait le
plaisir, de lui donner tout ce beau Midi, de le mettre
à Bordeaux[2]. C'est ce que lui fit sentir son favori
Lescun, un Gascon intelligent qui n'aimait pas les
Anglais, qui trouvait là une belle occasion de régner
en Gascogne, et qui fit peur à son maître de la Champagne Pouilleuse

Ce n'était pas l'affaire du duc de Bourgogne Il voulait, bon gré mal gré, l'établir en Champagne, l'avoir
là et s'en servir « Tenez bien à cela, écrivait-on au
duc, ne cédez pas là-dessus , avec le frère du roi, vous
aurez le reste » Le donneur d'avis n'était pas moins
que Balue, l'homme qui savait tout et faisait tout, un

---

[1] C'est dans ce moment où le roi crut les avoir divisés pour
toujours qu'il voulut forcer le duc de Bretagne d accepter son
ordre nouveau de Saint-Michel, qui l'aurait mis dans sa depen-
dance — Sur la fondation de cet ordre, rival de la Toison et de
la Jarretière, V Ordonnances XVII, 236-240, 1er août 1469, et
Chastellain, cité par M J. Quicherat, Bibliothèque de l'Ecole des
Chartes, IV, 60.

[2] Le duc de Guienne fut très-reconnaissant, les deux frères
eurent une entrevue fort touchante ils se jetèrent dans les bras
l un de l autre, tout le monde pleurait de joie. (Lenglet)

homme que le roi avait fait de rien, jusqu'à exiger
de Rome qu'on le fit cardinal Balue, ayant alors du
roi ce qu'il pouvait avoir, voulut aussi profiter de
l'autre côté, s'il vendit son maître à Péronne, c'est ce
qui ne fut point constaté, mais pour le frère du roi,
il voulait le mettre chez le duc, il l'écrivit lui-même
Sa qualité nouvelle le rendait hardi, il savait que le roi
ne ferait jamais mourir un cardinal Louis XI, qui avait
beaucoup de faible pour lui, voulut voir ce qu'il avait à
dire, quoique la chose ne fut que trop claire Le drôle
n'avouant rien, et s'enveloppant contre le roi de sa
robe rouge et de sa dignité de prince de l'Église, *on
mit ce prince en cage* [1], Balue avait dit lui-même que

---

[1] À la grande joie du peuple, qui en fit des chansons Au reste,
on n'avait pas attendu sa chute pour le chansonner Ballade et
caricature contre Balue, Recueil des chants historiques de Leroux
de Lincy, II, 347) Pour effrayer les plaisants, il fit ou fit faire une
chanson où l'on sent la basse cruauté du coquin tout puissant, le
refrain est atroce. « On en fera du civet aux poissons » *Bibl
du roi, ms* 7687, *fol* 10 , cité dans la Bibliothèque de l'École des
chartes, t IV. p 566, août 1843

On a cru à tort qu'il avait inventé ces cages il n'eut que le
mérite de l'importation Elles étaient fort anciennes en Italie :
« Et post paucos dies conducti merunt in palatio communis
Veronæ, et in *gabus* carcerati » Chron Veronense, apud Murat
VIII, 624, ann 1230 — « Posuerunt ipsum in quadam *gabbia de
ligno* » Chron. Astense, apud Murat XI, 145 — « In cosi tene-
brosa, e stretta gabbia rinchiusi summo » Petrarcha, part I,
son 4 — Même usage en Espagne « D Jacobus per annos tres
et ultra in tristissimis et dun simis carceribus fuit per regem
Aragonum et in gabia *ferrea* noctibus et diebus, cum dormire
volebat, reclusus » Vetera acta de Jacobo ultimo rege Majorca-
rum Ducange, verbo GALIA — On conserve encore la cage de
Balue dans la porte forteresse du pont de Moret Bulletin du
Comité hist des arts et monuments, 1840, n° 2, rapport de

rien n'était plus sûr que ces cages de fer pour bien garder un prisonnier

Le 10 juin, le frère du roi, réconcilié avec lui, s'établit en Guienne Le 11 juillet une révolution imprévue commence pour l'Angleterre L'Angleterre se divise, la France se pacifie un moment, deux coups pour le duc de Bourgogne

Le 11 juillet, Warwick, venu avec Clarence, frère d'Édouard, dans son gouvernement de Calais, lui fait brusquement épouser sa fille aînée[1], celle qu'il desti-

M Didron, p 50 Cette cage était placée à Amboise, dans une grande salle qu'on voit encore

[1] Rien de plus curieux ici que le témoignage de Jean de Vaurin Warwick vint voir le duc et la duchesse, « qui doulcement le recueilla » Mais personne ne devinait le but de la visite Il semble que le bon chroniqueur ait espéré que le grand politique par vanité ou pour l'amour des chroniques lui en dirait davantage . « Et moy, acteur de ces croniques, désirant sçavoir et avoir matières véritables pour le parfait de mon œuvre, prins congié au duc de Bourgoigne, affin de aller jusques à Callaix lequel il me ottroia pource qu'il estoit bien adverty que ledit comte de Warewic m'avoit promis que si je le venois veoir à Callaix qu'il me feroit bonne chière, et me bailleroit homme qui m'adrescheroit à tout ce que je voldroie demander Si fus vers lui où il me tint ix jours en me faisant grant chière et honneur mais de ce que je quéroie me fist bien peu d'adresse combien qu'il me promist que se, au bout de deux mois, je retournoie vers luy il me furniroit partie de ce que je requéroie Et au congié prendre de luy, il me défrea de tous poins, et me donna une belle haquenée Je veoie bien qu'il estoit embesongnié d'aulcunes grosses matières, et c'estoit le mariage qui se traitoit de sa fille au duc de Clarence lesquels se partirent v ou vi jours après mon partement, dedens le chastel de Callaix où il n'avoit guères de gens Si ne dura la feste que deux jours Le dimence ensievent passa la mer, pour ce qu'il avoit eu nouvelles que ceulx de Galles estoient sur le champ à grant puissance » *Jean de Vaurin* ,ou

nait à Edouard quand il le fit roi, et dont Édouard n'avait pas voulu.

Ce fut un grand étonnement, on n'avait rien prévu de semblable Ce qu'on avait craint, c'était que Warwick, chef des lords et des évêques peut-être, par son frère l'archevêque, ne travaillât avec eux pour Henri VI. Récemment encore, pour rendre cette ligue impossible, on avait obligé Warwick de juger les Lancastriens révoltés, de se laver avec du sang de Lancastre.

Aussi ne s'adressa-t il pas à cet implacable parti Pour renverser York, il ne chercha d'autre moyen qu'York, le propre frère d'Édouard. Le mariage fait vingt révoltes éclatent, mais sous divers prétextes et sous divers drapeaux, ici contre l'impôt, là en haine des favoris du roi, des parents de la reine, là pour Clarence, ailleurs pour Henri VI En deux mois, Édouard est abandonné et se trouve tout seul, pour le prendre, il suffit d un prêtre, du frère de Warwick, archevêque d'York[1]. Voilà Warwick qui tient deux

Varin) sire de Forestel, ms 67.9 *Bibliothèque royale, vol* VI, *fol* 273 Dans les derniers volumes de cette Chronique Vaurin est contemporain, et quelquefois témoin oculaire Ils méritent d'être publiés.

[1] Edouard aimait ses aises et était dormeur, il fut pris au lit « Quant l'archevesque fut entré en la chambre où il trouva le Roy couchié, il luy dit prestement Sire, levez-vous De quoy le Roy se voult excuser, disant que il n'avoit ancores comme riens reposé Mais l'archevesque luy dist la seconde fois Il vous faut lever, et venir devers mon frère de Warewic, car a ce ne pouvez vous contrester Et lors, le Roy doubtant que pis ne luy en advenist. se vesty, et l archevesque l'enmena sans faire grant bruit » *Ibidem, fol* 278 Dans la miniature, le prelat parle a genoux, *fol.* 277

rois sous clef. Henri VI à Londres, Édouard IV dans
un château du Nord, sans compter son gendre Clarence, qui n'avait pas beaucoup de gens pour lui
L'embarras était de savoir au nom duquel des trois
Warwick commanderait Les Lancastriens accouraient
pour profiter de son hésitation

Une lettre du duc de Bourgogne trancha la question[1]
Il écrivit aux gens de Londres qu'en épousant la sœur
il avait compté qu'ils seraient loyaux sujets du frère
Tous ceux qui gagnaient au commerce de Flandre
crièrent pour Édouard, Warwick n'eut rien à faire

---

[1] « Le duc de Bourgogne escripvit prestement au mayeur et
peuple de Londres, si leur fist avec dire et remonstrer comment
il s'estoit alyé à eulx en prenant par mariage la seur du roy
Edouard parmi laquele alyance luy avoient promis estre et de-
mourer à tousjours bons et loyaulx subjetz au roy Edouard   et
s'ilz ne luy entretenoient ce que promis avoient il sçavoit bien ce
qu'il en devoit faire Lequel maire de Londres, aiant recheu
lesdites lettres du duc, assembla le commun de la Cité, et la les
fist lire publiquement laquele lecture oye. le commun respondy,
comme d'une voye. que voirement vouloient-ilz entretenir ce que
promis luy avoient et estre bons subjetz au roy Edouard Warewic faignant qu'il ne sceust riens desdites lettres, dist un jour
au roy qu' il bon seroit qu'il allast à Londres pour soy monstrer
au peuple et visiter la royne sa femme » *Vaurin, fol 278*
L'orgueil national semble avoir décidé tous les chroniqueurs
anglais à supprimer le fait si grave d'une lettre menaçante et
presque impérative du duc de Bourgogne Ce qui confirme le
récit de Vaurin, c'est que le capitaine de Calais fit serment à
Edouard, *dans les mains de l'envoyé du duc de Bourgogne*, qui
était Commines (ed Dupont I, 236) Le continuateur de Crovland,
p 562, attribue uniquement l'élargissement d'Edouard à la crainte
que Warwick avait des Lancastriens et au refus du peuple de
s'armer s'il ne voyait le roi libre Polydore Virgile p 657), et
les autres après lui, ne savent que dire l'événement reste inin-
telligible.

qu'à le ramener lui-même à Londres, disant qu'il
n'avait rien fait contre le roi, mais contre ses favoris,
contre les parents de la reine, qui prenaient l'argent
du pauvre peuple. *Les Woodvilles.*

Warwick devait succomber Il avait bâti sa prodi-
gieuse fortune, celle de ses deux frères, sur des éléments très-divers qui s'excluaient entre eux. Un mot
d'explication :

Les Nevill (c'était leur vrai nom) étaient des cadets
de Westmoreland. Il faut croire que leur piété fut
grande sous la pieuse maison de Lancastre, car Richard Nevill, celui dont il s'agit trouva moyen d'épouser la fille, l'héritage et le nom de ce fameux Warwick, le lord selon le cœur de Dieu, l'homme des
évêques, celui qui brûla la Pucelle, et qui fit d'Henri VI
un saint Ce beau-père mourut régent de France, et
avec lui bien des choses qu'espéraient les Nevill. Alors
ils firent volte-face, cultivèrent la Rose blanche, la
guerre civile, qui, au défaut de la France, leur livrait
l'Angleterre. Le produit fit énorme, Richard Nevill
et ses deux frères, se trouvèrent établis partout par
successions, mariages, nominations, confiscations, ils
eurent les comtés de Warwick, de Salisbury, de Northumberland, etc , l'archevêché d'York, les sceaux, les
clefs du palais, les charges de chambellan, chancelier,
amiral, lieutenant d'Irlande, la charge infiniment lu-
crative de gouverneur de Calais Celles de l'aîné seul
lui valaient par an vingt mille marcs d'argent, deux
millions d'alors qui feraient peut-être vingt millions
d'aujourd'hui. Voilà pour les charges, quant aux biens,
qui pourrait calculer ?

Grand établissement, et tel qu'en quelque sorte il faisait face à la royauté[1]. Là pourtant n'était pas la vraie puissance de Warwick. Sa puissance était d'être, non le premier des lords, des grands propriétaires, mais le roi des ennemis de la propriété, pillards de la frontière et corsaires du détroit.

Le fonds de l'Angleterre, sa bizarre duplicité au moyen âge, c'est par-dessus et ostensiblement, le pharisaïsme légal, la superstition de la loi, et par-dessous l'esprit de Robin Hood. Qu'est-ce que Robin Hood? L'*out-law*, l'*hors la loi*. Robin Hood est naturellement l'ennemi de l'homme de loi, l'adversaire du shériff. Dans la longue succession des ballades dont il est le héros, il habite d'abord les vertes forêts de Lincoln. Les guerres de France l'en font sortir[2], il laisse là le shérif et les daims du roi, il vient à la mer, il passe la mer. Il est resté marin. Ce changement se fait aux xve et xvie siècles, sous Warwick, sous Élisabeth.

Tous les compagnons de Robin Hood, tous les gens

---

[1] Je crois avoir lu sur le tombeau d'un de ces Warwick, dans leur chapelle ou leur caveau *Regnum nunc subsidium, nuic in idia* Je cite de mémoire

[2] Ce nom de Robin est encore populaire au xve siècle. C'est celui que les communes du nord, soulevées en 1468 donnerent a leur chef — « A captain, whom they had named *Robin* of Riddesdale » The Chronicle Fabian (in-folio 1559, fol 49). Vauru a tort de dire « Ung villain nomme Robin Rissedale. » *Bibl. royale, ms* 6759, fol 270

Sur le cycle de ballades, sur les transformations qu'a subit le personnage de Robin Hood, V. la très-intéressante dissertation de M Barry, professeur d'histoire à la faculté de Toulouse

brouillés avec la justice, trouvaient leur sécurité en ceci, que Warwick était (par lui et par son frère) juge des marches de Calais et d'Ecosse, juge indulgent et qui avait si bon cœur qu'il ne faisait jamais justice S'il y avait au *border* un bon compagnon, qui ne trouvant plus à voler, n'eût à manger « que ses éperons[1], » il allait trouver ce grand juge des marches, l'excellent juge, au lieu de le faire pendre, lui donnait à dîner.

Ce que Warwick aimait et honorait le plus en ce monde, c'était la ville de Londres Il était l'ami du lord maire, de tous les gros marchands, leur ami et leur débiteur, pour mieux les attacher à sa fortune Les petits, il les recevait tous à portes ouvertes, et les faisait manger, tant qu'il s'en présentait. L'ordinaire de Warwick, quand il était à Londres, était de six bœufs par repas, quiconque entrait emportait de la viande « tout ce qu'il en tenait sur un long poignard[2]. » L'on disait et l'on répétait que ce bon lord était si hospitalier, que dans toutes ses terres et châteaux il nourrissait trente mille hommes.

Warwick fut, autant et plus que Sforza et que Louis XI, l'homme d'affaire et d'action comme on le concevait alors Ni peur, ni honneur, ni rancune, fort détaché de toute chevalerie Aux batailles, il mettait ses gens aux mains, mais se faisait tenir un cheval prêt, et si l'affaire allait mal, partait le premier

---

[1] C'était l'usage au *border* que, quand le cavalier avait tout mangé et qu'il n'y avait plus rien dans la maison, sa femme lui servait dans un plat une paire d'éperons

[2] Stow (p 421) a recueilli ces traditions Voir aussi Olivier de la Marche, II, 276.

Il n'eût pas fait le gentilhomme, comme Louis XI à Liége

Froid et *positif* à ce point, il n'en eut pas moins une parfaite entente de la comédie politique, telle que la circonstance pouvait la demander.

Ce talent éclata lorsque, après le terrible échec de Wakefield, ayant perdu son duc d'York et n'ayant plus dans les mains qu'un garçon de dix-huit ans, le jeune Édouard, il le mena a Londres, et de porte en porte sollicita pour lui L'affreuse histoire du diadème de papier, la blâme de l'enfant mis à mort, la beauté surtout du jeune Édouard, *la blanche rose d'York*, aidaient à merveille le grand comédien. Il le montrait aux femmes, ce beau jeune roi à marier les touchait fort, leur tirait des larmes, souvent de l'argent Il demandait un jour dix livres à une vieille · « Pour ce visage-là, lui dit-elle, tu en aurais vingt. »

Ce n'était pas une médiocre difficulté pour Warwick de concilier ses deux rôles opposés, d'être ami des marchands, par exemple, et protecteur des corsaires du détroit. Ces grands repas, qui faisaient l'étonnement des bonnes gens de Londres, durent être maintes fois donnés à leurs dépens, le marchand risquait fort de reconnaître à table, dans tel de ces convives « au long poignard, » son voleur de Calais

Si Warwick parvenait à tromper Londres, il ne donnait pas le change au duc de Bourgogne Le duc qui aimait la mer, qui avait longtemps vécu près des dignes, que voyait-il de là le plus souvent? Les vaisseaux d'Angleterre prenant les siens Grâce à ce voisinage, les ports de Flandre et de Hollande étaient

comme bloqués L'homme qu'il haïssait le plus était
Warwick Nous avons vu comme, avec une simple
lettre, il lui ôta Londres et sauva Edouard Warwick,
après deux nouvelles tentatives, perdit terre et passa
à Calais (mai 1470).

Tout un peuple se jeta à la mer pour le suivre, il y
en eut à remplir quatre-vingts vaisseaux Mais le
lieutenant de Warwick à Calais ne voulut pas le recevoir avec cette flotte, il lui ferma la porte et tira
sur lui, lui faisant dire sous main qu'il l'éloignait pour
le sauver, que, s'il fût entré à Calais, il était perdu,
assiégé qu'il eût été bientôt par toutes les armées
d'Angleterre et de Flandre Warwick se réfugia donc
en Normandie, avec son monde d'écumeurs de mer,
qui, pour leur coup d'essai, prirent au duc quinze
vaisseaux et les vendirent hardiment à Rouen [1]

Le duc furieux refusa les réparations qu'offrait le
roi; il fit arrêter tout ce qu'il y avait de marchands
français dans ses États, réunit contre Warwick les
vaisseaux hollandais et anglais, le bloqua, l'affama,
dans les ports de la Normandie, et l'obligea ainsi à
jouer le tout pour le tout, et ressaisir, s'il pouvait,
l'Angleterre.

Il y avait grandi par l'absence. Il était plus présent
que jamais au cœur du peuple, le nom du grand comte
était dans toutes les bouches [2]. Cette royale hospitalité, cette table généreuse, ouverte à tous, laissait

---

[1] La lettre du duc a sa mère est visiblement destinée à être ré-
pandue, une sorte de pamphlet
[2] Solem excidisse sibi e mundo putabant .. Illud unum, loci
cantilenæ, in ore vulgi. resonabat Polyd. Vergil , p 659-660.

bien des regrets. Le foyer de Warwick, ce foyer de
tous ceux qui n'en avaient pas, qu'il fut éteint à la fois
dans tant de comtés, c'était un deuil public. . D'autre
part, les lords et évêques [1] sentaient bien que sans un
tel chef ils ne se défendraient pas aisément contre
l'avidité de la basse noblesse dont s'était entouré
Édouard [2]. Ils offraient à Warwick de l'argent. pour des
hommes, il n'avait pas à s'en inquiéter, disaient-ils, il
en trouverait assez en débarquant Seulement, il fallait
que la nouvelle révolution se fît au nom de Lancastre.

Warwick et Lancastre! ces noms seuls ainsi rap-
prochés semblaient avoir horreur l'un de l'autre;
infranchissable était la barrière qui les séparait!
barrière de sang et barrière d'infamie . Les écha-
fauds et les carnages, les meurtres à froid, les parents
tués la boue, l'outrage lancés de l'un à l'autre - Warwick menant Henri VI garrotté dans Londres, affi-
chant la reine à Saint-Paul, la faisant mettre au prône
« comme ribaude, ahontie de son corps, et mauvaise
lisse, » et son enfant bâtard, adultérin, un enfant de
la rue...

Elle devait rougir, à entendre seulement nommer
Warwick Lui parler de le revoir, c'était chose qui

____

[1] Des Ibis, ils rappelaient Marguerite (Croyland)

[2] L'élévation des parents de la reine, des Wideville, fut subite,
violente elle se fit surtout par des mariages forcés Cinq sœurs,
deux frères, un fils de la reine, raflèrent les huit héritages les
plus riches de l'Angleterre La vénérable duchesse Norfolk, à
quatre-vingts ans, fut obligée de se laisser épouser par le fils de
la reine (du premier lit) qui avait vingt ans « Maritagium diabo-
licum » dit un contemporain, et un autre outrageusement « Ju-
vencula octoginta annorum[1] »

semblait impossible. Exiger qu'elle oubliât tout et qu'elle s'oubliât elle-même au point de mettre la famille de cet homme dans la sienne, et qu'en unissant leurs enfants, Marguerite, pour ainsi dire, épousât Warwick ! cela était impie Nul homme, excepté Louis XI, ne se fût fait l'entremetteur de ce monstrueux accouplement

Ajoutez qu'en faisant cet effort et ce sacrifice, chacun d'eux ne pouvait vouloir que tromper un moment Warwick, qui venait de marier son aînée à Clarence en lui promettant le trône, mariait la seconde au jeune fils de Marguerite avec la même dot. Il avait ainsi deux rois à choisir et de quoi détruire la maison de Lancastre lorsqu'il l'aurait rétablie La haine et la méfiance duraient dans le mariage même. Il n'en plaisait que plus à Louis XI, qui y voyait deux ou trois guerres civiles.

Warwick se moqua du blocus des Flamands, et passa sous l'escorte des vaisseaux du roi (septembre) Ses deux frères l'accueillirent, Édouard n'eut que le temps de se jeter dans un vaisseau qui le mit en Hollande Warwick put à son aise rentrer dans Londres, prendre Henri à la Tour, promener l'innocente figure, édifier le peuple, s'accusant humblement du péché d'avoir détrôné un saint.

Le contre-coup fut fort ici Le roi assembla les notables, leur conta tous les méfaits du duc de Bourgogne, et par acclamation ils décidèrent qu'il était quitte de tous ses serments de Péronne[1] Amiens revint au roi

---

[1] On ne parlait de rien moins que de confisquer ce que le duc

(février). Le duc vit avec surprise tous les princes tourner contre lui Au fond, ils ne voulaient pas sa ruine, mais le forcer à donner sa fille au duc de Guienne, de sorte que l'Aquitaine et les Pays-Bas se trouvant un jour dans les mêmes mains, la France eût été serrée du Nord et du Midi, étranglée entre Somme et Loire

La perte d'Amiens, les avis de Saint-Pol, qui, pour faire peur au duc, lui disait en ami qu'il ne pourrait jamais résister, la fuite de son propre frère, un bâtard de Philippe le Bon, qui vint se donner au roi[1], enfin la renonciation des Suisses à l'alliance de Bourgogne, tout cela semblait les signes d'une grande et terrible débâcle. Le duc regrettait de n'avoir pas comme le roi une armée permanente Il leva des troupes en peu de temps, mais il employa aussi d'autres moyens, les moyens favoris du roi, il rusa, il mentit, il tâcha de tromper, d'endormir

Il écrivit deux lettres, l'une au roi, un billet de six lignes écrit de sa main, où il s'humiliait et regrettait une guerre à laquelle il avait été poussé, disait-il, par la ruse et l'intérêt d'autrui

L'autre lettre, fort bien calculée, s'adressait aux Anglais, envoyée à Calais, au grand entrepôt des laines, elle rappelait aux marchands que « tout l'entre-

tenait de la couronne Des commissaires étaient nommés pour saisir la Bourgogne et le Maconnais *Archives de Pau*, *janvier* 1470.

[1] Et celle d un Jean de Chassa qui porta contre le duc les plus sales, les plus invraisemblables accusations Voir surtout Chastellain.

cours de la marchandise étoit non pas seulement avec le Roy, mais *avec le royaulme.* » Le duc avertissait « ses très-chers et grands amis » de Calais qu'on se disposait à leur envoyer d'Angleterre beaucoup de gens de guerre, fort inutiles pour leur sûreté. S'ils viennent, ajoutait-il, « vous ne pourrez pas être maîtres d'eux, ni les empêcher d'entreprendre sur nous. »

A cette lettre, il avait ajouté de sa main une bravade, une flatterie sous forme de menace, comme d'un dogue qui flatte en grondant: il ne s'était jamais mêlé des royales querelles d'Angleterre, il lui fâcherait d'être obligé, à cause d'un seul homme, d'avoir noise avec un peuple qu'il avait tant aimé[1]... « Eh bien, mes voisins, si vous ne pouvez souffrir mon amitié, commencez.. Par saint Georges, qui me sait meilleur Anglais que vous, vous verrez si je suis du sang de Lancastre ! »

La lettre fit bien à Calais et à Londres. Les gros marchands, dans la bourse desquels Warwick était obligé de puiser, l'empêchèrent d'envoyer des archers à Calais[1], et d'y passer lui-même. comme il allait le faire, pour accabler le duc, de concert avec Louis XI.

Celui-ci, qui se fiait à Warwick bien plus qu'à Marguerite, et qui savait qu'au moment même elle négociait avec le duc de Bourgogne, ne se pressait pas de la faire partir; il voulait sans doute donner le temps à Warwick de s'affermir là-bas. Plusieurs fois elle s'em-

---

[1] Deux mille le 18 février, et jusqu'à dix mille qu'il aurait conduits en personne. Lettre de l'évêque de Bayeux au roi Warwick ajoute un mot de sa main pour confirmer cette promesse. *Bill royale mss Legrand, 6 février* 1470.

barqua, mais les vaisseaux du roi qui la portaient
étaient toujours ramenés à la côte par le vent contraire, chose merveilleuse et qui prouve que le roi
disposait des vents, ils furent contraires pendant six
mois [1]

Ce retard n'affermit pas Warwick A peine débarqué,
maître et vainqueur comme il semblait, il tomba entre
les mains d'un conseil de douze lords et évêques, les
mêmes sans doute qui l'avaient appelé il s'était engagé de ne rien faire, de ne rien donner, sans leur
aveu

La révolution fut impuissante, parce qu'à la
grande différence des révolutions antérieures, elle ne
changea rien à la propriété elle ne donna rien,
n'obligea personne, n engagea personne à la soutenir

Edouard était resté le roi des marchands ceux de
Bruges l'honoraient à l'égal du duc de Bourgogne.
Craignant que, d'un moment à l'autre, Warwick ne
tombât sur la Flandre le duc se décida enfin pour
Edouard, qui après tout était son beau-frère Tout en
faisant crier que personne ne lui prêtât secours, il loua
pour lui quatorze vaisseaux hanséatiques, et lui donna
cinq millions de notre monnaie [1] Avec cela Edouard
emportait une chose qui seule valait des millions, la

---

[1] Edouard partit de Flessingue « Adcompaigne d environ XII c
combatans bien prins » Vaurin — *Tous anglois* dit l anonyme de
M Bruce. dans son orgueil national il ne parle pas des Flamands
— With ii thowsand Englyshe men » — Fabian est plus mo-
deste « With a small company of Flemynges and other a thou-
sand persons » p 502 — Polyd Vergilius. p 663 « Duobus
millibus contractis » — « IX, C of Englismenne and three hundred
of Flemmynges » Walkworth, 13.

parole de son frère Clarence, qu'à la première occasion
il laisserait Warwick et reviendrait de son côté[1]

Avec une telle assurance, l'entreprise était au fond
moins hasardeuse qu'elle ne semblait l'être. Edouard
renouvela une vieille comédie politique que tout le
monde connaissait, et dont on voulut bien être dupe,
las qu'on était de guerre et devenu indifférent Il joua,
sans y rien changer, la pièce du retour d'Henri IV,
comme lui, il débarqua à Ravenspur (10 mars 1471),
comme lui, il dit, tout le long de sa route, qu'il ne
réclamait pas le trône, mais seulement le bien de son
père, son duché d'York, sa propriété Ce grand mot de
propriété, le mot sacré pour l'Angleterre, lui servit de
passe-port. Il n'y eut de difficulté qu'à York, les gens
de la ville voulaient lui faire jurer qu'il ne prétendrait
jamais rien à la couronne Où sont, dit-il, les lords
entre les mains desquels je jurerai? Allez les chercher,

---

[1] On avait envoyé en France une dame au duc de Clarence pour
l'éclairer sur le triste rôle qu'on lui faisait jouer Commines est
très-fin ici · « Ceste femme n'etoit pas folle, etc »
La source la plus importante est celle ou personne n'a puisé
encore, le manuscrit de Vaurin L'anonyme anglais, publié en
1838, par M J Bruce (for the Camdden Society), n'en est qu'une
traduction, ancienne il est vrai, c'est, mot à mot, Vaurin, sauf
deux ou trois passages qui peut-être auraient blessé l'orgueil anglais Par exemple, le traducteur a supprimé les détails du passage d'Edouard a York . il a craint de l'avilir en rapportant tant
de mensonges Le récit de Vaurin n'en est pas moins marqué au
coin de la vérité Son maitre, le duc de Bourgogne, étant ami
d'Edouard, il ne peut être hostile V surtout folio 307 Glocester
y paraît déjà le Richard III de la tradition, pour sortir d'embarras,
il n'imagine rien de mieux qu'un meurtre « Et dist qu'il n'estoit point aparant qu'ils peussent partir de ceste ville sans dan-
gier, sinon qu'ils tuassent illec en la chambre... »

faites venir le comte de Northumberland. Quant à
vous, je suis duc d'York et votre seigneur, je ne puis
jurer dans vos mains. »

Il poursuivit, et le frère de Warwick, le marquis
de Montaigu qui pouvait lui barrer la route, le laissa
passer. L'autre frère de Warwick, l'archevêque d'York,
qui gardait Henri VI à Londres, promena un peu le
roi dans la ville pour tâter la population, il la vit si
indifférente qu'il ne garda plus Henri que pour le
livrer. Édouard avait un grand parti à Londres, ses
créanciers d'abord, qui désiraient fort son retour, puis
bon nombre de femmes qui travaillèrent pour lui et
lui gagnèrent leurs parents, leurs maris; Édouard
était le plus beau roi du temps.

Dès qu'Édouard et Warwick furent en présence,
celui-ci fut abandonné de son gendre Clarence. Il
pressa la bataille, craignant d'autres défections, mit
pied à terre contre son usage, et combattit bravement
Mais deux corps de son parti qui ne se reconnurent
pas se chargèrent dans le brouillard. Son frère Montaigu, qui l'avait rejoint, lui porta le dernier coup
en prenant, dans la bataille même, les couleurs
d'Édouard [1]. Il fut tué à l'instant par un homme de
Warwick qui le surveillait, mais Warwick aussi fut

---

[1] Entre les versions contradictoires, je choisis la seule vraisemblable Montaigu avait déja fait tout le succès d Édouard, en le
laissant passer — « The marquis Montacute was prively agreed
with king Edwarde, and had gotten on king Eduardes livery.
One of the erle of Warwike his brether servant, espying this, fel
upon hym, and killed him » Warkworth, p. 16 (4°, 1839) Leland,
Collectanea (éd. 1774), vol. II, p. 505.

tué Les corps des deux frères restèrent deux jours
exposés tout nus à Saint-Paul, pour que personne
n'en doutât.

Le jour même de la bataille, Marguerite abordait.
Elle voulait retourner: les Lancastriens ne le lui permirent pas, ils la félicitèrent d'être débarrassée de
Warwick et la firent combattre. Mais telles étaient
les divisions de ce parti, que son chef Somerset, au
moment de la charge, chargea seul, l'ancien lieutenant
de Warwick se tenant immobile Somerset, furieux, le
tua devant ses troupes, mais la bataille fut perdue
(4 mai 1471).

Marguerite, évanouie sur un chariot, fut prise et
menée à Londres, son jeune fils fut tué dans le combat
ou égorgé après Henri VI survécut peu, une tentative
s'étant faite en sa faveur, le plus jeune frère d'Édouard,
cet affreux bossu (Richard III), alla, dit-on, à la tour,
et poignarda le pauvre prince[1].

[1] Ces evenements ont été tellement obscurcis par l'esprit de
parti et par l'esprit romanesque, qu'il est impossible de savoir au
juste comment périrent Henri VI et son fils, il est infiniment probable qu'ils furent assassinés Warkworth (p 21) ne dit qu'un mot,
mais terriblement expressif *A ce moment, le duc de Glocester
était à la Tour* Que la présence de Marguerite ait pu embarras-
ser Glocester et l'empêcher d'y tuer son mari, comme M Turner
paraît le croire, c'est une delicatesse dont le fameux bossu se fût
certainement indigné qu'on le soupçonnât.— Avant de quitter les
Iloses, encore un mot sur les sources Les correspondances de
Paston et de Plumpton m'ont peu servi Je n'ai fait nul usage du
bavardage de Hall et Grafton, qui, trouvant les contemporains un
peu secs, les delayent à plaisir, pas davantage d'Hollingshed, qui
a dû peut-être son succès aux belles editions *pittoresques* qu'on
en fit, et dont Shakespeare s'est servi, comme d'un livre popu-

Un autre semblait tué du même coup: je parle de Louis XI. Cependant, dans son malheur il eut un bonheur, d'avoir conclu une trêve au moment même avec le duc de Bourgogne. Son péril était grand Il y avait à parier qu'il allait avoir l'Angleterre sur les bras, un roi vainqueur, enflé d'avoir déjà vaincu la France avec Marguerite d'Anjou, un roi tout aussi brave qu'Henri V, et qui, disait-on, avait gagné neuf batailles rangées, de sa personne, et combattant à pied.

Et ce n'était pas seulement l'Angleterre qui avait été provoquée, toute l'Espagne l'était, l'Aragon par l'invasion de Jean de Calabre, la Castille par l'opposition du roi aux intérêts d'Isabelle, Foix et Navarre pour la tutelle du jeune héritier. Foix venait de s unir au Breton en lui donnant sa fille, et son autre fille, il l'offrait au duc de Guienne

Toute la question semblait être de savoir si Louis XI périrait par le Nord ou par le Midi Son frère (son ennemi depuis qu'il n'était plus son héritier, le roi ayant un fils[1]) pouvait faire deux mariages. S'il épou-

---

laine qu'il avait sous la main — Une source peu employée est celle-ci The poetical work of Lewis Glyn Cothi, a celebrated bard, who flourished in the reings of Henri VI, Edward IV, Richard III and Henri VIII Oxford, 1837

[1] Charles VIII était né le 30 juin 1470 Je ne vois, à partir de cette époque, aucune année où son père aurait trouvé le temps d ecrire pour lui le *Rosier des guerres* Ce livre élegant, mais plein de generalites vagues, ne rappelle guere le style de Louis XI. Il est douteux que celui-ci, en parlant de lui-même à son fils, ait dit « Le noble roy Loys unziesme. » V. les deux *mss de la Bibl royale.*

sait la fille du comte de Foix, il réunissait tout le Midi et l'entraînait peut être dans une croisade contre Louis XI. S'il épousait la fille du duc de Bourgogne[1], il réunissait tôt ou tard en un royaume gigantesque l'Aquitaine et les Pays-Bas, entre lesquels Louis XI périssait étouffé.

Il ne s'agissait plus seulement d'humilier la France mais de la détruire et de la démembrer. Le duc de Bourgogne ne s'en cachait pas « J'aime tant le royaume, disait-il, qu'au lieu d'un roi, j'en voudrais six » On disait à la cour de Guienne « Nous lui mettrions tant de lévriers à la queue qu'il ne saura où fuir »

On croyait déjà la bête aux abois, on appelait tout le monde à la curée Pour tenter les Anglais, on leur offrait la Normandie et la Guienne.

La sœur du roi, la Savoyarde, qu'il venait de secourir, lui tourna le dos et travailla à mettre contre lui le duc de Milan Autant en fit son futur gendre, Nicolas, fils de Jean de Calabre, il laissa là la fille du roi, comme celle d'un pauvre homme, et s'en alla demander la riche héritière de Bourgogne et des Pays-Bas

Ce qui donnait un peu de répit au roi, c'est que ses ennemis n'étaient pas encore bien d'accord. Le duc de Bourgogne, qui avait promis sa fille à deux ou trois

---

[1] Louis XI fait les mensonges les plus singuliers pour empêcher ce mariage Il veut qu'on dise à son frère qu'il n'y trouverait « pas grand plaisir, » ni postérité « M du Bouchage, mon ami, si vous pouvez gagner ce point, vous me mettrez en paradis Et dit-on que la fille est bien malade et enflée . » Duclos

princes, ne pouvait pas les satisfaire Il voulait que les Anglais vinssent, d'autres n'en voulaient pas Les Anglais eux-mêmes hésitaient, craignant d'être pris pour dupes, et d'aider à faire un duc de Guienne plus grand que le roi et que tous les rois, ce qui fut arrivé s'il eût uni, par ce prodigieux mariage de Bourgogne, le Nord et le Midi

Cependant le printemps semblait devoir finir ces tergiversations Le duc de Guienne avait convoqué dans ses provinces le ban et l'arrière-ban, et nommé général le comte d'Armagnac, qui, comme ennemi capital du roi, se chargeait de l'exécution [1]

Le roi, sans alliés, sans espoir de secours, avait, dit-on, imaginé d'engager les Écossais à passer en Bretagne, sur ses vaisseaux et sur des vaisseaux danois qu'il leur aurait loués

Il faisait à son frère les dernières offres qu'il pût faire, les plus hautes, de le faire *lieutenant général du royaume* en lui donnant sa fille, avec quatre provinces de plus, qui l'auraient mis jusqu'à la Loire Il ne pouvait faire davantage, à moins d'abdiquer et de lui céder la place Mais le jeune duc ne voulait pas être *lieutenant* [2]

---

[1] La France et la Guienne étaient déjà comme deux États étrangers, ennemis V le procès fait par Tristan l'Ermite à un prêtre normand qui revenait de Guienne (*trésor du royaume*, J 960, 2 février 1471

[2] Son sceau n'est que trop significatif On l'y voit assis avec la couronne et l'épée de justice *Deus, judicium tuum regi da, et justitiam tuam filio regis* ce qu'il doit se prendre ici dans un sens tout particulier, *justitia* ne peut signifier *punition* V Trésor de numismatique et glyptique, planche XXIII.

Dès longtemps, le roi avait pris le pape pour juger entre son frère et lui Dans son danger, il obtint du Saint-Siége d'être à jamais, lui et ses successeurs, chanoines de Notre-Dame de Cléry. Il ordonna des prières pour la paix et voulut que désormais, par toute la France, à midi sonnant, on se mit à genoux et l'on dit trois Ave (avril 1472).

Il comptait sur la sainte Vierge, mais aussi sur les troupes qu'il faisait avancer, encore plus sur les secrètes pratiques qu'il avait chez son frère Maint officier de celui-ci refusait de lui faire serment

Ce n'était pas la peine de s'engager envers un mourant. Le duc de Guienne, toujours délicat et maladif, avait la fièvre quarte depuis huit mois et ne pouvait guère aller loin. Il avait fort souffert des divisions de sa petite cour, elle était déchirée par deux partis, une maîtresse poitevine et un favori gascon Ce dernier, Lescun, était ennemi de l'intervention anglaise, ainsi que l'archevêque de Bordeaux, qui jadis en Bretagne avait fait mourir le prince Giles comme ami des Anglais Un zélé serviteur de Lescun, l'abbé de Saint-Jean d'Angeli, le débarrassa (sans son consentement) de la maîtresse du duc en l'empoisonnant. On crut que, pour sa sûreté, il avait empoisonné en même temps le duc de Guienne (21 mai 1472) Lescun, fort compromis, fit grand bruit à la mort de son maître, accusa le roi d'avoir payé l'empoisonneur. le saisit et le mena en Bretagne pour qu'on en fit justice.

Louis XI n'était pas incapable de ce crime [1], du reste

----

[1] Cependant ni Seyssel, ni Brantôme ne sont des témoins bien

fort commun alors. Il semble que le fratricide, écrit à
cette époque dans la loi ottomane et prescrit par
Mahomet II[1], ait été d'un usage général au xv° siècle
parmi les princes chrétiens[2]

Ce qui est sûr, c'est que le mourant n'eut aucun
soupçon de son frère, le jour même de sa mo.t. il le
nomma son héritier et lui demanda pardon des cha-
grins qu'il lui avait causés D'autre part. Louis XI
ne répondit rien aux accusations qui s'élevèrent, ce ne
fut que dix-huit mois après qu'il déclara vouloir associer ses juges à ceux que le duc de Bretagne avait
chargés de poursuivre l'affaire. Il n'y eut aucune pro-
cédure publique, le moine vécut en prison plusieurs
années, et fut trouvé mort dans sa tour après un orage
On supposa que le diable l'avait étranglé

La mort du duc de Guienne était prévue de longue
date, et le roi, le duc Bourgogne. jouaient en attendant
à qui des deux tromperait l'autre[3] Le roi disait que si
le duc renonçait à l'alliance de son frère et du Breton,

graves contre Louis XI, tout le monde connait l'historiette du
dernier, la prière du roi à la bonne Vierge etc M de Sismondi
reste dans le doute — Il ne tient pas au taux Amelgard qu'on ne
croye que Louis XI empoisonnait aussi les serviteurs de son frère
Bibl royale Amelgard, ms II, xxv, 159 *verso*

[1] Hammer

[2] Morts de Douglas et Mar, Viane et Bianca, Bragance et Vi-
seu, Clarence, etc , etc

[3] Ici Commines est bien habile, non-seulement dans la forme
(qui est exquise, comme partout mais dans son désordre appa-
rent Quand il a parlé de la grande colère du duc de l'horrible
affaire de Nesles, etc , il donne la cause de cette colère qui est
de n'avoir pu escroquer Amiens — Sur Nesle V Bulletins de la
Société d'histoire de France, 1835, partie II p 11-17.

il lui rendrait Amiens et Saint-Quentin, et le duc répliquait que si d'abord on les lui rendait, il abandonnerait ses amis. Il n'en avait nullement l'intention, il leur faisait dire pour les rassurer qu'il ne faisait cette momerie que pour reprendre les deux villes. Le roi traîna, et si bien, qu'il apprit la mort de son frère, ne rendit rien en Picardie et prit la Guienne.

Le duc, furieux d'avoir été trompé dans sa tromperie, lança un terrible manifeste où il accusait le roi d'avoir empoisonné son frère et d'avoir voulu le faire périr lui-même. Il lui dénonçait une guerre à feu et à sang. Il tint parole, brûlant tout sur son passage. C'était un bon moyen d'augmenter les résistances et de faire combattre les moins courageux.

La première exécution fut à Nesle, cette petite place n'était défendue que par des francs-archers, les uns voulaient se rendre, voyant cette grande armée et le duc en personne, les autres ne voulaient pas, et ils tuèrent le héraut bourguignon. La ville prise, tout fut massacré, sauf ceux à qui l'on se contenta de couper le poing. Dans l'église même, on allait dans le sang jusqu'à la cheville. On conte que le duc y entra à cheval, et dit aux siens : « Saint-Georges ! voici belle boucherie, j'ai de bons bouchers [1] »

L'affaire de Nesle étonna fort le roi. Il avait ordonné au connétable de la raser d'avance, de détruire les petites places pour défendre les grosses. Toute sa

[1] D'autres lui font dire, quand il sort de la ville et la voit en feu, ces mélancoliques paroles (presque les mêmes que celles de Napoléon sur le champ d'Eylau) « Tel tient porte l'arbre de la guerre ! »

pensée était d'empêcher la jonction du Breton et du Bourguignon, pour cela de serrer lui-même le Breton, de ne pas le lâcher, de le forcer de rester chez lui, pendant que le Bourguignon perdrait le temps à brûler des villages Il ordonna pour la seconde fois de raser les petites places, et pour la seconde fois le connétable ne fit rien du tout Moyennant quoi, le Bourguignon s'empara de Roye, de Montdidier qu'il fit réparer pour l'occuper d'une manière durable.

Saint-Pol écrivait au roi pour le prier de venir au secours, c'est-à-dire de laisser le Breton libre, et de faciliter la jonction de ses deux ennemis Le roi comprit l'intention du traître et fit tout le contraire, il ne lâcha pas la Bretagne, mais il envoya à Saint-Pol son ennemi personnel, Dammartin qui devait partager le commandement avec lui et le surveiller Si Dammartin était arrivé un jour plus tard, tout était perdu

Le samedi 27 juin, cette grande armée de Bourgogne arrive devant Beauvais Le duc croit emporter la place, ne daigne ouvrir la tranchée ordonne l'assaut. les échelles se trouvent trop courtes. au bout de deux coups les canons n'ont plus de quoi tirer Cependant la porte était enfoncée Peu ou point de soldats pour la défendre (telle avait été la prévoyance du connétable), mais les habitants se défendaient, la terrible histoire de Nesle leur faisait tout craindre si la ville était prise; les femmes même, devenant braves à force d'avoir peur pour les leurs, vinrent se jeter à la brèche avec les hommes, la grande sainte de la ville, sainte Angadresme, qu'on portait sur les murs, les encourageait, une jeune bourgeoise, Jeanne Laisné, se souvint de

« Saint-Georges! Voici belle boucherie. J'ai de bons bouchers. »

Tome VIII

Impr. Wattier et Cⁱᵉ

Jeanne d'Arc et arracha un drapeau des mains des assiégeants[1].

Les Bourguignons auraient cependant fini par entrer, ils faisaient dire au duc de presser le pas et que la ville était à lui. Il tarda, et grâce à ce retard il n'entra jamais. Les habitants allumèrent un grand feu sous la porte, qui elle-même brûla avec sa tour, pendant huit jours, on nourrit ce feu qui arrêtait l'ennemi.

Le samedi au soir, soixante hommes d'armes se jettent dans la place, et il en vient deux cents à l'aube. Faible secours, la ville effrayée se serait peut-être rendue, mais le duc en colère n'en voulait plus, sinon de force et pour la brûler

Le dimanche 28, Dammartin campa derrière le duc entre lui et Paris, il fit passer toute une armée dans Beauvais, les plus vieux et les plus solides capitaines de France, Rouault, Lohéac, Crussol, Vignolle, Salazar. Le duc décida l'assaut pour le jeudi Le mercredi soir, couché tout vêtu sur son lit de camp, il dit : « Croyez-vous bien que ces gens-là nous attendent ? » On lui répondit qu'ils étaient assez de monde pour défendre la ville, quand ils n'auraient qu'une haie devant eux. Il s'en moqua . « Demain, dit-il, vous n'y trouverez personne. »

[1] Le roi, dans son inquiétude, avait voué *une ville d'argent*. Il écrit *qu'il ne mangera pas de chair* que son vœu ne soit accompli. (Duclos) Commines qui était au siège, mais parmi les assiégeants, ne sait rien de cet héroïsme populaire Il n'est guère constaté que par les privilèges accordés à la ville et à l'héroïne Ordonnances, XVII, 529.

C'était à lui une grande imprudence, une barbarie,
de lancer les siens à l'escalade sans avoir fait brèche,
contre ces grandes forces qui étaient dans la ville
L'assaut dura depuis l'aube jusqu'à onze heures, sans
que le duc se lassât de faire tuer ses gens La nuit,
Salazar fit une sortie et tua dans sa tente même le
grand maitre de l'artillerie bourguignonne.

Paris envoya des secours, Orléans aussi, malgré la
distance.

Le connétable, au contraire, qui était tout près,
ne fit rien pour Beauvais, il essaya plutôt de l'af-
faiblir en lui demandant cent lances.

Le 22 juillet, le duc de Bourgogne s'en alla enfin,
leva le camp, se vengeant sur le pays de Caux qu'il
traversait, pillant, brûlant. Il prit Saint-Valery et Eu,
mais il était suivi de près, son armée fondait, on lui
enlevait les vivres et tout ce qui s'écartait Il ne put
prendre Dieppe, et revint par Rouen Il resta devant
quatre jours, afin de pouvoir dire qu'il avait tenu sa
parole, que la faute était au Breton qui n'était point
venu

Il n'avait garde de venir. Le roi le tenait et ne le
laissait pas bouger

Les ravages de Picardie, ceux de Champagne, ne
purent lui faire lâcher prise Il prit Chantoce, Ma-
checoul, Ancenis, en sorte que, perdant toujours et
ne voyant arriver nul secours, nulle diversion, ni les
Anglais au nord, ni les Aragonais au midi, le Breton fut trop heureux d'avoir une trève Le roi le détacha du Bourguignon, comme il avait fait trois ans
auparavant et lui donna de l'argent, tout vainqueur

qu'il était, seulement il gagna une place, celle d'Ancenis (18 octobre)

Le duc de Bourgogne ne pouvait faire la guerre tout seul, l'hiver approchait, il convint aussi d'une trève (23 octobre).

Louis XI, contre toute attente, s'était tiré d'affaire. Il avait décidément vaincu la Bretagne et recouvré tout le midi Son frère était mort, et avec lui mille intrigues, mille espérances de troubler le royaume.

Si le roi, dans une telle crise, n'avait pas péri, il fallait qu'il fût très-vivace et vraiment durable. Les sages en jugèrent ainsi; deux fortes têtes, le gascon Lescun et le flamand Commines, prirent leur parti, et se donnèrent au roi

Commines, né et nourri chez le duc de Bourgogne, avait tout son bien chez lui, il était son chambellan et assez avant dans sa confiance Qu'un tel homme, si avisé et parfaitement instruit du fond des choses, franchît ce pas, c'était un signe grave L'autre grand chroniqueur du temps, le zélé serviteur de la maison de Bourgogne, Chastellain [1], qui pose et la plume,

---

[1] Mort le 20 mars 1474. Ce puissant écrivain commence la langue imagée laborieuse, tourmentée du XVI⁰ siècle, langue souvent ridicule dans l'imitateur Molinet Chastellain fut reconnu, de son vivant, pour le maître du style, on mettait sous son nom tout ce qu'on voulait faire lire Cependant, chose bizarre, sa destinée fut celle de Charles le Téméraire, l'œuvre disparut avec le héros, morcelée, dispersée, enterrée dans les bibliothèques MM Buchon, Lacroix et Jules Quicherat en ont exhumé les lambeaux

L'autre Bourguignon, Jean de Vaurin, me manquera aussi désormais, il s'arrête au moment où le rétablissement d'Édouard

meurt plus que jamais triste et sombre, et visiblement inquiet.

porte au comble la puissance du duc de Bourgogne. La dernière page de Vaurin est un remerciement d'Édouard à la ville de Bruges (29 mai 1471).

CHAPITRE II

Diversion allemande. 1473-1475.

On a vu que le duc de Bourgogne manqua Beauvais d'un jour. Ce fut aussi pour n'être pas prêt à temps qu'il perdit Amiens.

Nous en savons les causes, et par le duc lui-même. Il se plaignait de n'avoir pas d'armée permanente comme le roi : « Le roi, dit-il, est toujours prêt[1]. »

Il était souverain des peuples les plus riches, mais des peuples aussi qui défendaient le mieux leur ar-

---

[1] Documents Gachard, I, 222. Commines fait aussi, par trois fois, cette observation.

gent. L'argent venait lentement chaque année, plus lentement encore se faisait l'armement ; l'occasion passait.

Le duc s'en prenait surtout à la Flandre, à la malice des Flamands, comme il disait[1] Un hasard heureux[2] nous a conservé l'invective qu'il prononça contre eux, en mai 1470, au fort de la crise d'Angleterre, lorsqu'il demandait de l'argent pour armer mille lances (cinq mille cavaliers), qui serviraient toute l'année.

Les Flamands, dans leur remontrance, avaient respectueusement relevé une grave différence entre les paroles du prince et celles de son chancelier Le chancelier avait dit que l'argent serait *levé sur tous les pays* (ce qui eût compris les Bourgognes , et le duc *levé sur les Pays-Bas* Il répondit durement qu'il n'y avait pas d'équivoque qu'il s'agissait des Pays-Bas « Et non de mon pays de Bourgogne il n'a point d'argent, il sent la France : mais il a de bonnes gens d'armes et les meilleures que j'aie En tout ceci vous ne faites rien que par subtilité et malice Grosses et dures têtes flamandes, croyez-vous donc qu'il n'y ait personne de sage que vous? Prenez garde *j'ai moitié de France et moitié de Portugal* Je saurai bien y

---

[1] Depuis qu'il avait été leur prisonnier il les haïssait Quand ils firent amende honorable, le 1o janvier 1469 il les fit attendre « en la nege plus d'une heure et demi » Documents Gachard I, 204

[2] C'est une improvisation violente, à la Bonaparte Le scribe de la ville d'Ypres doit l'avoir écrite au moment même où elle fut prononcée on l'a retrouvée dans les registres de cette ville

pourvoir Pour rien au monde je ne romprai mon ordonnance, entendez-vous bien, maître Sersanders (c'était le principal député de Gand)? Et quels sont ceux qui le demandent? Est ce Hollande? Est-ce Brabant? Vous seuls, grosses têtes flamandes! Les autres, qui sont bien aussi privilégiés, de bien grands seigneurs, comme mon cousin Saint-Pol, me laissent user de leurs sujets, et vous voulez m'ôter les miens sous prétexte de privilèges, *dont vous n'avez nul*. Dures têtes flamandes que vous êtes, vous avez toujours méprisé ou haï vos princes, s'ils étaient faibles vous les méprisiez, s'ils étaient puissants, vous les haïssiez; eh bien! j'aime mieux être haï.. Il y en a, je le sais bien, qui me voudraient voir en bataille avec cinq ou six mille hommes, pour y être défait, tué, mis en morceaux J'y mettrai ordre, soyez-en sûrs, vous ne pourriez rien entreprendre contre votre seigneur. J'en serais fâché pour vous, ce serait l'histoire du pot de verre et du pot de fer! »

L'argent n'en fut pas moins levé fort lentement Il fut demandé en mai, la levée d'hommes ne put se faire qu'en octobre, était-elle achevée en décembre? Nous voyons qu'à cette époque le duc, excédé des plaintes et des difficultés, écrit aux états assemblés des Pays-Bas qu'il aimerait mieux quitter tout, renoncer à toute seigneurie (19 décembre 1470). En janvier, comme on a vu, il perdit Amiens et Saint-Quentin

On a remarqué cette grave parole, qu'il était à *moitié de France, moitié de Portugal* C'était dire aux Flamands qu'ils avaient un maître étranger.

En cette même année 1470, il se proclama étranger

à la France même, et cela dans une solennelle audience où les ambassadeurs de France venaient lui
offrir réparation pour les pirateries de Warwick La
scène fut étrange, elle effraya, indigna, ses plus dévoués serviteurs.

Il s'était fait faire, pour ce jour, un dais et un trône
plus haut qu'on n'en vit jamais pour personne, roi ou
empereur; un dais d'or, un ciel d'or, et tout le reste
en descendant de degré en degré, couvert de velours
noir Sur ces degrés, dans un ordre sévère, à leurs
places marquées, la maison et l'état, princes et barons, chevaliers et écuyers, prélats, chancellerie Les
ambassadeurs, menés à leur banc, se mirent à genoux Lui, pour les faire lever, sans parler, sans mettre la main au chapeau, « les niqua de la tête » L'affaire à peine exposée, il dit avec emportement que les
offres de réparation n'étaient ni valables, ni raisonnables, ni recevables — Eh ! monseigneur, dit humblement l'homme de Louis XI, daignez écrire vous-
même ce que vous voulez, le roi signera tout. — Je
vous ai dit que ni lui, ni vous, vous ne pouvez réparer. — Quoi ! dit l'autre sur un ton lamentable, on
fait bien la paix d'un royaume perdu et de cinq cent
mille hommes tués, et l'on ne pourrait expier ce petit
méfait ? Monseigneur, le roi et vous, au-dessus de
vous deux vous avez un juge. . » A cette morale hypocrite, le duc fut hors de lui « *Nous autres Portugais*!
s'écria-t-il, nous avons pour coutume que si ceux que
nous croyons amis se font amis de nos ennemis, nous
les envoyons au cent mille diables d'enfer ! »

Là-dessus, grand silence. Flamands. Wallons. Français, tous furent blessés au cœur [1] On sentit l'étranger... Il n'avait dit que trop vrai, il n'avait rien du pays, rien de son père, le bizarre mélange anglo-portugais, qu'il tenait du côté maternel, apparaissait en lui de plus en plus, sur le sombre fond anglais, qui toujours devenait plus sombre, perçait à chaque instant par éclairs la violence du midi.

Discordant d'origine, d idées et de principes, il n'exprimait que trop la discorde incurable de son hétérogène empire. Nous avons caractérisé cette Babel sous Philippe le Bon (t VII, liv. XII, ch. iv) Mais il y eut cette différence entre le père et le fils, que le premier, Français de naturel, se trouva l'être politiquement, et par ses acquisitions de pays français, et par l'ascendant des Croy. Le fils ne fut ni Français ni Flamand, loin de s'harmoniser dans un sens ou dans l'autre, il

---

[1] Chastellain même, son chroniqueur d'office, et dans une chronique qui peut-être passait sous ses yeux, s'en plaint avec une noble douleur — Les instructions du roi a ses ambassadeurs etaient bien combinées pour produire cet effet Elles contiennent une enumeration de tous les bienfaits de la France envers les ducs de Bourgogne, une telle accusation d'ingratitude prononcée dans cette occasion solennelle devant tous les serviteurs du duc, pouvait les refroidir a son egard, ou même les detacher de lui *Bibl royale, mss Baluze*, 165, 17 *mai*, et dans les *papiers Legrand, carton de l'année* 1470 Ces papiers contiennent un autre pamphlet, fort hypocrite, sous forme de lettre au roi, contre le duc, qui « dimanche dernier a prist l'ordre de la Jarretiere Helas! s'il eust bien recogneu et pansé a ce que tant vous humiliastes que *à l'instar de Jésus-Christ qui se humilia envers ses disciples*, vous qui estes son seigneur, allastes a Peronne a luy, il ne l'eust pas fait, et croy que (soulz correction) dame vertu de Sapience lui deffault. » *Bibl royale, mss Gaignières*, nᵒ 2865 (communique par M J Quicherat).

compliqua sa complication naturelle d'éléments irré-
conciliables qu'il ne put accorder jamais

Personne n'éprouvait pourtant davantage le besoin
de l'ordre et de l'unité Dès son avènement, il essaya
de régulariser ses finances [1], en instituant un payeur
général (1468) En 1473, il entreprit de centraliser la
justice, en dépit de toutes les réclamations, et fonda
une cour suprême d'appel à Malines sur le modèle du
Parlement de Paris, là devaient être aussi réunies
ses diverses chambres des comptes La même année,
1473, il promulgua une grande ordonnance militaire,
qui résumait toutes les précédentes, imposait les
mêmes règles aux troupes diverses dont se compo-
saient ses armées [2].

Ce besoin d'unité, d'harmonie, motivait sans doute
à ses yeux la conquête des pays enclavés dans les
siens, ou qui semblaient devoir s'y ramener par une

---

[1] *Archive générales de Belgique, Brabant* I, *fol* 108 mande-
ment pour contraindre les officiers de justice et de finance à
rendre compte annuellement, 7 dec 1470

[2] Cette ordonnance innove peu. elle régularise Elle laisse sub-
sister la mauvaise organisation *par lances*, chacune de cinq ou
six hommes dont deux au moins étaient inutiles les Anglais,
dans leur expédition de 1475 en France supprimerent déjà le
plus inutile, le page — L'ordonnance exige des écritures difficiles à obtenir des gens de guerre « le capitaine doit porter toujours un rolet sur lui, en son chapeau ou ailleurs » Ni jeu ni
jurement. Trente femmes seulement par compagnie (il y en eut
1,800 au siège de Neuss, quelques mille à Granson) — Les ordonnances de 1468 et 1471 sont imprimées dans les Mémoires pour
l'histoire de Bourgogne n° 1729 p 281 celle de 1473 se trouve
dans le Schweitzerische Geschichtforscher (1817), II, 425-463, et
dans Gollut, 840-860.

attraction naturelle Il avait hérité de bien des choses,
mais qui toutes semblaient incomplètes Ne fallait-il
pas essayer d'arrondir, de lier tant de provinces qui,
par occasions diverses, étaient échues à la maison de
Bourgogne? En leur assurant de meilleures frontières,
on les eût pacifiées Par exemple, si le duc acquérait
la Gueldre, il avait meilleure chance de finir la vieille
petite guerre des marches de Frise [1].

Dans tous les temps, le souverain de la Hollande,
des bas pays noyés, des boues et des tourbières, fut
un homme envieux Triste portier du Rhin, obligé
chaque année d'en subir les inondations, d'en curer et
balayer les embouchures, il semble naturel que ce laborieux serviteur du fleuve en partage aussi les pro-
fits. Il n'aime pas tellement sa bière et ses brouillards
qu'il ne regarde parfois vers le soleil et les vins de
Coblentz. Les alluvions qui descendent lui rappellent
la bonne terre d'en haut, les barques richement char-
gées, qui passent sous ses yeux, le rendent bien rêveur [2].

---

[1] Amelgard.

[2] Les Allemands félicitent la Hollande du limon que lui apporte
le Rhin La Hollande répond que cette quantité énorme de vase,
de sable (plusieurs millions de toises cubes, chaque année),
exhausse le lit des rivières et augmente le danger des inondations. V le livre de M. J Op den Hoof (1826), et tant d'autres sur
cette question litigieuse La Prusse revendiquait la libre naviga-
tion *jusqu'en mer*, la Hollande soutenait que le traité de Vienne
porte : *jusqu'à la mer*, et elle faisait payer à l'embouchure Con-
stituée en 1815 le geôlier de la France, elle a voulu être le portier
de l'Allemagne, c'est pour cela qu'on l'a laissé briser — Ce
royaume n'ayant point la base allemande qui l'eût affermi (Cologne et Coblentz), ne présentait que deux moitiés hostiles L em-

Charles le Téméraire, comme plus tard Gustave, ne pouvait voir patiemment que les meilleurs pays du Rhin étaient des terres de prêtres. Il éprouvait peu de respect pour cette populace de villes libres, de petites seigneuries qui hardiment s'appropriaient le fleuve, se mettaient en travers et vendaient le passage. Il comptait bien qu'il faudrait tôt ou tard qu'il mit la main sur tout cela et sa grande épée de justice.

Au delà, et sur le haut Rhin, n'était-ce pas une honte de voir les villes solliciter le patronage des vachers de la Suisse ? Serfs révoltés des Autrichiens, ces gens de la montagne oubliaient qu'avant d'être à l'Autriche, ils avaient été les sujets du royaume de Bourgogne.

De Dijon, de Mâcon, de Dôle, par-dessus la pauvre Comté et l'ennuyeux mur du Jura il découvrait les Alpes, les portes de la Lombardie, les neiges, illuminées de lumière italienne. Pourquoi tout cela n'était-il pas à lui ? Le vrai royaume de Bourgogne, pris dans ses anciennes limites, avait son trône aux Alpes, en dominait les pentes, dispensait ou refusait à l'Europe les eaux fécondes, versant le Rhône à la Provence, à l'Allemagne le Rhin, le Pô à l'Italie[1].

___

pire de Charles le Téméraire avait encore moins d'unité, moins de conditions de durée

[1] Rien n'indique qu'il eut encore sur tout cela une idée arrêtée. Il flotta entre des projets divers royaume de Gaule Belgique, royaume de Bourgogne, vicariat de l'Empire. Le bohémien Podiebrad, pour 200 000 florins, se chargeait de le faire empereur, il y eut même un traité à ce sujet (Lenglet.) Ce n'était peut-être

Grande idée et poétique ! Etait-il impossible de la
réaliser ? L'Empire n'était-il pas dissous ? Et tout ce
Rhin, du plus haut au plus bas, était-ce autre chose
qu'une anarchie, une guerre permanente ? Ses princes
n'étaient-ils pas ruinés ? n'avaient-ils pas vendu ou
engagé leurs domaines ? L'archevêque de Cologne
mourait de faim, ses chanoines l'avaient réduit à deux
mille florins de rente

Tous ces princes faméliques se pressaient à la cour
du duc de Bourgogne, tendaient la main Plusieurs en
recevaient pension, et devenaient ses domestiques ;
d'autres, poursuivis pour dettes, n'avaient d'autres
ressources que de lui engager leurs provinces, de lui
vendre, s'il en voulait bien, leurs sujets à bon compte.

Philippe le Bon avait eu pour peu de choses le comté
de Namur, pour peu le Luxembourg, son fils, sans

---

qu'un moyen d'obliger Frederic III à composer, en donnant le vicariat et le titre de roi, promis depuis longtemps, comme on le
voit dans les lettres de Pie II à Philippe le Bon Celui-ci, dans une
occasion solennelle, dit qu'il eût pu être roi, il ne dit pas de quel
royaume (Du Clercq) Je vois dans un manuscrit que, dès l'origine, Philippe le Hardi avait essayé timidement, tacitement, de
faire croire que « *La duché de Bourgogne n'estoit yssue ne des-
cendue de France, mais chief d armes a part soy* » *Bibliotheque
de Lille, ms. E G* 33, *sub fin* — Ce duché *independant* devient
royaume dans la pensee de Charles le Temeraire Aux etats de
Bourgogne, tenus à Dijon en janvier 1473 il « n'oublia pas de
*parler du royaume de Bourgogne que ceux de France ont long-
temps usurpé et d'iceluy fait duchés, que tous les subjects doivent bien avoir a regret, et dict qu'il avoit en soy d's choses qu'il
n'appartenoit de sçavoir a nul qu'à luy* » — Je dois cette note
à l'obligeance de feu M Maillard de Chambure, archiviste de la
Côte-d Or qui l'avait trouvee dans un *ms* des Chartreux de
Dijon.

grande dépense, acquit la. Gueldre par en bas, par en
haut le landgraviat d'Alsace et partie de la Forêt-
Noire, ceci engagé seulement, mais avec peu de
chance de retirer jamais.

Le Rhin semblait vouloir se vendre pièce à pièce.
Et d'autre part, le duc de Bourgogne, pour mille raisons de convenances, voulait acheter ou prendre Il
lui fallait la Gueldre pour envelopper Utrecht, atteindre la Frise Il lui fallait la haute Alsace, pour cou-
vrir sa Franche-Comté, il lui fallait Cologne, comme
entrepôt des Pays-Bas et comme grand péage du
Rhin. Il lui fallait la Lorraine, pour passer du Luxembourg dans les Bourgognes, etc

Dès longtemps il couvait la Gueldre, et il comptait
l'avoir par la discorde du vieux duc Arnould et de son
fils, Adolphe. Il pensionnait le fils, et l'avait fait son
domestique. Le fils ne se contenta pas de ce rôle, soutenu de sa mère et de presque tout le pays, il se fit
duc et emprisonna son père. L'occasion était belle
pour intervenir au nom de la nature, de la piété outragée, Charles le Téméraire la saisit, et se fit charger par le pape et l'empereur de juger entre le père
et le fils[1], l'Empire seul aurait eu ce droit, l'empereur,
qui ne l'avait pas, ne pouvait le déléguer. encore bien
moins le pape. Le Bourguignon n'en jugea pas moins,

[1] Pour rendre le jeune duc plus odieux encore, on le mit en face
de son vieux père, qui lui présenta le gant de défi Tout le monde
fut touché, Commines lui-même (IV, ch 1 Rien n'était plus propre
a favoriser les vues du duc V l'Art de vérifier les dates (III, 184),
qui est ici l ouvrage du savant Ernst, et, comme on sait, fort important pour l'histoire des Pays-Bas.

il décida pour le vieux duc, c'est-à-dire pour lui-même, celui-ci, malade, mourant, vendit le duché à son juge [1] et le juge accepta [1] Une assemblée de la Toison d'Or (étrange tribunal) décida que le legs était valable

Le fils était dépouillé, comme parricide, à la bonne heure, emprisonné par son juge qui profitait de la dépouille.

Mais qu'avaient fait les peuples de la Gueldre pour être vendus ainsi ? Ce fils même, ce coupable, il avait un enfant, innocent à coup sûr, qui n'avait que six ans, et qui était, à son défaut, l'héritier légitime. La ville de Nimègue, décidée à ne pas céder ainsi, prit cet enfant, le proclama, le promena armé d'une armure à sa taille sur les remparts, parmi les combattants qui repoussaient les Bourguignons Ceux-ci l'emportèrent pourtant à la longue, la Gueldre fut occupée, le petit duc captif. .

La violence et l'injustice avaient bon temps Il n'y avait plus d'autorité au monde, ni roi, ni empereur Le roi faisait le mort, il avait l'air de ne plus penser qu'aux affaires du Midi L'Empereur, pauvre prince, pauvre d'honneur surtout, aurait livré l'Empire pour faire la fortune de son jeune Max, par le grand mariage de Bourgogne. Maximilien épousa, comme on sait, plus tard, et il fallut que mademoiselle de Bourgogne, en l'épousant, lui donnât des chemises.

Au moment même où le duc de Bourgogne s'emparait du petit duc de Gueldre, il apprit la mort du duc de Lorraine, et il trouva tout simple, dans sa brutalité, d'enlever le jeune René de Vaudemont, qui suc-

cédait[1], croyant prendre l'héritage avec l'héritier.
C'était ne prendre rien. La personne du duc était peu
en Lorraine[2], on ne pouvait rien avoir que par les
grands seigneurs du pays Il relâcha René (août)

On voyait bien qu'un homme si violent et si en
train de prendre n'avait plus besoin de prétexte Cependant, il allait avoir une entrevue avec l'empereur,
et celui-ci, bas et intéressé comme il était, ne pouvait
manquer de lui donner encore tout ce que les titres,
le sceaux, les parchemins, peuvent ajouter de force à
la force des armes

Metz devait être honorée de l'entrevue des deux
princes[3] Seulement, le duc voulait qu'on lui permît
d'occuper une porte, au moyen de quoi il aurait fait en-

---

[1] Non sans contestation cependant, au moins pour constater le
droit de choisir « Entrèrent en division de savoir pour l'advenir qui estoit celuy qui debvoit estre prince et duc du pays Les
uns disoient M le bâtard de Calabre Les autres disoient Non,
nous manderons au vieux roy René Non, disoient les autres, il
n'est mie venu, ny aussy de la ligne, que à cause de madame
Ysabeau, sa femme Ils dirent Qui prendrons-nous donc ?. »
Chronique de Lorraine Preuves de D Calmet p XLVIII

[2] Il y paraît aux *Remontrances* (si hardies *faictes au duc
René II sur le reiglement de son estat* à la suite du Tableau de
l'histoire constitutionnelle du peuple lorrain, par M. Schutz.
Nancy, 1843

[3] Le duc fait savoir au roi d'Angleterre « Que les princes
d'Alemaigne en continuant ce que naguères ils ont mis avant
touchant l'apareillement des difficultan d'entre le roy Loys et mondit
seigneur ont mis sur une journée de la cité de Metz, au premier
lundi de décembre et ont requis ledit roy Loys et mondit seigneur y envoyer leur députés, instruiz des droits que chacun
d'eulx prétend » *Archives communales de Lille*, E, 2, *sans*

trer autant de gens qu'il eût voulu. Sa sage ville ré
pondit qu'il n'y avait place que pour six cents hommes,
que les gens de l'empereur remplissaient tout déjà,
sans parler des paysans qui, à l'approche des troupes,
étaient venus se réfugier à Metz La furie des envoyés
bourguignons, à cette réponse, prouva d'autant
mieux qu'ils n'auraient pris que pour garder. « Co-
quenaille ! vilenaille ! » criaient-ils en partant. Et le
duc · « Je n'ai que faire de leur permission, j'ai les
clefs de leur ville. »

L'entrevue eut lieu à Trèves[1]. Elle brouilla les deux
princes D'abord le duc se fit attendre, et il écrasa
l'empereur de son faste. Les Bourguignons rirent fort
quand ils virent les Allemands, leurs amis et gendres
futurs, si lourds, si pauvres, ils ne purent s'empêcher
de les trouver bien sales[2], pour des gens qui venaient
épouser. Le mariage n'était pas trop sûr, quoique le
petit Max eût permission d'écrire à mademoiselle de
Bourgogne, il n'était pas le seul, d'autres avaient eu
cette faveur.

L'archevêque de Mayence, chancelier de l Empire.
ouvrit la conférence par les phrases ordinaires, dé-
plorant au nom de l'empereur que les guerres qui
troublaient la chrétienté ne permissent point aux

---

[1] Voir Commines, les preuves dans Lenglet, les documen.!
Gachard, Diebold Schilling, etc
[2] Le duc remercia l'empereur d avoir fait un si long voya_r
pour lui faire honneur Frédéric, voyant qu il voulait tirer av. ·-
tage de cela, aurait répliqué, selon l histonen de la maison d Autriche « Les empereurs imitent le soleil, ils éclairent de leu
majesté les princes les plus éloignés, par là ils leur rappell..
leurs devoirs d obéissance » Fugger.

princes de s'unir contre le Turc. Le chancelier de
Bourgogne répondit par une longue accusation de l'auteur de ces guerres, du roi qu'il dénonça solennellement comme ingrat, traitre, *empoisonneur* .. Le roi,
par représailles, occupa Paris, tout l'hiver, du jugement d'un homme que le duc aurait payé pour
l empoisonner.

Le duc fit confirmer par l'empereur son étrange
jugement dans l'affaire de Gueldre, et s'en fit donner l'investiture, il lui en coûta, dit-on, 80,000 florins. Il voulait ensuite que l'empereur, en faveur du
prochain mariage, l'investît de quatre autres fiefs
d'Empire, de quatre évêchés Liége, Utrecht, Tournay
et Cambrai. Cela fait, il fallait qu'il le nommât vicaire
impérial, roi de Gaule Belgique ou de Bourgogne .
Le tout signé, scellé, il n'eût pas eu la fille

L'empereur le sentait Les princes allemands, sou-
tenus par le roi, se montraient peu disposés à laisser
vendre l'Empire en détail Cependant il était difficile
de rompre en face Les Bourguignons étaient en force
à Trèves, et le pauvre empereur n'eût pas trouvé de
sûreté à rien refuser. Déja les ornements royaux,
sceptre, manteau, couronne étaient exposés à l'église
de Saint-Maximin [1], chacun allait les voir La cérémonie devait avoir lieu le lendemain. La nuit ou le matin,
l'empereur se mit dans une barque, descendit la Mo-
selle, le duc resta duc, comme auparavant.

[1] M. de Longmis affirme hardiment contre tous les contemporains, qu'il ne s'agissait pas de royaute (p 1 8 V ce qu'en dit
l'evêque de Lisieux qui était alors à Trèves Amelg exc Amplissima Collectio, IV, 767-770

L'empereur le mit dans une barque.

Tome VIII

 Impr. Wattier et Ce

Mais, s'il avait manqué la royauté, il semblait ne
pouvoir manquer le royaume Dans les derniers mois
de 1473, il fit deux pas qui, avec celui de Gueldre,
effrayèrent tout le monde

Il se fit nommer par l'électeur de Cologne, avoué
défenseur et protecteur de l'électorat Il se fit donner en Lorraine quatre places fortes aux frontières,
et, de plus, le libre passage, c'est-à-dire la faculté
d'occuper tout quand il voudrait Les grands seigneurs qui formaient le conseil lui livrèrent ainsi le
duché. Ils allèrent à Nancy, et il fit une *entrée* à côté
du jeune duc, qui ne pouvait plus s'opposer à rien
(15 décembre).

La Gueldre en août, en novembre, Cologne, en décembre, la Lorraine Malgré l'hiver, au même mois,
du poids de ce triple succès. il tomba sur l'Alsace

Le 21 décembre, sa bannière redoutée apparut aux
défilés des Vosges Il entrait chez lui, dans un pays à
lui, pour faire grâce et justice, et il se fit conduire
par celui même contre qui tout le monde demandait
justice, par son gouverneur Hagenbach Pour cette
tournée seigneuriale, il n'amenait pas moins de cinq
mille cavaliers, des étrangers, des Wallons, qui n'entendaient rien à la langue du pays, impitoyables et
comme sourds.

Colmar n'eut que le temps de fermer ses portes
Bâle armait, veillait, elle illuminait chaque nuit le
pont du Rhin. Tout le pays était en prières, Mulhouse,
contre qui il avait prononcé des paroles terribles, dé-
sespéra de son salut; les rues y étaient pleines de
gens qui disaient les prières des agonisants ils chan-

taient des litanies, ils pleuraient, les enfants aussi,
sans savoir de quoi[1]

Il faut dire ce qu'était ce terrible Hagenbach à qui
le duc avait confié le pays D'abord il en était, il y
avait eu mainte aventure peu honorable, tout ce qu'il
y faisait, jus... injuste, semblait une revanche

On contait qu'il avait commencé sa fortune d'une
manière singulière[2] Quand le vieux duc devint chauve,
et que beaucoup de gens se faisaient tondre pour lui
faire plaisir, il y eut pourtant des récalcitrants qui
tenaient à leur chevelure Hagenbach s'établit, ci-
seaux en mains, aux portes de l'hotel, et lorsqu'ils
arrivaient, il les faisait tondre sans pitié

Voila l'homme qu'il fallait au duc un homme prêt
à tout, qui ne vit d'obstacle à rien — et non plus un
Commines qui aurait montré à chaque instant le difficile et l'impossible Hagenbach, arrivant en Alsace,
dans un pays mal réglé, plein de choses flottantes,
qu'il fallait peu à peu ordonner, trouva le vrai moyen
de desespérer tout le monde, ce fut de mettre partout
et tout d'abord ce qu'il appelait l'ordre, la règle et le
droit

La première chose qu'il fit, ce fut de rétablir la
sûreté des routes, à force de pendre, le voyageur ne
risquait plus d'être volé, mais d'être pendu[3] Il se

---

[1] Schreiber (Taschenbuch für Geschichte und Alterthum in Suddeutschland, 1840 p 24, d'après le procès de Mulhouse

[2] Olivier de la Marche, II 227 Selon Frithème « Ex *rustica nobilis,* » selon d'autres, d'une famille très-*noble* Bâtard peut-être, cela concilierait tout

[3] « Berne et Soleure l'accusaient surtout de te...

chargea ensuite de régler les comptes de la ville libre
de Mulhouse et des sujets du duc, comptes obscurs,
les uns et les autres étant à la fois créanciers et débi-
teurs, pour faire payer Mulhouse, il lui coupait les
vivres[1] Autre compte avec les seigneurs, Hagenbach
les somma de recevoir les sommes pour lesquelles le
souverain du pays leur avait jadis engagé des châteaux, sommes minimes, et tel de ces châteaux était
engagé depuis cent cinquante ans Les détenteurs se
souciaient peu d'être payés; mais Hagenbach les
payait de force et l'épée à la main L'un de ces seigneurs engagistes était la riche ville de Bâle, qui,
pour vingt mille florins prêtés, tenait les deux villes,
Stein et Rheinfelden, un matin, Hagenbach apporte
la somme; les Bâlois auraient bien voulu ne pas la
recevoir[2].

Il disputait aux nobles leur plus cher privilége, le
droit de chasse. Il disputa aux petites gens leur vie,

messagers pour prendre les dépêches. » La bataille de Morat, p 7;
brochure communiquee par M le colonel May de Buren — Tillier Hist de Berne, II, 201

[1] « Il disait aux gens de Mulhouse que leur ville ne serait jamais qu'une etable à vaches tant qu'elle serait l alliee des Suisses,
et que, si elle se soumettait au duc, elle deviendrait le *Jardin des
roses* et la couronne du pays » Diebold Schilling, p 82 *Ros-
garten*, qu'on a toujours mal entendu ici, est une allusion au Hel-
denbuch, il signifie la cour des heros, le rendez-vous des
nobles, etc.

[2] Sur cette affaire, la chronique la plus detaillee est celle de
Nicolas Gering, que possède en *ms* la *Bibliotheque de Bâle* 2 vol
in-folio, sur les annees 1473-1479 Je dois cette indication à l o-
bligeance de M le professeur Gerlach, conservateur de cette bibliotheque.

leurs aliments, frappant le blé, le vin, la viande, *du
mauvais denier*, c'était le nom de cette taxe détestée
Thann refusa de payer, et elle paya de son sang;
quatre hommes y furent décapités

Les Suisses qui jusque-là étendaient peu à peu leur
influence sur l'Alsace, qui avaient donné à Mulhouse
le droit de combourgeoisie, intercédaient souvent près
d'Hagenbach et n'en tiraient que moquerie Dès son
arrivée dans le pays, il avait planté la bannière ducale
sur une terre qui dépendait de Berne, et Berne ayant
porté plainte, le duc avait répondu . « Il ne m'importe guère que mon gouverneur soit agréable à mes
gens ou à mes voisins, c'est assez qu'il me plaise, à
moi [1] » De ce moment les Suisses firent un traité avec
Louis XI et renoncèrent à l'alliance bourguignonne
(13 août 1470)[1]; le duc rendit la terre usurpée

Il n'y avait rien que d'ajourné, on le sentait, Hagenbach, se voyant si bien appuyé, laissait échapper des
plaisanteries menaçantes Il disait de Strasbourg ·
« Qu'ont-ils besoin de bourgmestre? ils en auront un
de ma main, non plus un tailleur, un cordonnier, mais
un duc de Bourgogne » Il disait de Bâle · « Je voudrais
l'avoir en trois jours [1] », et de Berne · « L'ours, nous
allons bientôt en prendre la peau pour nous en faire
une fourrure »

Le 24 décembre, veille de Noël, le duc, conduit par
Hagenbach, arrive à Brisach, et tous les habitants, en
grande crainte, vont au-devant en procession Il se
met en bataille sur la place et leur fait faire un ser-

----

[1] Tschudi, Ochs

ment, non plus comme le premier qui réservait leurs
priviléges, mais pur et simple, sans réserve. Il sort,
escorté d'Hagenbach, qui bientôt rentre avec un millier de Wallons; ils se repandent, pillent, violent, les
pauvres habitants obtiennent à grand'peine que le
duc éloigne ces brigands de la ville; du reste, il
approuve Hagenbach, depuis qu'il avait manqué sa
royauté à Treves, il détestait les Allemands « Tant
mieux, dit-il, sur l'affaire de Brisach, Hagenbach a
bien fait; ils le méritent; il faut les tenir ferme. »

Les Suisses obtinrent un délai pour Mulhouse Mais
le duc dit à leurs envoyés que ce serait Hagenbach
avec le maréchal de Bourgogne qui réglerait tout,
qu'au reste, ils le suivissent à Dijon, et qu'il aviserait.

Il partit, laissant Hagenbach maître, juge et vainqueur, et qui semblait fol de joie et d'insolence « Je
suis pape, criait-il, je suis évêque, je suis empereur et
roi. »

Il se maria le 24 janvier, et prit pour faire la noce
cette ville même de Thann, ensanglantée récemment,
ruinée Ce mariage fut une occasion d'extorsions, puis
de réjouissances folles, d'étranges bacchanales, de
farces lubriques[1]

Tant de choses faites impunément lui firent croire
qu'il pouvait en tenter une, la plus grave de toutes
la suppression des corps de métiers, des bannières,
a ment dit la désorganisation et le désarmement

---

[1] Je _ puis retrouver la source ou M de Barante a pris l'histoire des femmes mises nues en leur couvrant la tete, pour voir si
les maris les reconnaîtront

des villes Tout cela, disait-il, en haine des monopoles :
« Quelle belle chose que chacun puisse sans entrave,
travailler, commercer comme il veut[1] »[1].

Faire un tel changement, dans un pays surtout qui
n'appartenait pas au duc, qui était simplement engagé
et toujours rachetable, c'était chose hasardeuse Les
villes n'en attendirent pas l'exécution; elles rappe-
lèrent leur maître Sigismond, l'évêque de Bâle forma
une vaste ligue entre Sigismond, les villes du Rhin,
les Suisses et la France.

Il y avait longtemps que le roi préparait tout ceci.
Depuis trente ans qu'il avait connu les Suisses à la
rude affaire de Saint-Jacques, il les aimait fort les
ménageait et les caressait Il avait été leur voisin en
Dauphiné, son principal agent, dans les affaires
suisses, fut un homme qui était des deux pays à la
fois, administrateur du diocèse de Grenoble, et prieur
de Munster en Argovie, un prêtre actif, insinuant[2].
Il ne se laissa nullement décourager par les anciens
rapports des Suisses avec la maison de Bourgogne, qui
en avait cinq cents à Montlhéry. Le chef de ces cinq
cents, le grand ami des Bourguignons à Berne, était
un homme fort estimé et d'ancienne maison, le noble

---

[1] Telles sont à peu près les paroles que lui fait dire son savant
apologiste, M Schreiber, et qu'il a probablement tirées de quelque bonne source

[2] Tout ceci est exposé avec beaucoup de netteté, d exactitude
(matérielle), dans le très-érudit et très-passionné petit livre de
M le baron de Gingins-la-Sarraz Descendu d'une noble maison
toute dévouée à la Savoie et au duc de Bourgogne il a pris la
tâche difficile de réhabiliter Charles le Téméraire et d'en faire un
prince doux, juste, modéré.

Bubenberg Le roi lui suscita un adversaire à Berne même dans le riche et brave Diesbach, de noblesse récente (c'étaient des marchands de toile) Au moment où le duc accepta les terres d'Alsace et les querelles de toutes sortes qui y étaient attachées, le roi accueillit Diesbach comme envoyé de Berne (juillet 1469). Un an après, lorsqu'Hagenbach planta la bannière de Bourgogne sur terre bernoise, dans la première indignation du peuple, avant que le duc eût fait réparation, on brusqua un traité entre le roi de France et les Suisses, dans lequel ils renonçaient expressément à l'alliance de Bourgogne (13 août 1470). L'année suivante, le roi intervint en Savoie pour défendre la duchesse sa sœur, contre les princes savoyards, les comtes de Bresse, de Romont et de Genève, amis et serviteurs du duc de Bourgogne, mais il ne voulut rien faire qu'avec ses chers amis les Suisses, il régla tout avec eux et de leur avis. C'était là une chose bien populaire et qui leur rendait le roi bien agréable, de les faire ainsi maîtres et seigneurs dans cette fière Savoie, qui jusque-là les méprisait.

Aussi, dans le moment critique où le duc fit à l'Alsace sa terrible visite, en décembre 1473, Diesbach courut à Paris, et le 2 janvier il écrivit (sous la dictée du roi sans doute) un traité admirable pour Louis XI, qui lui permettait de lancer les Suisses à volonté et de les faire combattre, en se retirant lui-même Les cantons lui vendaient six mille hommes au prix honnête de quatre florins et demi par mois; de plus, vingt mille florins par an, tenus tout prêts à Lyon, *si le roi ne pouvait les secourir*, il était quitte pour ajouter vingt mille florins par trimestre. Sommes minimes, en vérité, désintéressement incroyable Il était trop visible qu'il y avait, au profit des meneurs, des articles secrets

Diesbach était à Paris, et l'homme du roi, le prêtre de Grenoble était en Suisse, il courait les cantons la bourse à la main.

Un grand mouvement se déclare contre le duc de Bourgogne. Voilà les villes du Rhin qui se liguent et donnent la main aux villes suisses. Voilà les Suisses qui reçoivent et mènent en triomphe leur ennemi, l'autrichien Sigismond, ils jurent à l'éternel adversaire de la Suisse éternelle amitié. Les villes se cotisent; on fait en un moment les 80,000 florins convenus pour racheter l'Alsace, le 3 avril, Sigismond dénonce au duc de Bourgogne que l'argent est à Bâle, qu'il ait à lui restituer son pays

Dans ce flot qui montait si vite, un homme devait périr, Hagenbach; et il augmentait à plaisir la fureur du peuple On contait de lui des choses effroyables, il aurait dit . « Vivant, je ferai mon plaisir, mort, que le Diable prenne tout, âme et corps, à la bonne heure! »

Il poursuivait d'amour une jeune nonne; les parents l'ayant fait cacher, il eut l'impudence incroyable de faire crier par le crieur public qu'on eût à la ramener, sous peine de mort.

Un jour, il était à l'église en propos d'amour avec une petite femme, le coude sur l'autel, l'autel tout paré pour la messe; le prêtre arrive « Comment, prêtre, ne vois-tu pas que je suis là? Va-t'en, va-t'en ! » Le prêtre officia à un autre autel, Hagenbach ne se

dérangea pas, et l'on vit avec horreur qu'il tournait le
dos pour baiser sa belle, à l'élévation de l'hostie[1].

Le 11 avril, il donne ordre aux gens de Brisach de
sortir pour travailler aux fossés, aucun n'osait sortir,
craignant de laisser à la merci des gens du gouverneur sa femme et ses enfants. Les soldats allemands,
qui depuis longtemps n'étaient pas payés, se mettent
du côté des habitants On saisit Hagenbach. Sigismond
arrivait, et déjà il était à Bâle Un tribunal se forme,
les villes du Rhin, Bâle même et Berne, toutes envoient pour juger Hagenbach De la prison au tribunal,
les fers l'empêchant de marcher, on le tira dans une
brouette, parmi des cris terribles · Judas ! Judas ! On
le fit dégrader par un héraut impérial, et le soir
même (9 mai), aux flambeaux, on lui coupa la tête.
Sa mort valut mieux que sa vie[2]. Il souriait aux
outrages, ne dénonça personne à la torture et mourut
chrétiennement Cependant, la tête qu'on montre à
Colmar (si c'est bien celle d'Hagenbach), cette tête
rousse, hideuse, les dents serrées, exprime l'obstination désespérée et la damnation.

Le duc vengea son gouverneur en ravageant l'Alsace, mais il ne la recouvra point Il ne réussit pas
mieux à prendre Montbéliard, et il indigna tout le
monde par le moyen qu'il employa. Il fit saisir à sa

---

[1] Schreiber, 43 Je me suis servi aussi, pour la chute d'Hagenbach, d une *chronique manuscrite* de Strasbourg, dont le savant
historien de l'Alsace, M Strobel, a bien voulu me communiquer
une copie

[2] La complainte est dans Diebold, p. 120 Je ne connais pas de
plus pauvre poésie

cour même le comte Henri[1], on le mena devant sa
ville, on le mit a genoux sur un coussin noir, et l'on
fit dire aux gens qui étaient dans la place qu'on allait
couper la tête à leur maître s'ils ne se rendaient.
Cette cruelle comédie ne servit à rien.

Le duc avait besoin de se relever par quelque grand
coup, une guerre heureuse, il en trouvait l'occasion
dans l'affaire de Cologne, tout près de chez lui, a l'entrée des Pays-Bas, une guerre a coup sûr, il lui semblait, parce qu'il était là à portée de ses ressources.
Malgré la perte de l'Alsace, il était rassuré par une
trêve que le roi venait de conclure avec lui (1er mars)[2].
Il l'était par les nouvelles pacifiques qui lui venaient
de Suisse. Le comte de Romont, Jacques de Savoie,
avait réussi à rendre force au parti bourguignon Les
ambassadeurs de Bourgogne et de Savoie avaient ex-
cusé Hagenbach, rappelant aux Suisses que jamais ils
n'avaient mieux vendu leurs bœufs et leurs fromages,
faisant entendre enfin que si le roi payait, le duc pou·
vait payer encore mieux.

Il reçut ces nouvelles en mai, à Luxembourg En
même temps, il tirait parole d'Édouard pour une descente en France. Les conditions qu'il faisait à l'Angleterre sont telles qu'il y a apparence que le traité n'é-
tait pas sérieux. Il lui donnait tout le royaume de

---

[1] Sous le prétexte que, pour lui faire injure, il était venu
« Passez près du duc, ses gens tout vestus de jaune » Olivier de
la Marche Il avoue qu'il fut chargé d'exécuter le guet-apens, son
maître lui donna plusieurs fois ces vilaines commissions

[2] « Le roi sollicitoit fort de l'alonger, et qu'il feist à son aise
en Alemaigne » Commines.

France, et lui, duc de Bourgogne, il se contentait de Nevers, de la Champagne et des villes de la Somme Il signa le traité le 25 juillet[1], et le 30 il s'établit dans son camp, près de Cologne, devant la petite ville de Neuss, qu'il assiégeait depuis le 19[2].

L'archevêque de Cologne, Robert de Bavière, en guerre avec son noble chapitre, avait, comme on a vu, décliné le jugement de l'empereur, et s'était nommé pour avoué et défenseur le duc de Bourgogne. Celui-ci, envoyant à Cologne ordre d'obéir, n'y gagna qu'un outrage . la sommation déchirée, le héraut insulté, les armes de Bourgogne jetées dans la boue. Les chanoines, tous seigneurs ou chevaliers du pays, élurent évêque un des leurs, Hermann de Hesse, frère du landgrave.

Cet Hermann, appelé plus tard Hermann le *Pacifique*, n'en fut pas moins le défenseur de l'Allemagne contre le duc de Bourgogne. Il se jeta dans Neuss, le tint là tout un an, de juillet en juillet. Là se brisa cette grande puissance, mêlée de tant d'États, ce monstre qui faisait peur à l'Europe. Les Suisses eurent la gloire d'achever.

L'acharnement extraordinaire que le duc montra

---

[1] Rymer Ce traité fut accompagné d un acte par lequel Édouard accordait à *la duchesse sa sœur* (c est-à-dire aux Flamands qui s'autoriseraient de son nom), la permission de tirer de l'Angleterre des laines, des etoffes de laine, de l'etain, du plomb, et d'y importer des marchandises etrangeres.

[2] Lœhrer, Geschichte der stadt Neuss, 1840, ouvrage serieux et fonde sur les documents originaux Voir aussi une *Histoire manuscrite du siége de Nuits, Bibliotheque de Lille*, D II 18

contre Neuss ne tint pas seulement à l'importance de
ce poste avancé de Cologne, mais sans doute aussi au
regret, à la colère d'avoir fait à cette petite ville des
offres exagérées, déloyales même et malhonnêtes, et
d'avoir eu la honte du refus. Pour la séduire, il avait
été, lui défenseur de l'électeur et de l'électorat, jusqu'à offrir à Neuss de l'en affranchir, de la rendre
indépendante de Cologne, en sorte qu'elle devînt ville
libre, immédiate, impériale[1]. Refusé, il s'aheurta à sa
vengeance et il oublia tout, y consuma d'immenses
ressources et s'y épuisa Tout le monde, dès qu'on le
vit cloué là, s'enhardit contre lui. Il s'y établit le
30 juillet, et, dès le 15 août, le jeune René traita avec
Louis XI. Le bruit courait que René était déshérite de
son grand-père, le vieux René, qui aurait promis la
Provence au duc de Bourgogne[2]. Louis XI prit ce prétexte pour saisir l'Anjou.

Le duc reçut devant Neuss, en novembre, le solennel défi des Suisses qui entraient en Franche-Comté,
et presque aussitôt il apprit qu'ils y avaient gagné sur
les siens une sanglante bataille à Héricourt (13 novembre). Le pays désarmé n'avait guère eu que ses
milices à opposer aux Suisses Le hasard voulut cependant qu'à ce moment Jacques de Savoie, comte de
Romont, amenât d'Italie un corps de Lombards. Ce
renfort ne fit que rendre la défaite plus grave, et les
Italiens, sur lesquels le duc comptait pour prendre
Neuss, y arrivèrent déjà battus.

---

[1] Chronicon magnum Belgicum, p. 411 Lœhrer, p 143.
[2] Les objections de Legrand a ceci (*Hist ms*, *livre* XIX,
p 50) ne me paraissent pas solides V. plus bas.

Son échec de Beauvais lui avait laissé une estime
médiocre de ses sujets. Il fait venir deux mille Anglais, et, pour faire une guerre plus savante, il avait
engagé en Lombardie des soldats italiens. Eux seuls
s'entendaient aux travaux des siéges, et leur bravoure
semblait incontestable depuis que les Suisses avaient
reçu à l'Arbedo une si rude leçon du Piémontais Carmagnola.

Venise avait ordinairement à son service les plus
habiles condottieri, Carmagnola autrefois, et alors le
sage Coglione Mais quelque offre que pût faire le duc
de Bourgogne, il ne put attirer à son service ce grand
tacticien. Venise eût craint de déplaire à Louis XI, si
elle eût prêté son général Coglione, dont la prudence
était proverbiale, répondit qu'il était le serviteur du
duc et le servirait volontiers, « mais en Italie. » Ce
dernier mot était significatif, les Italiens croyaient
voir un jour ou l'autre le conquérant au delà des
Alpes [1].

Dans la route d'aventures où entrait le duc de Bourgogne, se mettant à violer les églises du Rhin, sans
souci du pape ni de l'empereur, il ne lui fallait pas des
hommes si prudents, qui auraient gardé leur jugement et se seraient donnés avec mesure, mais de vrais
mercenaires, des aventuriers, qui, vendus une fois,
allassent, les yeux fermés, au mot du maître, par le

[1] Lui-même admet cette supposition : « Et a bien intention
d'en user en temps et lieu » Instruction à M. de Montjeu, envoye
devers la seigneurie de Venise et le capitaine Colion *Bibl. royale,
mss. Balure,* et la copie dans les *Preuves de Legrand, carton*
1474.

possible et l'impossible Tel lui parut le capitaine napolitain Campobasso, homme fort suspect, fort dangereux, qui se vantait d'être banni pour sa fidélité hé-
roïque au parti d'Anjou.

Le duc de Bourgogne n'avait pas une armée devant
Neuss, mais bien quatre armées, qui se connaissaient
peu et ne s'aimaient pas : une de Lombards, une d'Anglais, une de Français, une enfin d'Allemands, parmi
ceux-ci servait une bande, nullement allemande, des
malheureux Liégeois, obligés de combattre pour le
destructeur de Liége.

Le siége commença par une formidable procession
que le duc fit faire autour de la ville, six mille super-
bes cavaliers défilèrent, armés (homme et cheval)
de toutes pièces; nulle armée moderne ne peut donner
l'idée d'un tel spectacle. Chacune de ces armures
d'acier, ouvragées, dorées, damasquinées, battues à
grands frais à Milan, étonne, effraye encore dans nos
musées, œuvres d'art patient, et la plus splendide pa-
rure que l'homme ait portée jamais, à la fois galante
et terrible.

Terrible en plaine. Mais sur la montagne de Neuss,
dans ce fort petit nid, les durs fantassins de la Hesse
ne firent que rire de cette cavalerie. La bière ne manquait pas, ni le vin, ni le blé; le brave chanoine Hermann leur avait amassé des vivres, soir et matin il
faisait jouer de la flûte sur toutes les tours.

La première chose que fit le duc, ce fut d'ordonner
aux Lombards d'aller prendre une île, en face de la
ville Ces cavaliers bardés de fer, peu propres à ce
coup de main, obéirent courageusement et plus d'un

se noya. On recourut alors au moyen plus lent et plus raisonnable de faire un pont de bateaux, de tonneaux; l'on travailla patiemment à combler un bras du fleuve Ces travaux furent troublés souvent par l'audace des assiégés, qui, sans s'effrayer de cette grande armée, ni de savoir là le duc en personne, firent des sorties terribles, coup sur coup, en septembre, en octobre, en novembre.

Cependant Cologne et son chapitre, les princes du Rhin qui regardaient ces grands évêchés comme les apanages des cadets de leur famille, se remuèrent extraordinairement, implorant à la fois l'Empire et la France. Le 31 décembre, ils conclurent, au nom de l'Empire, une ligue avec Louis XI, pour les encourager à se mettre en campagne, il leur faisait croire qu'il allait les joindre avec trente mille hommes.

Charles le Téméraire s'était rassuré par deux choses : l'Empire était dissous depuis longtemps, et l'empereur était pour lui En ceci, il avait raison; il tenait toujours l'empereur par sa fille et ce grand mariage. Mais, quant à l'Allemagne, il ignorait qu'au défaut d'unité politique, elle avait une force qui pouvait se réveiller, la bonne vieille fraternité allemande, l'esprit de parenté, si fort en ce pays. Outre les parentés naturelles, il y avait entre plusieurs maisons d'Allemagne des parentés artificielles, fondées sur des traités, qui les rendaient solidaires, héritières les unes des autres en cas d'extinction Tel fut le lien que forma la Hesse, à cette occasion, avec la puissante maison de Saxe et le vaillant margrave Albert de Brandebourg, l'Achille et l'Ulysse de l'Allemagne, qui,

lisait-on, avait vaincu dans dix-sept tournois, en dix ba-
ailles [1], qui trente ans auparavant avait défait et pris
e duc de Bavière, et qui ne demandait pas mieux que
le chasser encore un Bavarois du siége de Cologne.

Le duc n'en restait pas moins devant Neuss pendant ce long hiver du Rhin, s'étant bâti là une maison, un foyer, comme pour y demeurer à jamais, jour
et nuit armé et dormant sur une chaise [2]. Il y ron-
geait son cœur Il avait demandé une levée en masse [3]
aux Flamands, qui n'avaient pas bougé, L'hiver n'e-
tait pas fini qu'il vit son Luxembourg envahi par une
nuée d'Allemands. Louis XI, ayant repris Perpignan
aux Aragonais le 10 mars, se trouvait libre d'agir au
Nord Il envahit la Picardie Le duc reçut tout à la
fois ces nouvelles et le défi du jeune René (9 mai).
Dans sa fureur d'être défié d'un si petit ennemi, il
apprit, pour combler la mesure, que sa forteresse de
Pierrefort venait de se rendre, hors de lui-même, il
ordonna que les lâches qui l'avaient rendue fussent
écartelés

Les Anglais, depuis un an, allaient arriver et n'arrivaient pas Ils avaient pris le traité au sérieux, et
ce mot *Conquête de France*. Ils avaient préparé un
immense armement, emprunté de l'argent à Florence,
acheté l'amitié de l'Écosse, fait une ligue avec la Si-
cile [4]. Chose nouvelle, les Anglais furent lents et les

---

[1] Neuf victoires sur Nuremberg, bien fatales à son commerce
[2] Loenrer
[3] Gachard
[4] Voir Rymer, et le détail dans l'enverius, Buchanan, etc V.
aussi Pinkerton, sur le Louis XI ecossais

Allemands prompts La grande armée de l'Empire se trouva, malgré les retards calculés de l'empereur, assemblée dès le commencement de mai sur le Rhin, pour la défense de la sainte ville de Cologne, pour le salut de Neuss.

La brave petite ville avait encore tout son courage en mars, après un si long siège, tellement qu'au carnaval les assiégés firent un tournoi Cependant, les vivres venaient à la fin, la famine arrivait On fit une procession en l'honneur de la Vierge; dans la procession, une balle tombe, on la ramasse, on lit « Ne crains pas, Neuss, tu seras sauvée » Ils regardèrent du haut des murs, et bientôt ils n'eurent plus qu'à remercier Dieu Déjà branlaient a l'horizon les bannières sans nombre de l'Empire [1]

Le vaillant margrave de Brandebourg, qui avait le commandement de l'armée, montra beaucoup de prudence[2]. Il trouva un moyen de renvoyer le Téméraire sans blesser son orgueil. Il lui proposa de remettre la chose à l'arbitrage du légat du pape qu'il amenait avec lui. Le duc ne pouvait guère refuser; le roi avançait toujours, il était dans l'Artois. Le légat entra dans Neuss, le 9 juin, avec les conseillers impériaux et bour-

---

[1] Dix princes arrivaient, quinze ducs ou margraves, six cent vingt-cinq chevaliers, les troupes de soixante-huit villes impériales Le bon évêque de Lisieux ne peut contenir sa colère contre ces Allemands qui viennent chasser son maitre. « C etaient, dit-il, des rustres, des ouvriers faineants, gloutons, paillards, piliers de cabarets, etc »

[2] Il y eut un combat, ou chaque partie s'attribua la victoire Le duc écrivit une lettre ostensible ou il prétendait avoir battu les Allemands. (Gachard)

guignons. Le 17, l'empereur traita pour lui seul, à l'ex
clusion des Suisses, des villes du Rhin et de Sigismond
même. Il sacrifia tout à l'espoir du mariage. Il fut
convenu que le duc et l'empereur s'éloigneraient en
même temps : le duc, le 26, l'empereur, le 27 [1].

De toute façon, le duc n'eût pu rester. Les Anglais,
qui l'appelaient depuis un mois et qui voyaient passer
la saison, s'étaient lassés d'attendre et venaient de
descendre à Calais.

[1] Meyer voudrait faire croire que l'empereur partit le premier,
ce qui est non-seulement inexact, mais absurde; l'empereur, en
agissant ainsi, aurait laissé la ville à la discrétion du duc de Bourgogne.

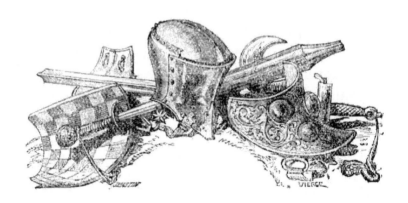

CHAPITRE III

Descente anglaise, 1475.

Pour bien comprendre cette affaire compliquée de la descente anglaise, il faut d'abord en dire le point essentiel, c'est que de ceux qui y travaillaient, il n'y en avait pas un qui ne voulût tromper tous les autres.

L'homme qui y était le plus intéressé, et qui s'était donné le plus de peine, était certainement le connétable de Saint-Pol. Il savait que, depuis le siége de Beauvais, le roi et le duc le haïssaient à mort, et qu'ils n'étaient pas loin de s'entendre pour le faire périr. Il lui fallait, et au plus vite, embrouiller les affaires d'un élément nouveau, amener les Anglais en France, leur

y donner pied, s'il pouvait un petit établissement, non
chez lui, mais sur la côte, à Eu ou a Saint-Valéry par
exemple. Trois maîtres lui allaient mieux que deux
pour n en avoir aucun. Il avait fait croire aux Anglais,
pour les décider, qu'ils n'avaient qu'à venir, qu'il leur
ouvrirait Saint-Quentin.

Saint-Pol mentait, le Bourguignon, l'Anglais men-
taient aussi. Le Bourguignon avait promis de faire la
guerre au roi trois mois d'avance, puis l'Anglais serait venu pour profiter. Il était trop visible que celui
qui commencerait préparerait le succès de l'autre.

D'autre part, l'Anglais semble avoir laissé croire au
Bourguignon qu'il attaquerait par la Seine, par la
Normandie, c'est-à-dire qu'il vivrait entièrement sur
les terres du roi, qu'il éloignerait la guerre des terres
du duc Il fit tout le contraire Il montra une flotte sur
les côtes de Normandie, mais il effectua son passage à
Calais sur les bateaux plats de Hollande Le 30 juin,
il n'y avait encore que cinq cents hommes à Calais [1],
et le 6 juillet l'armée avait passé quatorze mille archers à cheval, quinze cents hommes d'armes, tous les
grands seigneurs d'Angleterre, Édouard même [2]. Jusque-là, on doutait qu'il vînt faire la guerre en personne.

---

[1] Louis XI écrit, le 30 juin : « A Calais, il y a quatre ou cinq
cents Anglais, mais ils ne bougent » Preuves de Duclos, IV,
428.

[2] Ce qui me porte a le croire, c'est que le roi d'Angleterre, qui
certainement ne dut passer que des derniers passa le 5 juillet et
reçut le 6 la visite de la duchesse de Bourgogne, sa sœur Commines dit lui-même qu'il avait cinq ou six cents bateaux plats, il
est probable qu'il se trompe en disant que le passage dura trois
semaines. Ibidem.

Avec une telle armée, et débarquant là, il se trouvait bien près de la Flandre et il lui était déjà onéreux. Le duc de Bourgogne, très-pressé de l'en éloigner, partit enfin de Neuss, laissa ses troupes fort diminuées en Lorraine, et revint seul à Bruges demander de l'argent aux Flamands (12 juillet) Le 14, il joignit à Calais cette grande armée anglaise, et se hâta de l'entraîner en France.

Les Anglais s'étaient figuré que leur ami les logerait en route. Mais point; sur leur chemin, il fermait ses places, les laissait coucher à la belle étoile Seulement, il les encourageait en leur montrant de loin les bonnes villes picardes, où le connétable avait hâte de les recevoir. Arrivés devant Saint-Quentin, « ils s'attendaient qu'on sonnât les cloches et qu'on portât au-devant la croix et l'eau bénite. » Ils furent reçus à coups de canon, il y eut deux ou trois hommes tués.

Peu de jours auparavant (20 juin), les Bourguignons avaient éprouvé, à leur dam, ce qu'il fallait croire des promesses du connétable Il assurait qu'il avait pratiqué le duc de Bourbon, alors général du roi du côté de la Bourgogne; il ne s'agissait que de se présenter, et il allait leur ouvrir tout le pays. Ils se présentèrent en effet et furent taillés en pièces (21 juin)[1].

Entre tous qui ceux les avaient appelés, les Anglais n'avaient qu'un ami sûr, le duc de Bretagne Amitié orageuse pourtant et fort troublée Il refusait obstiné-

---

[1] Le roi s'était assuré du duc de Bourbon en donnant sa fille aînée à son frère, Pierre de Beaujeu Le duc étant malade, ce ne fut pas lui qui gagna la bataille, comme le prouve un arrêt du Parlement, 1499, cité par Baluze, Hist. de la maison d'Auvergne.

ment de leur livrer le dernier prétendant du sang de
Lancastre qui s'était réfugié chez lui, c'est-à-dire qu'à
tout événement il gardait une arme contre eux.

Néanmoins le roi avait sujet d'être fort inquiet Il
avait perdu l'alliance de l'Écosse, l'espoir de toute
diversion [1] Tout ce que la prudence conseillait, il
l'avait fait. Trop faible pour tenir la mer contre les
Anglais, Flamands et Bretons, il avait assuré la terre,
autant qu'il l'avait pu. Dès le mois de mars, il garantit
la solde, les priviléges, l'organisation des francs-
archers Il mit Paris sous les armes; il garnit Dieppe
et Eu [2]. Jusqu'au dernier moment, il ignora si l'expédition aurait lieu, si la descente se ferait en Picardie
ou en Normandie. Il se tenait entre les deux provinces.
Tout ce qu'il savait, c'est que l'ennemi avait de fortes
intelligences parmi les siens. Le duc de Bourbon, qu'il
avait prié de le joindre, ne bougeait pas Le duc de
Nemours se tenait immobile. Il y avait à craindre bien
des défections.

Il jugea pourtant avec sagacité que les Anglais,

---

[1] Il n'avait point négligé ce moyen. En avril 1473, il tenait a
Dieppe le comte d'Oxford avec douze vaisseaux, pour les envoyer
en Écosse, et faire encore par le Nord une tentative pour la maison de Lancastre, mais l'Écosse etait sans doute deja fortement
travaillée par l'argent de l'Angleterre, comme il y parut l'année
suivante par le mariage d'une fille d'Édouard avec l heritier
d'Écosse. (Paston, ap Fenn)

[2] Eu devait être défendu, mais si Édouard passait en personne,
dépêché, c'est-à-dire brûle. Ceci prouve que le roi connaissait
parfaitement d'avance le projet du connetable d'etablir les Anglais *dans une ou deux petites villes* de la cote Preuves de Duclos, IV, 426-429, lettre du roi, 30 juin 147o.

ayant si peu à se louer du duc de Bourgogne et du
connétable, n'ayant été reçus nulle part encore et
n'ayant en France que la place de leur camp, ils ne
seraient pas si terribles Cette France dévastée ne leur
semblait guère désirable Le roi avait fait un désert
devant eux. D'autre part, Édouard avait fait tant de
guerres, qu'il en avait assez; il était déjà fatigué et
lourd; il devenait gras. Gouverné comme il l'était par
sa femme et les parents de sa femme, il y avait un
point par où on pouvait le prendre aisément   un
mariage royal, qui eût tant flatté la reine! demander
une de ses filles pour le petit dauphin Quant aux grands
seigneurs du parti opposé à la reine, on pouvait les
avoir avec de l'argent. Restaient les vieux Anglais,
les hommes des communes qui avaient poussé à la
guerre; mais ils étaient bien refroidis « Le roi avoit
amené dix ou douze hommes, tant de Londres que
d'autres villes d'Angleterre, gros et gras, qui avoient
tenu la main à ce passage et à lever cette puissante
armée Il les faisoit loger en bonnes tentes; mais ce
n'étoit point la vie qu'ils avoient accoutumé; ils en
furent bientôt las, ils avoient cru qu'une fois passés, ils
auroient une bataille au bout de trois jours. »

Les Anglais voyaient bien qu'un seul homme leur
avait dit vrai sur le peu de secours qu'ils trouveraient
dans leurs amis d'ici; c'était le roi de France, quand
il reçut leur héraut avant le passage Il lui avait
donné un beau présent, trente aunes de velours et
trois cents écus, en promettant mille si les choses
s'arrangeaient. Le héraut avait dit que, pour le moment, il n'y avait rien à faire, mais que le roi Édouard

une fois passé en France on pourrait s'adresser aux
lords Howard et Stanley

Ces deux lords, en effet, prirent l'occasion d'un prisonnier que l'on renvoyait pour « se recommander à la
bonne grace du roi de France. » Le roi, sans perdre de
temps, sans ébruiter la chose par l'envoi d'un héraut,
prit pour héraut « un varlet¹ » qu'il avait remarqué
pour l'avoir vu une fois, un garçon d'assez pauvre
mine, mais qui avait du sens « et la parole douce et
amiable » Il le fit endoctriner par Commines, mettre
hors du camp sans bruit, de sorte qu'il ne mit la cotte
de héraut que pour entrer au camp anglais. On l'y
reçut fort bien. Des ambassadeurs furent chargés de
traiter de la paix, en tête lord Howard.

On eut peu de peine à s'entendre. Le projet de
mariage facilita les choses ; le dauphin devait épouser
la fille d'Édouard, qui aurait un jour *le revenu de la
Guyenne*, et en attendant cinquante mille écus par
année Ce mot de *Guyenne*, si agréable aux oreilles
anglaises, fut dit, mais non écrit dans le traité.
Édouard recevait sur-le-champ pour ses frais une
somme ronde de 75,000 écus, et encore 50,000 pour
rançon de Marguerite ; grande douceur pour un roi
qui n'osait rien exiger des siens après ces guerres

¹ Et non *un valet*, comme on l'a toujours dit pour faire un roman de cette histoire D'autres ne se contentent plus du *valet*,
ils en font un *laquais* — Le récit de Commines admirable de fi-
nesse, de mesure de propriété d'expression, méritait d'être respecté dans les moindres détails (sauf les changements qu'impose
la nécessité d'abréger) — Il fut étonné, non de la condition, mais
de la mine de l'envoyé, p 349

civiles. Tous ceux qui entouraient Édouard, les plus
grands, les plus fiers des lords, tendirent la main et
reçurent pension. Louis XI était trop heureux d'en
être quitte pour de l'argent. Il reçut les Anglais à
Amiens a table ouverte, les fit boire pendant plusieurs
jours, enfin se montra aussi gracieux et confiant que
leur ami le duc de Bourgogne avait été sauvage

Tout cela s'arrangea pendant une absence du duc
de Bourgogne, qui laissa un moment le roi d'Angleterre
pour aller demander de l'argent et des troupes aux
États de Hainaut Il revint (19 août), mais trop tard,
s'emporta fort, maltraita de paroles le roi d'Angleterre,
lui disant (en anglais pour être entendu) que ce n'était
pas ainsi que ses prédécesseurs s'étaient conduits en
France, qu'ils y avaient fait de belles choses et gagné
de l'honneur « Est-ce pour moi, disait-il encore, que
j'ai fait passer les Anglais ? C'est pour eux, pour leur
rendre ce qui leur appartient. Je prouverai que je n'ai
que faire d'eux, je ne veux point de trêve, que trois
mois après qu'ils auront repassé la mer » Plus d'un
Anglais pensait comme lui[1] et restait sombre, malgré
toutes les avances du roi et ses bons vins, surtout ce
dur bossu Glocester.

Il y avait quelqu'un de plus fâché encore de cet
arrangement, c'était le connétable Il envoyait au roi,
au duc; il voulait s'entremettre de la paix. Au roi, il
faisait dire qu'il suffisait pour contenter ces Anglais

---

[1] D'autant plus qu'il n etait guere sorti de plus grande armee
d'Angleterre. Édouard fit en partant cette bravade « Majorem
numerum non optaret ad conquærendum per medium Franciæ
usque ad portas urbis Romæ. » Croyland Continuat , p 568.

de leur donner seulement une petite ville ou deux pour
les loger l'hiver, « qu'elles ne sauraient être si méchantes qu'ils ne s'en contentassent. » Il voulait dire
Eu et Saint-Valéry. Le roi craignait que les Anglais ne
les demandassent en effet, et les fit brûler.

L'honnête connétable ne pouvant établir ici les
Anglais, offrait de les détruire, il proposait de s'unir
tous pour tomber sur eux. D'autre part, Édouard
disait au roi que s'il voulait seulement payer moitié
des frais, il repasserait la mer, l'année suivante, pour
détruire son beau-frère le duc de Bourgogne.

Le roi n'eut garde de profiter de cette offre obli-
geante · son jeu était tout autre. Il lui fallait au contraire rassurer le duc de Bourgogne, lui garantir une
longue trêve (neuf années), pendant laquelle il pût
courir les aventures. s'enfoncer dans l'Empire, s'en-
ferrer aux lances des Suisses. Le roi comptait, en
attendant, se donner enfin le bien que depuis dix ans
il demandait dans ses prières, d'arracher ses deux
mauvaises épines du Nord et du Midi, les Saint-Pol et
les Armagnac.

Ceux-ci voyaient bien cette pensée dans le cœur du
roi, et sous son patelinage. *Mon bon cousin, mon frère ..*
qu'il ne demandait que leur mort. Mais par qui com-
mencerait-il ? Il avait déjà frappé un Armagnac en
1473, l'autre (duc de Nemours) croyait son tour venu
il écrivait à Saint-Pol (qui avait épousé sa nièce) que
pouvant être happé d'un moment à l'autre, il allait lui
envoyer ses enfants, les mettre en sûreté.

Il est juste de dire qu'ils avaient bien gagné la haine
du roi et tout ce qu'il pourrait leur faire. Quinze ans

durant, leur conduite fut invariable, jamais démentie; ils ne perdirent pas un jour, une heure, pour trahir, brouiller, remettre l'Anglais en France, recommencer ces guerres affreuses

Ceux qui excusent tout ceci, comme la résistance du vieux pouvoir féodal, errent profondément Les Nemours, les Saint-Pol, étaient des fortunes récentes Saint-Pol s'était fait grand en se donnant deux maîtres et vendant tour à tour l'un à l'autre. Nemours devait les biens immenses qu'il avait partout (aux Pyrénées, en Auvergne, près Paris, et jusqu'en Hainaut), il les devait, à qui? à la folle confiance de Louis XI, qui passa sa vie à s'en repentir.

Le roi venait de remettre au duc d'Alençon la peine de mort pour la seconde fois, lorsqu'il apprit que Jean d'Armagnac (celui qui avait deux femmes, dont l'une était sa sœur) s'était rétabli dans Lectoure Il avait trouvé moyen d'amuser la simplicité de Pierre de Beaujeu qui gardait la place, et il avait pris la ville et le gardien (mars 1473). Ce tour piqua le roi Il avait à peine recouvré le Midi et il semblait près de le perdre ; les Aragonais rentraient dans Perpignan (1er février)[1]. Il résolut cette fois de profiter de ce que d'Armagnac s'était lui-même enfermé dans une place, de le serrer là, de l'étouffer.

La crise lui semblait demander un coup rapide, terrible; son âme, qui jamais ne fut bonne, était alors

---

[1] Zurita, Anal de Aragon, t. IV, libr XIX, c XII Voir aussi l'*Hist ms de Legrand*, fort detaillee pour les affaires du Midi, l'Histoire du Languedoc, etc.

furieusement envenimée contre tous ces Gascons, et
par leurs menteries continuelles, et par leurs raille-
ries[1].

Il dépêche deux grands officiers de justice, les
sénéchaux de Toulouse et de Beaucaire, les francs
archers de Languedoc et de Provence pour assurer la
chasse, il leur promet la curée, la besogne devait être
surveillée par un homme sûr, le cardinal d'Alby[2]
Armagnac se défendit trop bien, et on lui fit espérer
un arrangement pour tirer de ses mains Beaujeu et
les autres prisonniers[3] Pendant les pourparlers, un
seul article restant à régler, les francs-archers entrèrent, firent main basse partout, tuèrent tout dans

[1] Une lettre du comte de Foix au roi montre avec quelle lé-
gèreté il le traitait Cette lettre, spirituelle et moqueuse, dut le
blesser cruellement, en lui prouvant surtout que ses finesses ne
trompaient personne Il finit par lui faire entendre qu'il n'a pas le
temps de lui écrire *Bibl royale, ms Legrand, carton de 1470,
lettre du 27 septembre*

[2] Dont le zèle alla jusqu'à prêter douze mille livres pour l'expédition *Bibl royale, ms. Gaignières, 2806 (communiqué par
M J Quicherat).*

[3] Le caractère bien connu de Louis XI porte à croire qu'il y eut
trahison Cependant la seule source contemporaine qu'on puisse
citer pour cet obscur événement c'est le factum des Armagnacs
eux-mêmes contre Louis XI présenté par eux aux Etats généraux de 1484 Tout le monde a puisé dans ce plaidoyer V Histoire du Languedoc, livre XXXV p 47 Quant à la circonstance
atroce du breuvage que la comtesse *fut forcée de prendre dont
elle avorta et dont elle mourut deux jours après*, elle n'est point
exacte, au moins pour la mort, puisqu'trois ans après elle plai-
dait pour obtenir payement de la pension viagère que le roi lui
avait assignée sur les biens de son mari Arrêts du Parlement de
Toulouse du 21 avril et du 6 mai 1470 (cités par M de Barante)

Poignarda Armagnac sous les yeux de sa femme.

Tome VIII

Impr. Wattier et Cᵉ

la ville. L'un d'eux, sur l'ordre des sénéchaux, poignarda Armagnac sous les yeux de sa femme (6 mars 1473).

Nemours et Saint-Pol ne pouvaient guère espérer mieux. Ils étaient des exemples illustres d'ingratitude, s'il en fut jamais. La seule excuse de Saint-Pol (la même que donnaient en Suisse les comtes de Romont et de Neufchâtel, dont nous allons parler), c'était qu'ayant du bien sous deux seigneurs, relevant de deux princes, ils étaient sans cesse embarrassés par des devoirs contradictoires. Mais alors comment compliquer cette complication? pourquoi accepter chaque année de nouveaux dons du roi pour le trahir? pourquoi cet acharnement à sa ruine? . S'il y fût parvenu, il n'eût guère avancé. Il eût trouvé un roi à défaire dans le duc de Bourgogne; c'eût été à recommencer.

Trois fois le roi faillit périr par lui. D'abord à Montlhéry, et cette fois il arrache l'épée de connétable. — Le roi le comble, il le marie, le dote en Picardie, le nomme gouverneur de Normandie[1]; et c'est alors

---

[1] Et ce ne fut pas un vain titre. Saint-Pol lui-même, venant se faire reconnaître a Rouen, parle « du grant povoir et commission que le Roy lui a donné a lui seul, y compris le povoir de congnoistre de ces cas de crime de leze-majesté et autres reservez, » connaissance formellement interdite a l'echiquier — En 1469, il fait lire une lettre du roi. » Nostre tres-chier et tres-amé frere le duc de Guienne nous a envoyé l'anel dont on disoit qu'il avoit espousé la duchie de Normandie . Voulons que en l'Eschiquier. . vous monstrez et faictes rompre publiquement ledit anel » Il y avait dans la salle une enclume et des marteaux. L'anneau ducal, livré aux sergents des huis, fut par eux, « voyant

qu'il s'en va lui ruiner ses alliés, Dinant et Liége. —
Le roi lui donne des places dans le Midi (Ré, Marant),
et il travaille à unir le Midi et le Nord, Guienne et
Bourgogne, pour la ruine du roi. — Dans sa crise de
1472, le roi, *in extremis*, se fie à lui, lui laisse la
Somme à défendre (la Somme, Beauvais, Paris[1]), et
tout était perdu si le roi n'eût en hâte envoyé Dammartin.—Le duc de Bourgogne s'éloigne de la France,
s'en va faire la guerre en Allemagne, Saint-Pol le va
chercher, il lui amène l'Anglais, il lui répond que le
duc de Bourbon trahira comme lui... Si celui-ci l'eût
écouté, que serait-il advenu de la France?

Un matin, tout cela éclate Cette montagne de trahisons retombe d'aplomb sur la tête du traître. Le
roi, le duc et le roi d'Angleterre échangent les lettres qu'ils ont de lui L'homme reste à jour, connu et
sans ressources

Il s'agissait seulement de savoir qui profiterait de la
dépouille? Saint-Pol pouvait encore ouvrir ses places
au duc de Bourgogne, et peut-être obtenir grâce de
lui. Un reste d'espoir le trompa pour le perdre Le
roi mit ce délai à profit, conclut vite un arrangement
avec le duc pour le renvoyer à sa guerre de Lorraine ,
il lui abandonnait la Lorraine, l'empereur. l'Alsace (le
monde, s'il eût fallu), pour le faire partir. Tout cela
fut écrit le 2 septembre, signé le 13 , le 14, le roi,

tous, cassé et rompu en deux pièce qui furent rendues à M le
connestable » *Registres de l'Le' grici 9 août 1469* Une ancienne gravure représente cette écriture *Portefeuille du dé-
pôt des mss. de la Bibliothèque royale*. Floquet, Parlement de
Normandie, I, 253.

avec cinq ou six cents hommes d'armes, arrive devant
Saint Quentin qui ouvre sans difficulté, le connétable
s'était sauvé à Mons. Au reste, si le roi prenait, c'é-
tait pour donner, à l'entendre, pour en faire cadeau
au duc, à qui il avait promis la bonne part dans les
biens de Saint-Pol « Beau cousin de Bourgogne, disait-il, a fait du connétable comme on fait du renard,
il a retenu la peau, comme un sage qu'il est ; moi,
j'aurai la chair, qui n'est bonne à rien[1]. »

Le duc de Bourgogne tenait Saint-Pol à Mons depuis le 26 août. Quelques torts que celui-ci eût envers
lui, il s'était fié à lui pourtant, et il lui aurait remis
ses places si le roi ne l'eût prévenu Le fils de Saint-
Pol avait bravement combattu pour le duc, il souffrait
pour lui une dure captivité et le roi parlait de lui
couper la tête Les services du fils, sa prison, son
danger, demandaient grace pour le père auprès du
duc de Bourgogne et priaient pour lui.

Saint-Pol, qui était à Mons chez son ami le bailli de
Hainaut, n'avait aucune crainte Un simple valet de
chambre du duc était là pour le surveiller Cependant
la guerre de Lorraine traînait, contre toute attente,
et le roi, demandant qu'on lui livrât Saint-Pol, poussait des troupes en Champagne, aux frontières de Lorraine. Le duc, qui avait pris Pont-à-Mousson le 26
septembre, ne put avoir Épinal que le 19 octobre, et

---

[1] Louis XI, qui n'était pas maître de sa langue, avait lui-même
fait dire à Saint-Pol peu auparavant un mot qui n'était que trop
clair « J'ai de grandes affaires, j'aurais bon besoin d'une tête
comme la vôtre » Il y avait là un Anglais qui ne comprenait pas,
le roi prit la peine de lui expliquer la plaisanterie (Commine.

le 24 seulement il assiégea Nancy. Rien n'avançait;
la ville résistait avec une gaieté désespérante pour les
assiégeants[1]. L'Italien Campobasso qui dirigeait le
siége, et qui avait baissé dans la faveur du maitre
depuis qu'il avait manqué Neuss, travaillait mal et
lentement, peut-être déja marchandait-il sa mort.

Cette lenteur devenait fatale au connétable, le duc
n'osait plus le refuser au roi, qui pouvait entrer en
Lorraine et lui faire perdre tout. Le 16 octobre un
secrétaire vint donner ordre aux gens de Mons de le
garder à vue. Le duc, devant Nancy, reçut presque en
même temps une lettre du connétable et une lettre du
roi, la première suppliante, où le captif exposait « sa
dolente affaire, » la seconde presque menaçante, où le
roi le sommait de laisser la Lorraine s'il ne voulait
pas lui livrer Saint-Pol et les biens de Saint-Pol. Le
duc, acharné à sa proie, fit semblant de complaire au
roi et ordonna à ses gens de lui livrer le prisonnier le
24 novembre, s'ils n'apprenaient la prise de Nancy,
ses capitaines lui répondaient de la prendre le 20. En
ce cas il eût manqué de parole au roi, eût gardé Nancy
et Saint-Pol.

Malheureusement l'ordre fut donné aux ennemis
personnels de celui-ci, à Hugonet et Humbercourt[2],

---

[1] Nicolas des Grands-Moulins dedans la tour estoit, lequel
joyeusement les os menoit avec ses clochettes (et quelles?), en
disant de bonnes chansons. Quand venoit le soir, les Bourguignons l'appeloient, disant : He! le canteur he! par toy, dis-nous
une cansonette. A puissance de flèches tiroient le cuidant tirer,
mais jamais. » Chronique de Lorraine.

[2] Il avait donné a Humbercourt un démenti qu'il avait peut-être

qui le 24, sans attendre un jour, une heure de plus, le
livrèrent aux gens du roi. Trois heures après, dit-on,
arriva un ordre de différer encore   il n'était plus
temps.

Le procès fut mené très-vite[1] Saint-Pol savait bien
ces choses, pouvait perdre bien des gens d'un mot. On
se garda bien de le mettre à la torture, et Louis XI
regretta plus tard qu'on ne l'eût pas fait. Livré le 24
novembre, il fut décapité le 19 décembre sur la place
de Grève[2] Quelque digne qu'il fût de cette fin, elle fit

oublie lui-même, mais qu'il retrouva dans ce moment decisif Sa
fierte, ses pretentions princieres, l'audace qu il eut plusieurs fois
d humilier ses maitres, la légèrete avec laquelle on parlait dans
sa petite cour du duc et du roi, ne contribuèrent pas peu à sa
mort Louis XI s'humilia devers lui jusqu a consentir a avoir une
entrevue avec lui, comme d egal a egal, *avec une barrière entre
eux* (Commines) Le roi lui reproche dans une lettre les propos
de ses serviteurs   « Ils disent que je ne suis *qu'un enfant*, et que
je ne parle *que par bouche d'autrui* » (Duclos)
  [1] Il ne se justifia que sur un point l'attentat à la vie du roi il
avait toujours temoigne de la repugnance a ce sujet Du reste il
etait l'auteur du pian proposé au duc alors devant Neuss, le duc
eut ete regent et le duc de Bourbon son'lieutenant, on eut pris le
roi et *on l'eût mis à Saint-Quentin*, sans lui faire mal pourtant,
et *en lieu où il fût bien aise* Le connetable avait dit qu il y avait
« douze cents lances de l'ordonnance du roi qui croient leurs »
Bibliothèque royale, fonds Conqe, ms 10,331 f 218-241 Selon
un temoin, le duc de Bourbon aurait repondu a ces propositions
« Je fais veu à Dieu que sy je devois devenir aussi pauvre que
Job, je serviray le Roy du corps et de biens et jamais ne l'aban-
donneray, et ne veult point de leur alliance » *Bibliothèque
royale fonds Harlay, mss* 338, page 130 — Voir le *Proces ms
aux Archives du royaume, section judiciaire,* et a la *Bibliothèque
royale*
  [2] Lire l'execution dans Jean de Troyes, nov 1475, et le portrait
que Chastellain a fait de cet homme en qui l'ambition gata tant de

tort à ceux qui l'avaient livré, au duc surtout, en qui
il avait eu confiance et qui avaient trafiqué de sa
vie [1]

Cette Lorraine, achetée si cher, il l'eut enfin, il entra dans Nancy (30 novembre 1475) Quoique la résistance eût été longue et obstinée, il accorda à la ville
la capitulation qu'elle dressa elle-même [2] Il se soumit à faire le serment que faisaient les ducs de Lorraine, et il reçut celui des Lorrains, il rendit la justice en personne, comme faisaient les ducs, écoutant
tout le monde infatigablement. tenant les portes de
son hôtel ouvertes jour et nuit, accessible à toute
heure

Il ne voulait pas être le conquérant, mais le vrai
duc de Lorraine, accepté du pays qu'il adoptait lui-
même. Cette belle plaine de Nancy, cette ville élé-
gante et guerrière, lui semblait, autant et plus que

beaux dons de la nature, *passim*, et le fragment edité par M. J
Quicherat, Bibl de l'Ecole des chartes. 1842 Paris applaudit a
l'exécution, on y avait beaucoup souffert de ses pilleries V la
complainte Je me rappelle avoir vu une lettre de remission ac-
cordée par le roi a un archer de Saint-Pol pour le meurtre d'un
pretre, il y detaille toutes les circonstances aggravantes, de manière a faire detester l'homme puissant qui arrachait une grace
si peu méritée *Archives du royaume, Registres du Trésor des
chartes*

[1] Commines prétend que le duc lui donna un sauf-conduit.

[2] Il promit de rappeler les bannis, d'epargner les biens des partisans de Rene, de payer les dettes de son ennemi, etc — V. dans
Schutz (Tableau, etc , p 82) la « Requeste presentee par les es-
tats du duché de Lorraine, a Charles duc de Bourgogne » J'y
trouve cette noble parole · « Et si ledict duché n'est de si grande
extendue que beaucoup d'autres pays, *si a de la souveraineté en
soy, et est exempt de tous autres.* »

Dijon, le centre naturel du nouvel empire[1], dont les Pays-Bas, l'indocile et orgueilleuse Flandre, ne seraient plus qu'un accessoire Depuis son échec de Neuss, il détestait tous les hommes de langue allemande, et les impériaux qui lui avaient ôté des mains Neuss et Cologne, et les Flamands qui l'avaient laissé sans secours, et les Suisses qui, le voyant retenu là, avaient insolemment couru ses provinces[2]

Le 12 juillet, dans son rapide retour de Neuss à Calais, il s'était arrêté à Bruges, un moment, pour lancer aux Flamands un foudroyant discours[3], les effrayer et en tirer de nouvelles ressources S'il est resté longtemps à ce siége, jusqu'à ce que l'empereur, l'Empire, le roi de France, se soient mis en mouvement, les Flamands en sont cause, qui l'ont laissé là pour périr ... « Ah! quand je me rappelle les belles paroles qu'ils disent à toute *entrée* de leur seigneur, qu'ils sont de *bons, loyaux, obéissants* sujets, je trouve que ces paroles ne sont que fumées d'alchimie Quelle *obéissance* y a-t-il à désobéir? quelle *loyauté* d'abandonner son prince? quelle *bonté* filiale en ceux qui plutôt machinent sa mort?... De telles machinations,

---

[1] La chronique, à demi rimee, de Lorraine, lui fait dire · « A l'ayde de Dieu ceans une notable maison ferai, j ai volonte d icy demeurer, et mes jours y parurner C'est le pays que plus desirois . Je suis maintenant emmy mes pays, pour aller et pour venir Ici tiendrai mon estat . De tous mes pays, ferai tous mes officiers venir icy rendre compte »

[2] « Zu schmach und abfall ganzer Teutchen nation » Diebol l Schilling, p. 130.

[3] Lire en entier ce discours, vraiment éloquent (d'autant plus irritant). Documents Gachard, I, 249-270.

répondez, n'est-ce pas crime de lese-majesté ? et à quel
degré ? au plus haut, en la personne même du prince.
Et quelle punition y faut-il ? la confiscation ? Non, ce
n'est pas assez . la mort . non décapités, mais écartelés !

« Pour qui votre prince travaille-t-il ? est-ce pour lui
ou pour vous, pour votre défense ? Vous dormez. il
veille , vous vous tenez chauds, il a froid , vous restez
chez vous pendant qu'il est au vent, à la pluie, il
jeûne, et vous dans vos maisons, vous mangez, buvez,
et vous vous tenez bien aise !

« Vous ne vous souciez pas d'être gouvernés comme
des enfants sous un père , eh bien ! fils *deshérités pour
ingratitude* vous ne serez plus que des sujets sous un
maître.. Je suis et je serai maître, à la barbe de ceux
à qui il en déplaît Dieu m'a donné la puissance.
Dieu, et non pas mes sujets Lisez là-dessus la Bible,
aux livres des Rois .

« Si pourtant vous faisiez encore votre devoir,
comme bons sujets y sont tenus, si vous me donniez
courage pour oublier et pardonner, vous y gagneriez
davantage J'ai bien encore le cœur et le vouloir de
vous remettre au degré ou vous étiez devant moi *Qui
bien aime tard oublie*

« Donc ne procédons pas encore, pour cette fois,

---

[1] « Ingrati animi causâ » Ce passage et le précedent sur le
crime de lese-majesté montrent qu'il était imbu du droit romain
et des traditions impériales Plusieurs de ses principaux conseillers, comme je l'ai dit étaient des légistes comtois et bourguignons Voir, à la Pinacotheque de Munich la ronde et dure tête
rouge de Carondelet

aux punitions . Je veux dire seulement pourquoi je
vous ai mandés » Et alors, se tournant vers les prélats, « Obéissez désormais diligemment et sans mauvaise excuse, ou votre temporel sera confisqué. » —
Puis, aux nobles : « Obéissez, ou vous perdez vos têtes
et vos fiefs » — Enfin aux députés du dernier ordre,
d'un ton plein de haine « Et vous, *mangeurs des
bonnes villes*, si vous n'obéissiez aussi à mes ordres,
à toute lettre que mon chancelier vous expédiera,
vous perdriez, avec tous vos privilèges, les biens et
la vie[1]. »

Ce mot *mangeurs des bonnes villes* était justement
l'injure que le petit peuple adressait aux gros bourgeois qui faisaient les affaires publiques Que le prince
la leur adressât, c'était chose nouvelle, menaçante ;
il semblait, par ce mot seul, prêt à déchaîner sur eux
les vengeances de la populace, et déjà leur passer la
corde au col.

Dans leur réponse écrite, infiniment mesurée, res-
pectueuse et ferme, ils prétendirent qu'au moment
même où il les appelait à Neuss, le bruit courait qu'il
y avait accord entre lui et l'empereur (accord secret
de mariage, ils l'insinuaient finement) Au lieu d'armer, de partir, ils avaient donné de l'argent[2]. De plus,

---

[1] Les Flamands appelaient souvent les gros bourgeois, *Mangeurs de foie*, « Jecoris esores » V notre tome VII, afn 1436, et
Meyer, fol 291.

[2] Le chiffre total des recettes et dépenses que M Edward Le
Glay me communique (d'après les *Archives de Lille*) n'indique
pas d'augmentation considérable, parce qu il ne donne que l ordinaire. L'extraordinaire était accablant. Outre *les droits sur les*

l'Artois étant menacé, ils ont levé deux mille hommes pour six semaines, et *si la Flandre eût eu besoin de défense*, ils auraient fait davantage. « Votre père, le duc Philippe, de noble mémoire, vos nobles prédécesseurs, ont laissé le pays dans cette liberté de n'avoir nulle charge sans que les quatre membres de Flandre *y aient préalablement consenti au nom des habitants* .. Quant à vos dernières lettres, portant que dans quinze jours tout homme capable de porter les armes se rendra près d'Ath, *elles n'étaient point exécutables*, ni profitables pour vous-même, vos sujets sont des marchands, des ouvriers, des laboureurs, qui ne sont guère propres aux armes Les étrangers quitteraient le pays .. *La marchandise*, dans laquelle vos nobles prédécesseurs ont, depuis quatre cents ans, entretenu le pays avec tant de peine, *la marchandise*, très-redouté seigneur, *est inconciliable avec la guerre.* »

Il répondit aigrement qu'il ne se laissait pas prendre à toutes leurs belles paroles, à leurs protestations « Suis-je un enfant pour qu'on m'amuse avec des mots et une pomme?... Et qui donc est seigneur ici? est-ce vous, ou bien est-ce moi?... Tous mes pays m'ont bien servi, sauf la Flandre, qui de tous est le plus riche. Il

---

grains et denrées qu'il établit en 1474, trente mille écus qu'il leva pour le siège de Neuss en 1474, il déclara, le 6 juin de cette année, que tous ceux qui tenaient des fiefs non nobles auraient à venir en personne à Neuss ou *a payer le sixième* de leur revenu (*Archives de Lille* En juillet, il demanda le *sixième de tous les revenus* en Flandre et en Brabant La Flandre refusa, et il n obtint par menaces que 28 000 couronnes comptant et 10.000 ridders par an, pendant trois ans (communiqué par M. Schayez, d'après les *Archives générales de Belgique*

y a chez vous telle ville *qui prend sur ses habitants*
plus que moi sur tout mon domaine (ceci contre les
bourgeois dirigeants, insinuation dangereuse et meur-
trière) Vous appliquez à vos usages ce qui est à moi,
à moi appartiennent ces taxes des villes; je puis me
les appliquer, et je le ferai, m'en aider à mon besoin,
ce qui vaudrait mieux *que tel autre usage qu'on en fait,*
sans que mon pays y gagne... Riches ou pauvres, rien
ne dispense d'aider votre prince. Voyez les Français,
ils sont bien pauvres, et comme ils aident leur roi!. »

Le dernier mot fut celui-ci, dont les députés trem-
blèrent, se souvenant qu'après le sac de Liége, il avait
eu l'idée de faire celui de Gand[1]. « Si je ne suis satisfait, *je vous la ferai si courte* que vous n'aurez le
temps de vous repentir... Voilà votre écrit, prenez-le,
je ne m'en soucie, vous y répondrez vous-mêmes...
Mais faites votre devoir. »

Ce fut un divorce Le maître et le peuple se séparè-
rent pour ne se revoir jamais La Flandre haïssait
alors autant qu'elle avait aimé. Elle attendait, souhai-
tait la ruine de cet homme funeste. Les gros bourgeois
croyaient avoir tout à craindre de lui. Il avait frappé
les pauvres en mettant un impôt sur les grains. Il avait
tenté d'imposer le clergé, dans ses embarras de Neuss,
il lui demanda un décime et réclama de toutes les
églises, de toutes les communautés, les droits d'amortissement non payés par l'Église *depuis soixante ans,*

---

[1] « Plusieurs bons personnages . qui, de mon temps et *moy
présent,* avoient aydé a desmouvoir ledict duc Charles, lequel vouloit destruire grant partie de ladicte ville de Gand » Commines.

ces droits éludés, refusés, étaient levés de force par
les agents du fisc Les prêtres commencèrent à répandre
dans le peuple qu il était maudit de Dieu[1]

Ceux qui souffraient le plus, en se plaignant le
moins, c'étaient ceux qui payaient de leur personne
même, les nobles, désormais condamnés a chevaucher
toujours derrière cet homme d'airain, qui ne connaissait
ni peur, ni fatigue, ni nuit, ni jour, ni été, ni hiver
Ils ne revenaient plus jamais se reposer. Adieu
leurs maisons et leurs femmes, elles avaient le temps
de les oublier. Il ne s'agissait plus, comme autrefois,
de faire la guerre chez eux, tout au plus de l'Escaut
à la Meuse. Il leur fallait maintenant s'en aller, nouveaux
paladins, aux aventures lointaines, passer les
Vosges, le Jura, tout à l'heure les Alpes, faire la
guerre à la fois au royaume *très chrétien* et au *saint
empire,* aux deux têtes de la chrétienté, au droit chrétien,
leur maître était son droit à lui-même et n'en
voulait nul autre

Reviendrait-il jamais aux Pays-Bas? tout disait le
contraire Le trésor, qui du temps du bon duc avait
toujours reposé à Bruges, il l'emportait, le faisait voyager
avec lui. des diamants d'un prix inestimable et
faciles à soustraire, des châsses, des reliquaires, des
saints d'or et toutes sortes de richesses pesantes, tout

---

[1] On disait, entre autres choses, que Philippe le Bon s'étant
dispensé d'aller à la croisade sous prétexte de santé (pour faire
plaisir à sa femme et autres dont les maris partaient), le pape
indigné le maudit, lui et les siens, jusqu'à la troisième génération
(Reiffenberg, d'après le Defensorium sacerdotum, de Scheurlus.)

cela chargé sur des chariots, roulait de Neuss a
Nancy, et de Nancy en Suisse. Sa fille restait encore
en Flandre, mais il écrivit aux Flamands de la lui
envoyer

La Suisse, par laquelle il allait commencer, n'était
qu'un passage pour lui, les Suisses étaient bons soldats, et tant mieux, il les battrait d'abord, puis les
payerait, les emmènerait. La Savoie et la Provence
étaient ouvertes; le bon homme René l'appelait [1] Le
petit duc de Savoie et sa mère lui étaient acquis, livrés
d'avance [2] par Jacques de Savoie, oncle de l'enfant,
qui était maréchal de Bourgogne Maître de ce côté-ci
des Alpes, il descendait aisément l'autre pente. Une
fois là, il avait beau jeu, dans l'état misérable de dis-
solution où se trouvait l'Italie Il en avait tous les ambassadeurs. Le fils du roi de Naples, de la maison
d'Aragon, l'un de ses gendres en espérance, ne le
quittait pas

D'autre part, il avait recueilli les serviteurs italiens
de la maison d'Anjou [3]. Le duc de Milan, qui voyait
le pape, Naples et Venise, déjà gagnés, s'effrayait
d'être seul, et il envoya en hâte au duc, pour lui
demander alliance [4] .. Donc, rien ne l'arrêtait, il sui-

[1] « Et pour aller prendre la possession du dict pays, estoit alle
M. de Chasteau-Guyon » Commines

[2] Les Suisses croyaient qu'il avait demande a l'empereur, dans
l'entrevue de Treves, le duche de Savoie (Diebold Schilling)

[3] Tels que Campobasso, Galeotto Il avait à son service d'autres méridionaux, un medecin italien, un médecin et un chroniqueur portugais, etc.

[4] Trois semaines au plus avant la bataille de Granson, selon
Commines.

vait la route d'Annibal, et, comme lui, préludait par
la petite guerre des Alpes; au delà, plus heureux,
il n'avait pas de Romains à combattre, et l'Italie l'invitait elle-même. *et après lui Charles VIII*

LIVRE XV
CHAPITRE PREMIER
Guerre des Suisses. Bataille de Granson et de Morat. 1476.

Lorsque le duc de Bourgogne, engagé au siége de
Neuss, reçut le défi des Suisses, il resta un moment
muet de fureur; enfin, il laissa échapper ces mots :
« O Berne! Berne! »

Qui encourageait tous ses ennemis les plus faibles,
Sigismond, René, de simples villes comme Mulhouse
ou Colmar? nul autre que les Suisses. Ils couraient à
leur aise la Franche-Comté, brûlaient des villes, mangeaient tout le pays; ils buvaient à leur aise dans
Pontarlier. Ils avaient mis la main sur Vaud et Neuf-

châtel, sans distinguer ce qui était Savoie ou fief de Bourgogne[1].

Le duc avait hâte de les châtier. Il y allait en plein hiver Une seule chose pouvait le ralentir, le ramener peut-être au nord c'est qu'il n'était pas encore mis en possession de la dépouille de Saint-Pol Le roi lui ôta ce souci, il lui livra Saint-Quentin (21 janvier 1476)[2], en sorte que rien ne le retardant, à l'aveugle et les yeux baissés, il s'en allât heurter la Suisse Pour ne rien perdre du spectacle, Louis XI vint s'établir à Lyon (février).

De ces deux forces brutales, violentes, qui devait l'emporter? Lequel, du sanglier du Nord ou de l'ours des Alpes, jetterait l'autre à bas, personne ne le devinait. Et personne non plus ne se souciait d'être du combat. Les Suisses trouvèrent leurs amis de Souabe très-froids à ce moment Leur grand ami, le roi, les avait abandonnés en septembre, payés en octobre pour faire la guerre, et il attendait

Le duc semblait bien fort. Il venait de prendre la Lorraine Son siége même de Neuss, où il avait un moment tenu seul devant tout l'Empire, le rehaussait encore Celui qui, sans tirer l'épée, obligeait le roi de France de céder Saint-Quentin était un prince redoutable

[1] Les enclavements et les enchevêtrements des fiefs dans les pays romans sont très-nettement expliqués par M. de Gingins, p 39, 40

[2] On ne savait pas trop encore de quel côté il allait tourner La ville de Strasbourg fit de formidables préparatifs de défense. *Chronique ms. de Strasbourg, communiquée par M Strobel*

Et les Suisses aussi étaient formidables alors [1] La
terreur de leur nom était si forte que, sans qu'ils bou
geassent seulement, les petits venaient de toutes part
se mettre sous leur ombre Tous les sujets d'évêques
d'abbés, les uns après les autres, s'affranchissaien
en se disant alliés des Suisses, les villes libres, tou
autour, subissaient peu à peu leur pesante amitié Ur
bourgeois de Constance avait fait mauvaise mine en
recevant une monnaie de Berne, de Berne et de Lu
cerne, à l'instant, partent quatre mille hommes, e
Constance paye deux mille florins pour expier ce
crime [2]. — Ils frappaient fort et loin; pour le faire
sentir à leurs amis de Strasbourg, et leur prouve
qu'ils étaient tout près et à portée de les défendre, ils
s'avisèrent, à une fête de l'arc que donnait cette ville
d'apporter un gâteau cuit en Suisse, et qui arriva
tiède encore, à Strasbourg.

L'élan des Suisses était très-grand alors, leur pente
irrésistible vers les bons pays d'alentour. Il n'y avai
pas de sûreté à se mettre devant, pas plus qu'il n'y en
aurait à vouloir arrêter la Reuss au pont du Diable
Empêcher cette rude jeunesse de laisser tous les ans
ses glaces et ses sapins lui fermer les vignes du Rhin [3]

---

[1] Pour apprécier cette forte et rude race, voir à la bibliothèque
de Berne le portrait de Magdalena Nageli, avec son chaperon e
ses gros gants de chamois L'ennemi de son père, qui la vit laver
son linge à la fontaine, fit la paix sur-le-champ, afin de pouvoir
epouser une fille si robuste, elle lui donna en effet quatre-vingt
enfants et petits-enfants

[2] Mallet, X, p. 50. V. aussi Berchtold, Fribourg, I, 367.

[3] Berne ecrivait au sujet de l'Alsace . « Delaisserons-nous ce

de Vaud ou d'Italie, c'était chose périlleuse. Le jeune homme est bien âpre, quand, pour la première fois, il mord au fruit de vie.

Jeunes étaient ces Suisses, ignorant tout. ayant envie de tout, gauches et mal habiles, et tout réussissait. Tout sert aux jeunes. Les factions, les rivalités intérieures qui ruinent les vieux sages États, profitaient à ceux-ci. Les chevaliers des villes et les hommes des métiers faisaient partie des mêmes corporations et rivalisaient de bravoure; le banneret tué, la bannière se relevait aussi ferme dans la main d'un boucher[1], d'un tanneur. Les chefs des partis opposés n'étaient d'accord que sur une chose, aller en avant, les Diesbach pour entraîner, les Bubenberg pour s'excuser de l'amitié des Bourguignons et pour assurer leur honneur.

Le duc partit de Besançon le 8 février. C'était de bien bonne heure pour une guerre de Suisse. Il avait hâte, poussé par sa vengeance, poussé par les prières de ses grands officiers, dont plusieurs étaient seigneurs

bon pays, qui jusqu'ici nous a donné tant de vin et de blé ? » Diebold Schilling.

[1] Les nobles entraient dans les *abbayes* des bouchers, tanneurs, etc , pour devenir éligibles aux charges municipales. V. Bluntschli, Tillier, II, 455, sur ces corporations, *la charité au singe*, la chambre au fou etc sur la *noblesse des feuilles*, ainsi nommée parce que pour constater son blason récent elle le mettait dans les vitraux qu'elle donnait aux églises aux chapelles et chambres de confrérie Les Diesbach qui avaient été marchands de toile, obtinrent de l'empereur de substituer à leur humble *croissant* deux *lions* d'or Les Hetzel, de bouchers qu'ils étaient, *devinrent chevaliers*, etc Tillier, II, 184, 186

des pays romans que les Suisses occupaient; l'un était
Jacques de Savoie, comte de Romont et baron de Vaud;
l'autre Rodolphe, comte de Neufchâtel Le second
avait été, l'autre était encore maréchal de Bourgogne.
Ennemis des Suisses comme officiers du duc [1], ils
avaient essayé quelque temps de rester avec eux en
rapport de bon voisinage. Romont avait déclaré qu'il
ne voulait pour son pays de Vaud d'autre protecteur
que ses amis de Berne, et n'en avait pas moins com-
mandé les Bourguignons contre eux à Héricourt Rodolphe de Neufchâtel, pour montrer plus de confiance
encore, prit domicile dans la ville de Berne, ce qui
n'empêchait pas que son fils ne combattît les Suisses
avec le duc de Bourgogne; le père avait ménagé devant Neuss entre le duc et l'empereur ce traité, où le
dernier abandonnait les Suisses et les laissait hors la
protection de l'Empire [2].

La duchesse de Savoie agissait à peu près de même;
elle croyait amuser les confédérés avec de bonnes paroles, tandis qu'elle faisait sans cesse passer au duc
des recrues de Lombardie; elle finit par aller les chercher, et se faire recruteur elle-même pour le Bourguignon. Les Suisses, tout grossiers qu'ils semblaient, ne
se laissèrent pas amuser aux paroles. Ils ne voulurent
rien comprendre aux subtiles distinctions de droit féodal, au moyen desquelles ceux qui les tuaient au ser-

[1] La position de ces grands seigneurs était fort analogue à celle
du comte de Saint-Pol. Jacques de Savoie avait épousé une pe-
tite-fille de Saint-Pol, et se trouvait, pour les biens de sa femme,
vassal du duc en Flandre et en Artois.

[2] Muller, Tillier.

vice du Bourguignon se disaient encore leurs amis et
prétendaient devoir être ménagés Ils saisirent Neufchâtel, Vaud, et tout ce qu'ils purent des fiefs de la
Savoie.

L'armée que le duc amenait contre eux, très-fati-
guée par deux campagnes d'hiver, et qui retrouvait la
neige en mars dans cette froide Suisse, n'avait pas
grand élan, si l'on en juge par ce que le duc fit mettre
à l'ordre : que quiconque s'en irait, serait *écartelé*
(26 février) Cette armée, un peu remontée en Franche-
Comté, ne passait guère dix-huit mille hommes; ajoutez huit mille Piémontais ou Savoyards qu'amena
Jacques de Savoie. Le 18 février, le duc arriva devant
Granson, qui, contre son attente, l'arrêta jusqu'au 28.
Une vaillante garnison défendit la ville d'abord, puis
le château, contre les assauts des Bourguignons! On
y fit entrer alors quelques filles de joie et un homme,
qui leur dit qu'ils auraient la vie sauve Ils se rendirent Mais le duc n'avait pas autorisé l'homme; il en
voulait à ces Suisses d'avoir retardé un prince comme
lui, qui leur faisait l'honneur de les attaquer en personne. Il laissa faire les gens du pays qui avaient plus

---

¹ On essaya de les secourir « Mais possible ne fut de tendre
main ne nourriture aux pauvres assaillis Si furent contraints de
revenir gémissants » *Hugues de Pierre, chanoine et chroniqueur en titre de Neufchâtel*, page 27. (Extraits des chroniques,
faits par M de Purry, Neufchâtel, 1839, V aussi ce qu'en ont
donné Boyve, Indigenat Helvétique et M F Du Bois, Bataille
de Granson, Journal de la Société des antiquaires de Zurich Que
ne puis-je citer ici les dix pages que M. de Purry a sauvées! Dix
pages, tout le reste est perdu . Je n'ai rien lu nulle part de plus
vif, de plus français.

d'une revanche à prendre [1]. Les Suisses furent noyés dans le lac, pendus aux créneaux.

L'armée des confédérés était à Neufchâtel [2]. Grande fut leur colère, leur étonnement d'avoir perdu Granson, puis Vaumarcus qui se rendit sans combattre. Ils avancèrent pour le reprendre. Le duc, qui occupait une forte position sur les hauteurs, la quitta et avança aussi pour trouver des vivres. Il descendit dans une plaine étroite, où il lui fallait s'allonger et marcher en colonnes [3].

Ceux du canton de Schwitz, qui étaient assez loin en avant, se rencontrèrent tout à coup en face des Bourguignons; ils appelèrent et furent bientôt rejoints

[1] V surtout Berchtold, Fribourg, I, 573. — Gingins excuse le duc et veut croire qu'il était absent, parce que ce jour même *il alla* à trois heues de la Les deux serviteurs du duc, Olivier et Molinet, s'inquiètent moins de la gloire de leur maitre, ils disent tout net qu'il les fit pendre

[2] « Arrivent a Neufchastel a grands sauts, avecque chants d'allegresse et formidable suitte (seize mill, disoit l'un, vingt mill, disoit l'autre), touts hommes de martials corpsages, faisant peur et pourtant plaisir a voir » Le chanoine Hugues de Pierre — Le dernier trait est charmant, le brave chanoine a peur de ses amis. Il essaye d'ecrire ces noms terribles, *Suitz*, *Thoun*, mais bientôt il y renonce : « Desquels ne peut-on facilement se ramentevoir le nom »

[3] Cette bataille, fort obscure jusqu'ici, devient très-claire dans l'utile travail de M Frederic Dubois (Journal des antiquaires de Zurich), qui a reproduit et resume toutes les chroniques, Hugues de Pierre, Schilling, Etterlin, Baillot et l'anonyme — Le chanoine Hugues, qui etait tout pres et qui a eu peur, est le plus emu, il tressaille d'aise d'en etre quitte Les braves qui ont combattu, Schilling et Etterlin, sont fermes et calmes L'anonyme, qui ecrit plus tard, charge et orne a sa maniere V. le *ms* cite par M F Dubois, p 42.

par Berne, Soleure et Fribourg Ces cantons, les seuls
qui fussent encore arrivés sur le champ de bataille,
durent porter seuls le choc. Ils se jetèrent à genoux
un moment pour prier, puis, relevés, les lances enfon-
'cées en terre et la pointe en avant, ils furent immuables, invincibles

Les Bourguignons se montrèrent peu habiles Ils
ne surent pas faire usage de leur artillerie; les pièces étaient pointées trop haut La gendarmerie, selon le vieil usage, vint se jeter sur les lances; elle
heurta, se brisa. Ses lances avaient dix pieds de lon-
gueur, celles des Suisses dix-huit¹ Le duc lui-même
vint bravement en tête de son infanterie contre celle
des Suisses, tandis que le comte de Châteauguyon cho-
quait les flancs avec sa cavalerie Ce vaillant comte
arriva par deux fois jusqu'à la bannière ennemie, la
toucha, crut la prendre; par deux fois il fut repoussé,
tué enfin. . Rien n'entama la masse impénétrable.

Le duc, pour l'ébranler et l'attirer plus bas dans la
plaine, ordonna à sa première ligne un mouvement ré-
trograde qui effraya la seconde .. A ce moment, une
lueur de soleil montrait à gauche toute une armée
nouvelle, Uri, Unterwald et Lucerne, qui arrivaient
enfin, ils avaient suivi, à la file, un chemin de neige,
d'où cent cavaliers auraient pu les précipiter. La
trompe d'Unterwald mugit dans la vallée, avec les

¹ Observation essentielle que me communique le savant et vé-
nerable M de Roilt, qui traitera tout ceci en maitre dans le volume que nous attendons Je lui dois encore plusieurs details pui-
sés dans le recit ms. d'un témoin oculaire, l ambassadeur mila-
nais Pamcharola.

cornets sauvages de Lucerne et d'Uri. Tous poussaient
un cri de vengeance « Granson! Granson[1]... » Les
Bourguignons de la seconde ligne, qui reculaient déjà
vers la troisième, virent avec épouvante ces bandes
s'allonger sur leur flanc. Du camp même partit le cri
Sauve qui peut[1] .. Dès lors, rien ne put les arrêter, le
duc eut beau les saisir, les frapper de l'épée, ils s'en-
furent en tous sens Il n'y eut jamais de déroute plus
complète. « Les Ligues, dit le chroniqueur avec une
joie sauvage, les Ligues, comme grêle, se ruent dessus,
dépeçant de çà de là ces beaux galants, tant et si
bien sont déconfits en val de route ces pauvres Bourguignons, que semblent-ils fumée épandue par le vent
de bise. »

Dans cette plaine étroite, peu de gens avaient combattu. Il y avait eu panique et déroute[2] plus que véritable défaite. Commines qui, étant avec le roi, n'eût
pas mieux demandé sans doute que de croire la perte
grande, dit qu'il ne périt que sept hommes d'armes[3][2]
Les Suisses disent mille hommes.

---

[1] *Récit ms. de Panicharola* (communiqué par M de Roilt).

[2] Le duc fut entraine dans la déroute. Son fou, le Glorieux, galopait, dit-on, près de lui, et il aurait osé dire à cet homme terrible et dans un tel moment : « Nous voila bien *Hannibales*[1] »
Le mot n'est guère probable Cependant, il paraît que Charles le
Temeraire, qui n'aimait personne, aimait son fou Je vois qu'en
1475, au milieu de ses plus grands embarras d'argent, il voulut
lui faire un present qui ne lui coutât rien, il invita ses barons et
les dames de sa cour à lui donner une chaine d or Ils aimerent
mieux lui donner chacun quatre nobles à la rose (Cibrario) Voir
Jean-Jacques Fugger, Miroir de la maison d'Autriche

[3] Six cents Bourguignons et vingt-cinq Suisses, selon les Alsa-

Il avait perdu peu, perdu infiniment. Le prestige
avait disparu ; ce n'était plus Charles *le terrible*. Tout
vaillant qu'il était, il avait montré le dos ., Sa grande
épée d'honneur était maintenant perdue à Fribourg ou
à Berne. La fameuse tente d'audience en velours rouge
où les princes entraient en tremblant, elle avait été
ouverte par les rustres avec peu de cérémonie. La
chapelle, les saints de la maison de Bourgogne qu'il
emportait avec lui dans leurs châsses et leurs reliquaires, ils s'étaient laissés prendre ; ils étaient maintenant les saints de l'ennemi. Ses diamants célèbres,
connus par leur nom dans toute la chrétienté, furent
jetés d'abord comme morceaux de verre et traînaient
sur la route. Le symbolique collier de la Toison, le
sceau ducal, ce sceau redouté qui scellait la vie ou la
mort, tout cela, manié, montré, sali, moqué ! Un Suisse
eut l'audace de prendre le chapeau qui avait couvert
la majesté de ce front terrible (contenu de si vastes
rêves[1]), il l'essaya, il rit, et le jeta par terre[1]..

Ce qu'il avait perdu, il le sentait, et tout le monde
le sentait[2]... Le roi, qui jusque-là était assez négligé à

---

ciens *Chronique ms de Strasbourg* (communiquée par M Strobel)

[1] Les Fugger furent seuls assez riches pour acheter le gros
diamant (qui avait orné la couronne du Mogol), et le splendide
chapeau de velours aune, a l'italienne, cercle de pierreries État
de ce qui fut trouvé au camp de Granson, 1790, 4° M Peignot en
a donné l'extrait dans ses Amusements philologiques.

[2] Notre greffier de Paris le sent a merveille Il lui échappe un
petit cri de joie quand il voit le duc   « Fuyant sans arrester, et
souvent regardoit derriere luy vers le lieu ou fut faicte sur luy
ladite destrousse, jusques a Joigne, ou il y a huict grosses heues,

Lyon, qui envoyait partout et partout était mal reçu, vit peu à peu le monde revenir. Le plus décidé était le duc de Milan, qui offrait cent mille ducats comptant si le roi voulait tomber sur le duc, le poursuivre sans paix ni trêve. Le roi René, qui n'attendait qu'un envoyé du duc pour le mettre en possession de la Provence[1], vint s'excuser à Lyon, il était vieux, son neveu, son héritier, malade[2]. Louis XI, en les voyant, jugea qu'il n'irait pas bien loin et il leur fit une bonne pension viagère, moyennant quoi ils lui assuraient la Provence après eux. Il se faisait fort de leur survivre, quoique faible et déjà souffreteux. Mais enfin il venait de battre gaillardement le duc de Bourgogne par ses amis les Suisses. Il alla en rendre grâces à Notre-Dame du Puy, et au retour il prit deux maîtresses. Il promenait dans Lyon par les boutiques le vieux René pour l'amuser aux marchandises[3]; lui, il prit les

qui en valent bien seize *de France la jolie, que Dieu saulve et garde »* Jean de Troyes

[1] Philippe de Bresse s'empara d'un projet *écrit de la propre main* du duc de Bourgogne, dans lequel il ordonnait a M. de Châteauguyon de lever des troupes en Piemont pour assurer l'invasion de la Provence qu'il meditait. L'original fut envoye a Louis XI. (Villeneuve Bargemont.)

[2] Mathieu conte que René, ne pouvant accorder son neveu Charles du Maine et son petit-fils René II, jeta une epaule de mouton a deux chiens qui se batallierent, et alors on lâcha un dogue qui enleva le morceau dispute — Du temps de Mathieu, on voyait encore cet embleme en relief dans une chaire de l'oratoire de René, a Saint-Sauveur d'Aix

[3] C'etait sa creation des foires de Lyon qui l'avait brouille avec la Savoie. Il montrait cette resurrection du commerce lyonnais comme son ouvrage. Le commerce avait deserte les foires de Ge-

marchaudes, deux Lyonnaises. la Gigonne et la Passe-
filon [1].

La duchesse de Savoie, sa vraie sœur, joua double;
elle lui envoya un message à Lyon, et, elle-même,
elle alla trouver le duc de Bourgogne

Il s'était établi chez elle, à Lausanne, au point central où il pouvait réunir au plus tôt les troupes qui lui
viendraient de la Savoie, de l'Italie et de la Franche-
Comté. Ces troupes arrivaient lentement à son gré, il
se consumait d'impatience Lui-même, il avait contribué à effrayer et disperser ceux qui avaient fui, à les
empêcher de revenir, en les menaçant du dernier supplice Dans son inaction forcée, la honte de Granson, la
soif de la vengeance, l'impuissance sentie la première
fois, et de trouver qu'il n'était qu'un homme [1].. il
étouffait, son cœur semblait près d'éclater.

Il était à Lausanne, non dans la ville, mais dans son

nève, les marchands ne s'y arrêtaient plus, ils traversaient la
Savoie en fraude pour arriver a Lyon De là des violences, des
saisies plus ou moins légales. De la la fameuse histoire des peaux
de mouton saisies, que Commines s'amuse a donner pour cause de
cette guerre, afin d'en tirer la fausse et banale philosophie *des
grands effets par les petites causes.* — M de Gingins le rectifie
très-bien. Sur la guerre des foires de Lyon et de Genève. V.
Ordonnances, t XV, 20 mars, 8 octobre 1462, et XVII, nov.
1467.

[1] « En soy retournant dudit Lyon, fist venir après luy deux
damoiselles dudit lieu jusques à Orleans, dont l'une estoit nommée la Gigonne, qui aultrefois avoit esté mariee à un marchant
dudit Lyon, et l'autre estoit nommee la Passe-Fillon, femme aussi
d'un marchant dudit Lyon Le roi maria Gigonne a un jeune fils
natif de Paris, et au mary de Passe-Fillon donna l'office de conseiller en la Chambre des comptes a Paris. » Jean de Troyes
p 40-41.

camp sur la hauteur qui regarde le lac et les Alpes.
Seul et farouche, laissant sa barbe longue, il avait dit
qu'il ne la couperait pas jusqu'à ce qu'il eût revu le visage des Suisses. A peine s'il laissait approcher son
médecin, Angelo Cato, qui pourtant lui mit des ven-
touses, lui fit boire un peu de vin pur (il était buveur
d'eau), parvint même à le faire raser[1]. La bonne duchesse de Savoie vint pour le consoler ; elle fit venir
de la soie de chez elle pour le rhabiller ; il était dé-
chiré, en désordre, et tel que Granson l'avait fait ..
Elle ne s'en tint pas là, elle habillait les troupes, elle
faisait faire des chapeaux, des ceintures De Venise, de
Milan même (qui traitait contre lui), il lui venait de
l'argent, toute sorte d'équipements. Du pape et de Bo-
logne, il tira quatre mille Italiens. Il compléta sa
bonne troupe de trois mille Anglais De ses États arrivèrent six mille Wallons, de Flandre enfin et des
Pays-Bas deux mille chevaliers ou fieffés qui, avec
leurs hommes, formaient une belle cavalerie de cinq
ou six mille hommes. Le prince de Tarente, qui était
près du duc lorsqu'il fit la revue, en compta vingt-
trois mille, sans parler des gens très-nombreux du
charroi et de l'artillerie. Ajoutez neuf mille hommes,
et plus tard quatre mille encore pour l'armée savoyarde du comte de Romont. Le duc, se retrouvant à
la tête de ces grandes forces, reprit tout son orgueil,
jusqu'à menacer le roi pour les affaires du pape ; ce

---

[1] Commines place cette maladie trop tard. Il est bien établi par
Schilling et autres contemporains qu'il l'eut à Lausanne, c'est-a-
dire *après le premier revers.*

n'était plus assez pour lui de combattre les Suisses.
Les efforts inouis que le comte de Romont avait
faits et fait faire, ruinant la Savoie pour le camp de
Lausanne, pour écraser les confédérés, confirmaient
le dire général qui courait que le duc avait promis sa
fille au jeune duc de Savoie, qu'un partage était fait
d'avance des terres de Berne, et que déjà dans son
camp il en avait conféré les fiefs. Berne écrivait lettre
sur lettre, les plus pressantes, aux villes d'Allemagne,
au roi, aux cantons Le roi, selon son usage, promit secours et n'envoya personne. Les confédérés des montagnes étaient justement à l'époque de l'année ou ils
mènent les troupeaux dans les hauts pâturages. Ce n'é-
tait pas chose facile de les faire descendre, de les réunir Ils ne comprenaient pas bien que, pour défendre
la Suisse, il fallût faire la guerre au pays de Vaud[1].

C'était pourtant sur la limite que la guerre allait
commencer. Berne jugea avec raison qu'on attaquerait d'abord Morat qu'elle regardait comme son faubourg, sa garde avancée Ceux qu'on y envoya pour
défendre cette ville n'étaient pas sans inquiétude, se
souvenant de Granson, de sa garnison sans secours,
perdue, noyée Pour les bien assurer qu'on ne les abandonnerait pas, on prit dans les familles où il y avait
deux frères, un pour Morat, un pour l'armée de Berne
L'honnête et vaillant Bubenberg promit de défendre

---

[1] Dès le commencement, en 1475, Berne eut beaucoup de peine
à entraîner Unterwald. En 1476, les habitants même de la campagne de Berne se decidèrent difficilement a prendre part a cette
expédition de Morat, qui promettait peu de butin. Stettler, Bio-
graphie de Bubenberg Tillier, II, 289.

Morat, et l'on remit sans hésiter ce grand poste de confiance au chef du parti bourguignon.

Là cependant était le salut de la Suisse, tout dépendait de la résistance que ferait cette ville; il fallait donner le temps aux confédérés de s'assembler, tandis que leur ennemi était prêt. Il n'en profita guère Parti le 27 de Lausanne, arrivé le 10 juin devant Morat, il l'entoura du côté de la terre, lui laissant le lac libre, pour recevoir à sa volonté des vivres et des munitions. Il se croyait trop fort apparemment et croyait emporter la ville [1]. Des assauts répétés dix jours durant ne produisirent rien Le pays était contre lui Tout ami que le duc était du pape, et menant le légat avec lui, la campagne avait horreur de ses Italiens, comme de gens infâmes et hérétiques [2] A Laupin, un curé menait bravement sa paroisse au combat.

Morat tint bon, et les Suisses eurent le temps de se rassembler Les habits rouges [3] d'Alsace arrivèrent malgré l'empereur; avec eux, le jeune René, duc sans duché, dont la vue seule rappelait toutes les injustices du Bourguignon [4]. Ce jeune homme de vingt

---

[1] La tradition veut qu'il ait dit · « Je déjeunerai a Morat, je dinerai a Fribourg, je souperai a Berne » Berchtold.

[2] On en avait brûlé dix-huit a Bâle, comme coupables de sacrilèges, de viols, etc , d'heresies monstrueuses « Ce qui fut nonseulement agreable à Dieu, mais bien honorable a tous les Allemands, comme preuve de leur haine pour telles heresies. » Diebold Schilling, p 144

[3] Strasbourg et Schelestadt en rouge (Strasbourg rouge et blanc, selon le *ms communiqué par M Strobel*), Colmar rouge et bleu, Waldshut noir, Landau blanc et vert, etc Chant sur la bataille d Hericourt, dans Schilling, p 146.

[4] La chronique de Lorraine (Preuves de D Calmet, p. LXVI-

ans venait combattre, mais le petit duc de Gueldre ne pouvait venir, prisonnier qu'il était, ni le comte de Nevers, ni tant d'autres, dont la ruine avait fait la grandeur de la maison de Bourgogne

Si le roi n'aida pas directement les Suisses, il n'en travailla pas moins bien contre le duc, en montrant partout ce beau jeune exilé[1], il lui donna de l'argent, une escorte. René alla d'abord voir sa grand'-mère, qui le rhabilla, l'équipa[2] Puis, avec cette escorte française, il traversa son pays, sa pauvre Lorraine, où tout le monde l'aimait[3], et personne pour-

---

LXVII, contient des détails touchants, un peu romanesques peut-être, sur la misère du jeune René, entre son faux ami Louis XI et son furieux ennemi, sur son dénument, sur l'intérêt qu'il in - pirait, etc.

[1] Quand il entra à Lyon, les marchands allemands ayant demandé d'avance quelle livrée il portait (blanc, rouge et gris), ils la prirent tous, les chapeaux de même, et à chacun trois plumes de ces couleurs

[2] « Elle vit que son beau fils et ses gens n'estoient point vestus de soye, elle appela son maître d'hostel, disant Prenez or et argent, allez à Rouen acheter force velours et satin, et tost revenez Le maistre d'hostel ne faillit mye, assez en apportit Ladite dame, voyant que le duc estoit en grand soucy, lui dict Mon beau fils ne vous esbahissez mye, se vostre duché perdu avez, j'ay là, Dieu mercy, assez pour vous entretenir Respondit le duc. Madame, et belle-mère grande, encore ay esperance La bonne dame à luy se descouvra, elle sy vielle et fort malade, lui disant Vous voyez, mon beau fils, en quel estat je suis je n'en peux plus, mourir me convient maintenant, tous mes biens vous mets en main, et sans faire testament Le duc ne la volt mye refuser, puisqu'ainsy son plaisir estoit aussy c'estoit son vray honneur » Chronique de Lorraine

[3] On faisait des récits de la bonté du jeune prince Un prisonnier bourguignon se plaignait de manquer de pain depuis vingt-

tant n'osait se déclarer A Saint-Nicolas, près Nancy,
il entendit la messe, dit la chronique . La messe ouïe,
passa près de lui la femme du vieux Walleter, et,
sans faire semblant de rien, elle lui donna une bourse
où il y avait plus de 100 florins; il baissa la tête en la
remerciant [1].

Ce jeune homme innocent, malheureux, abandonné
de ses deux protecteurs naturels, le roi et l'empereur,
et qui venait combattre avec les Suisses, apparut au
moment même de la bataille comme une vivante
image de la justice persécutée et de la bonne cause
Les bandes de Zurich rejoignirent en même temps.

La veille au soir, pendant que tout le monde à Berne
était dans les églises à prier Dieu pour la bataille,
ceux de Zurich passèrent Toute la ville fut illumi-
née, on dressa des tables pour eux, on leur fit fête.
Mais ils étaient trop pressés, ils avaient peur d'arriver tard ; on les embrassa en leur souhaitant bonne
chance. . Beau moment et irréparable, de fraternité si
sincère [1] et que la Suisse n'a retrouvé jamais [2].

quatre heures : « Si tu n'en as pas eu hier, dit René, c'est par ta
faute, falloit m'en dire, ainsi seroit la mienne, si en manquoit en
avant » Et il lui donna ce qu'il avait d'argent sur lui (Villeneuve
Bargemont)

. [1] De la, poursuivant son voyage, il entre en pays allemand,
tous les seigneurs, etc , viennent le joindre, et le chroniqueur qui
le suivait, se dedommage de sa misère et de ses jeûnes, en con-
tant tout au long l'abondance de cette bonne cuisine allemande,
les vins, les victuailles, il demande aux Allemands si c'est ainsi
qu'ils vivent tous les jours, etc

[2] Les deux vaillants greffiers de Berne et de Zurich, qui com-
battirent et écrivirent ces beaux combats, Diebold et Etterlin, en
ont le souffle encore, la serenité magnanime des forts dans le pé-

Ils partirent à dix heures, chantant leur chant de
guerre, marchèrent toute la nuit, malgré la pluie, et
arrivèrent de bonne heure. Tous entendirent matines
Puis on fit nombre de chevaliers, nobles ou bourgeois[1],
n'importe Le bon jeune René, qui n'était pas fier,
voulut en être aussi Il n'y eut plus qu'à marcher au
combat Plusieurs, par impatience (ou par dévotion?)
ne prirent ni pain, ni vin, et jeûnèrent dans ce jour
sacré (22 juin 1476).

Le duc, averti la veille, ne voulut jamais croire qui
l'armée des Suisses fût en état de l'attaquer Il y avait
à peu près même nombre, environ trente-quatre mille
hommes de chaque côté[2] Mais les Suisses étaient réu-
nis, et le duc commit l'insigne faute de rester divisé,
de laisser loin de lui, à la porte opposée de Morat, les
neuf mille Savoyards du comte de Romont, Son artillerie fut mal placée et sa cavalerie servit peu, parce
qu'il ne voulut jamais changer de position pour lui donner carrière Il mettait son honneur à ne daigner bouger, à ne pas démarrer d'un pied, à ne jamais lâcher
son siége. . La bataille était perdue d'avance Le médecin astrologue, Angelo Cato, avertit le soir même le
prince de Tarente qu'il ferait sagement de prendre

rit — V Tillier, Mallet, etc Guichenon (Histoire de Savoie I,
327) dit à tort que Jacques de Romont commandait à Morat l'a-
vant-garde des Bourguignons

[1] Le tout puissant doyen des bouchers portait la bannière de
Berne

[2] C'est l'opinion commune, celle de Commines Le chanoine de
Neufchatel dit que les Suisses avaient quarante mille hommes.
M de Rodt, d'après des données qu'il croit sûres, leur en donne
seulement vingt-quatre mille.

congé. Dès le passage du duc à Dijon, il avait plu du
sang, et Angelo avait prédit, écrit en Italie la déroute
de Granson. Celle de Morat était plus facile à prévoir

Au matin, par une grande pluie, le duc met son
monde sous les armes, puis, à la longue, les arcs se
mouillant et la poudre, ils finissent par rentrer. Les
Suisses prirent ce moment De l'autre versant des montagnes boisées qui les cachaient, ils montent, au sommet
ils font leur prière. Le soleil reparaît, leur découvre le
lac, la plaine et l'ennemi. Ils descendent à grands pas
en criant Granson ! Granson ! Ils fondent sur le re-
tranchement Ils le touchaient déjà que le duc refusait
encore de croire qu'ils eussent l'audace d'attaquer.

Une artillerie nombreuse couvrait le camp, mais mal
servie et lente, comme elle était partout alors La cavalerie bourguignonne sortit, ébranla l'autre, René
eut un cheval tué, les fantassins vinrent en aide, les
immuables lances. Cependant un vieux capitaine suisse,
qui avait fait les guerres des Turcs avec Huniade,
tourne la batterie, s'en empare, la dirige contre les
Bourguignons. D'autre part, Bubenberg, sortant de
Morat, occupe par cette sortie le corps du bâtard de
Bourgogne Le duc, n'ayant ni le bâtard, ni le comte
de Romont, n'avait guère que vingt mille hommes
contre plus de trente mille [1]. L'arrière-garde des Suisses
qui n'avait pas donné, passa derrière les Bourguignons,
pour leur couper la retraite. Ils se trouvèrent ainsi pris
des deux côtés, pris du troisième encore par la garnison
de Morat Le quatrième était le lac . Au milieu, il y

[1] Si l'on adopte ce chiffre moyen entre les versions opposées.

eut résistance, et terrible ; la garde se fit tuer, l'hôtel
du duc, tuer. Tout le reste de l'armée, foule confuse,
éperdue, était peu à peu poussé vers le lac...Les cavaliers enfonçaient dans la fange, les gens à pied se
noyaient[1] ou donnaient aux Suisses le plaisir de les
tirer comme à la cible. Nulle pitié ; ils tuèrent jusqu'à
huit ou dix mille hommes dont les ossements entassés
formèrent pendant trois siècles un hideux monument[2].

[1] Il y a ce mot féroce dans le chant de Morat : « Beaucoup sau-
taient dans le lac, et pourtant n'avaient pas soif. » Diebold Schilling. Ce chant naïvement cruel du soldat ménétrier, Veit Weber,
qui lui-même a fait ce qu'il chante, ressemble peu dans l'original
à la superbe poésie (moderne en plusieurs traits) que Koch, Bod-
mer, et en dernier lieu Arnim et Brentano, ont imprimée : Des-
knaben Wunderhorn 1819, I, 58. MM. Marmier, Loeve, Tousse-
nel, etc., ont traduit dans la Revue des Deux-Mondes (1836), et
autres recueils, les chants de Sempach, Héricourt, Pontarlier, etc.,
qu'on retrouve dans divers historiens, principalement dans
Tschudi et Diebold.

[2] Que nous détruisîmes en passant (1798). Le lac rejette souvent des os, et souvent les remporte. Byron acheta et recueillit
un de ces pauvres naufragés, ballottés depuis trois siècles.

CHAPITRE II

Nancy. Mort de Charles le Téméraire. 1476-1477.

Le duc courut douze lieues jusqu'à Morgues, sans
dire un mot; puis il passa à Gex, où le maître d'hôtel
du duc de Savoie l'hébergea et le refit un peu. La duchesse vint, comme à Lausanne, avec ses enfants et lui
donna de bonnes paroles. Lui, farouche et défiant, il
lui demanda si elle voulait le suivre en Franche-Comté.
Il n'y avait à cela nul prétexte. Les Savoyards, avant
la bataille, avaient repris leurs places dans le pays de
Vaud et pouvaient les défendre, leur armée étant
restée entière. La duchesse refusa doucement; puis le
soir, étant partie de Gex avec ses enfants, Ollivier de

la Marche l'enlève aux portes Un seul des enfants échappa, le seul qu'il importât de prendre le petit duc Ce guet-apens, aussi odieux qu'inutile, fut un malheur de plus pour celui qui l'avait tenté[1].

Il réunit à Salins les états de Franche-Comté. Il parla fièrement, avec son courage indomptable, de ses ressources et de ses projets, du futur royaume de Bourgogne. Il allait former une armée de quarante mille hommes, taxer ses sujets au quart de leur avoir .. Les états en frémirent, ils lui représentèrent que le pays était ruiné, tout ce qu'ils pouvaient lui offrir, c'étaient trois mille hommes et seulement *pour garder le pays*

« Eh bien ! s'écria le duc il vous faudra bientôt donner à l'ennemi plus que vous ne refusez à votre prince. Je m'en irai en Flandre, j'y résiderais toujours J'ai là des sujets plus fidèles. »

Ce qu'il disait aux Comtois, il le disait aux Bourguignons, aux Flamands, et n'obtenait pas davantage. Les états de Dijon ne craignirent pas de déclarer que c'était une guerre inutile, qu'il ne fallait pas fouler le peuple pour une querelle mal fondée, sans espoir de succès[2]. La Flandre fut plus dure Elle répondit (selon la lettre du devoir féodal, mais la lettre était une insulte) que

---

[1] Pour croire, avec M. de Gingins, que cet enlèvement était concerté entre le duc de Bourgogne et la duchesse elle-même, afin de menager les apparences à l'egard du roi, il faut oublier entièrement le caractère du duc

[2] Courte-Epee et Barante-Gachard, II, 52, La recette, sans y comprendre la monnaie ni les aides, s'etait elevee, dans les seules années dont nous ayons le compte 1473-4, à 81 000 livres Communiqué par M Garnier, employé aux *Archives de Dijon.*

s'il était environné des Suisses et Allemands, sans avoir
assez d'hommes pour se dégager, il n'avait qu'à le leur
faire dire, les Flamands iraient le chercher,

Quand ce mot lui parvint, il eut un accès de fureur.
Il dit que ces rebelles le payeraient cher, que bientôt il
irait jeter bas leurs murs et leurs portes Puis il sentit
qu'il était seul, et il tomba dans un grand abattement
Rejeté des Flamands aux Français, des Français aux
Flamands, que lui restait-il [1] Quel était maintenant
son peuple, son pays de confiance[2] La Comté même
envoya sous main au roi de France pour traiter de
la paix[2]. La Flandre lui refusa sa fille ! Après Granson,
il avait écrit qu'on lui envoyât mademoiselle de Bourgogne, mais les Flamands ne jugèrent pas à propos de
se dessaisir de l'héritière de Flandre Après tout, s'il
l'eût eue, où l'eût-il déposée ?

Ses sujets néanmoins n'avaient pas tout le tort Indé-
pendamment de ce dur gouvernement qui les avait sur-
menés, excédés, pour d'autres causes encore, plus générales et plus durables, ils déclinaient, la vie baissait
chez eux, leurs ressources n'étaient plus les mêmes.
Le jeune empire de la maison de Bourgogne se trouvait
déjà vieux sous son pompeux habit[3]. Les arts qui en-

[1] Nous n'avons pas tout dit Mais la Zélande, dès 1472, s'étant
révoltée contre les taxes, et Zierickzee n'avait pu être réduite que
par des exécutions sanglantes Documents Gachard, II, 270 « En
1474, le clergé de Hollande refusa d'une manière absolue de rien
payer de ce que le duc demandait, etc (Communiqué par
M. Schayez, d'après les *Archives générales de Belgique*)

[2] Barante-Gachard.

[3] Cette fatigue précoce, après Van Eyck, après le premier moment de la Renaissance, s'exprime dans les peintures mélancoli-

richissent avaient été longtemps concentrés dans les
Pays-Bas, puis ils s'étaient répandus au dehors. Louvain, Gand, Ypres, ne tissaient plus pour le monde;
l'Angleterre imitait; Liège et Dinant ne battaient plus
pour la France et l'Allemagne, les fugitifs y avaient
désormais porté leur enclume. Bruges était florissante,
mais la Bruges étrangère plutôt, la Hanse brugeoise
et non pas la vieille commune de Bruges, celle-ci avait
péri en 1436, et la commune de Gand un peu après. Il
était plus facile de détruire la vie communale que de
susciter à la place la vie nationale, et le sentiment
d'une grande patrie.

Quant à lui-même, je croirais volontiers que la puissance d'un véritable empire, d'un ordre général où
s'harmoniserait ce chaos de provinces, cette pensée ex-
cusait à ses yeux les moyens injustes qu'un homme de
noble nature, comme il était, eût pu se reprocher. Ces
injustices de détail disparaissaient pour lui dans la justice totale de cet ordre futur. C'est peut-être pour cela

ques d'Hemling; c'est une reaction *mystique*, après l'élan de la
nature. Autant le premier est jeune et puissant, autant le second
est rêveur. Van Eyck est le vrai peintre de Philippe le Bon, le
peintre de la Toison et des douze maitresses. Hemling (c'est du
moins la tradition brugeoise) a suivi, tout jeune, le duc Charles
dans sa malheureuse guerre de Granson et de Morat, il est revenu
malade, et soigné a l'hôpital de Bruges, il y a laissé son Adoration
des Mages, ou l'on croit le voir coiffé du bonnet des convales-
cents. Puis, vient son Apothéose de sainte Ursule (véritable
transfiguration de la femme du Nord', en memoire des bonnes be-
guines qui l'avaient soigné. V Ursula, par Keversberg. — Quiconque regardera longtemps (a la Pinacothèque de Munich ou
dans les gravures) la suite de ces pieuses élégies y entendra la
voix du peintre, la plainte du XVe siècle.

qu'il ne se sentit pas coupable, et ne recourut point au
vrai remède que donne le sage Commines Retourner
à Dieu, reconnaître ses fautes . Il n'eut point ce retour
salutaire, il eut, ce semble, le malheur de se croire
juste et de donner le tort à Dieu.

Il avait trop voulu des choses infinies .. L'infini¹ qui
ne l'aime ? Jeune, il aima la mer, plus tard les Alpes¹. .
Ces volontés immenses nous semblent folles, et les
projets, sans nul doute, dépassaient les moyens Cependant, en ce siècle, on avait vu de telles choses que
les idées du possible et de l'impossible s'étaient un peu
brouillées.

C'était le temps ou l'infant D Henri, cousin du Téméraire, pénétrait ce profond Midi, le monde de l'or, et
chaque jour en rapportait des monstres. Et, sans aller
si loin, sous nos yeux, les rêves les plus bizarres s'é-
taient trouves reels, les révolutions moutes des Roses,
ces changements à vue, les royaumes gagnes, perdus
d'un coup de dé, tout cela étendait le possible bien
loin dans l'improbable.

Le malheureux eut le temps de rouler tout cela, deux
mois durant qu'il resta près de Joux, dans un triste
château du Jura. Il formait un camp et il n'y avait
personne, à peine quelques recrues Ce qui venait, et
coup sur coup, c'étaient les mauvaises nouvelles tel
allié avait tourne, tel serviteur désobéi, une ville de
Lorraine s'était rendue et le lendemain une autre... A

¹ De là sans doute aussi ce goût pour l'art qui reveille le plus
en nous le sens de l'infini, je veux dire pour la musique Ce gout,
qui surprend dans un homme si rude, lui est attribue par tous les
ontemporains Chastellain Thomas Basin, etc

tout cela il ne disait rien [1], il ne voyait personne, il
restait enfermé Il lui eût fait grand bien, dit Commines
de parler, « de monstrer sa douleur devant l'espécial
amy » Quel ami ? Le caractère de l'homme n'en com-
portait guère, et une telle position le comporte rare-
ment. on fait trop peur pour être aimé

Il fût probablement devenu fol de chagrin (il y avait
eu beaucoup de fols dans sa famille [2]), si l'excès même
du chagrin et de la colère ne l'avait relancé Il lui revint de tous côtés qu'on agissait déjà comme s'il était
mort Le roi, qui jusque là l'avait tant ménagé, fit
enlever dans ses terres, dans son château de Rouvre,
la duchesse de Savoie Il conseillait aux Suisses d'envahir la Bourgogne, lui, il se chargeait de la Flandre.
Il donnait de l'argent à René, qui peu à peu reprenait
la Lorraine Ce dernier point était celui que le duc
avait le plus à cœur, la Lorraine était le lien de ses
provinces, le centre naturel de l'empire bourguignon ;
il avait, dit-on, désigné Nancy pour capitale

Il partit dès qu'il eut une petite troupe, et il arriva
encore trop tard (22 octobre), trois jours après que
René eut repris Nancy Repris, mais non approvi-
sionné, en sorte qu'il y avait à parier qu'avant que
René trouvât de l'argent, louât des Suisses, formât
une armée, Nancy serait réduit Le légat du pape tra-

---

[1] Il n'est pas exact de dire qu'il ne fit rien Voir les lettres violentes qu'il écrivait, celle entre autres au fidèle Hugonet, où il le
menace de reprendre sur -ou bien l'argent qu'il a employé a payer
les garnisons, que les États devaient payer *Bibl royale, mss
Béthune*, 8508

[2] Charles VI, Henri VI, Guillaume l'insensé, etc, etc.

vaillait les Suisses pour le duc de Bourgogne et balançait chez eux le crédit du roi de France

Tout ce que René obtint d'abord, ce fut que les confédérés enverraient une ambassade au duc pour savoir ses intentions. Ce n'était pas la peine d'envoyer, on savait bien son dernier mot d'avance . rien sans la Lorraine et le landgraviat d'Alsace

Heureusement René avait près des Suisses un puissant intercesseur, actif, irrésistible, je parle du roi. Après Morat, les chefs des Suisses s'étaient fait envoyer comme ambassadeurs aux Plessis-lez-Tours ; ces braves y trouvèrent leur défaite, leur bon ami le roi, par flatterie, présents [1], amitié, confiance, les lia de si douces chaînes qu'ils firent ce qu'il voulait, lâchèrent leurs conquêtes de la Savoie, laissèrent tout pour un peu d'argent. Les bandes qui avaient fait cette belle guerre se trouvaient renvoyées à l'ennui des montagnes, si elles ne prenaient parti pour René. Le roi offrait, en ce cas, de garantir leur solde. Guerre lointaine, il est vrai, service de louage, ils allaient commencer leur triste histoire de mercenaires Beaucoup hésitaient encore avant d'entrer dans cette voie

La chose pressait pourtant. Nancy souffrait beaucoup. René courait la Suisse, sollicitait, pressait et n'obtenait d'autre réponse sinon qu'au printemps, on

---

[1] L'irreprochable Adrien de Bubenberg reçut du roi cent marcs d'argent (les autres envoyes en eurent chacun vingt), et il n'en fut pas moins, au retour, ce qu'il avait toujours été, le chef du parti bourguignon — Der Schweitzerische Geschichtforscher VII, 195 Le biographe de Bubenberg croit a tort qu'il reçut le collier de Saint-Michel (observation de M J Quicherat).

pourrait bien le secourir. Les doyens des métiers, bouchers, tanneurs[1], gens rudes, mais pleins de cœur (et
grands amis du roi), faisaient honte à leurs villes de
ne pas aider celui qui les avait si bien aidés à la grande
bataille Ils le montraient dans les rues, ce pauvre
jeune prince qui, comme un mendiant, errait, pleurait Un ours apprivoisé, dont il était suivi, faisait
rire, flattait à sa manière, courtisait l'ours de Berne[2] .
On obtint que du moins, sans engager les cantons, il
levât quelques hommes. C'était tout obtenir des que
l'on eût crié qu il y avait à gagner quatre florins par
mois, il s'en présenta tant qu'on fut obligé de leur
donner les bannières de cantons, et il fallut borner le
nombre de ceux qui partaient, tous seraient partis.

La difficulté était de faire cette longue route en
plein hiver, avec dix mille Allemands, souvent ivres,
qui n'obéissaient à personne Tous les embarras qu'eut
René[3], tout ce qu'il lui fallut de patience, d'argent,

[1] « Ung grand bon homme, que tanneur estoit, lequel par la
communaulté pour l'année maistre eschevin estoit   lequel, quand
au conseil fut commença à dire Vous tous, messeigneurs, voyez
comment vecy ce jeune prince le duc Rene, qui nous a si loyau-
nient servi » Preuves de D Calmet

[2] « Avec luy avoit ung ours que toujours le suyvoit, quand le
duc au conseil venoit Ledit ours, quand a l huis vint, commença
a gratter, comme s'il vouloit dire Laissés-nous entrer Lesdicts
du conseil lui ouvrirent — Preuves de D Calmet, p xciii
L'ours est bien moins courtisan dans un récit plus moderne, qui
gâte la scène « Donna deux ou trois coups de patte, d une telle
roideur » Discours des choses avenues en Lorraine Schweitzerische Geschichttorscher, V, 129-131.

[3] A Bâle, au moment de partir, la paye faite, ils demandent la
parpaye, un complement de solde, 1,000 florins Grand embarras;

de flatteries, pour les faire avancer, serait long à
conter. Le duc de Bourgogne croyait, non sans vrai-
semblance, que Nancy ne pourrait attendre un secours si lent Les agents qu'il avait à Neufchâtel, pour
négocier, l'assuraient que les Suisses ne partiraient
jamais.

L'hiver, cette année-là, fut terrible, un hiver de
Moscou. Le duc éprouva (en petit) les désastres de la
fameuse retraite. Quatre cents hommes gelèrent dans
la seule nuit de Noel, beaucoup perdirent les pieds et
les mains[1]. Les chevaux crevaient, le peu qui restait
était malade et languissant. Et cependant comment
quitter le siége, lorsque d'un jour à l'autre tout pouvait finir, lorsqu'un Gascon échappé de la place an-

la prudente ville de Bâle ne prêtait pas sur des conquêtes à faire,
un seigneur allemand emprunta pour René, en laissant ses enfants en gage Restait à donner le *trinkgeld*, une piece d'or par
enseigne, René trouva encore ce pourboire et partit à la tête des
Suisses, à pied, vêtu comme eux et la hallebarde sur l'epaule Ce
n est pas tout, la plupart voulaient aller par eau, les voila en de-
sordre, soldats ivres et filles de joie, qui s'entassent dans de mauvais bateaux. Le Rhin charriait, les bateaux s'ouvrent et beaucoup se noient. Ils s en prennent à René, qui est obligé de se cacher · « Si vous eussiez lors ouy le bruit du peuple, comme il
maudissoit Monseigneur et ses gens, comme malheureux! » —
Dialogue de Joannes et de Ludre, source contemporaine, et capitale pour cette époque *La Bibliotheque de Nancy* en possede
le precieux original (qu'on devrait imprimer), la *Bibl royale* en
a une copie dans les *cartons Legrand*.

[1] Avec cela point de pave, mais des paroles dures, des châtiments terribles. Un capitaine avait dit . « Puisqu il aime tant la
guerre, je voudrais le mettre au canon et le tirer dans Nancy »
Le duc l'apprit et le fit pendre *Chronique ms d'Alsace, communiquée par M. Strobel*.

nonçait que l'on avait mangé tous les chevaux, qu'on
en était aux chiens et aux chats ?

La ville était au duc, s'il en gardait bien les en-
tours, si personne n'y pénétrait Quelques gentils
hommes étant parvenus à s'y jeter, il entra dans une
grande colère et en fit pendre un qu'on avait pris, il
soutenait (à l'Espagnol)[1] que « dès qu'un prince a mis
son siège devant une place, quiconque passe ses lignes
est digne de mort » Ce pauvre gentilhomme, tout
près de la potence, déclara qu'il avait une grande
chose à dire au duc, un secret qui touchait sa personne Le duc chargea son factotum Campobasso de
savoir ce qu'il voulait, il voulait justement lui révé-
ler toutes les trahisons de Campobasso[2]. Celui-ci le
fit dépêcher.

Ce Napolitain, qui ne servait que pour de l'argent,
et qui depuis longtemps n'était pas payé, cherchait un
maître à qui il pût vendre le sien Il s'était offert au
duc de Bretagne, dont il prétendait être un peu parent, puis au roi, il se faisait fort de lui tuer le duc de

---

[1] « Il ne s'en use point en nos guerres, qui sont assez plus
cruelles que la guerre d Italie et d'Espagne, la ou l on use de
ceste coustume » Communes, v V, ch VI, t II, p 18

[2] La chronique de Lorraine, contraire à toutes les autres, prétend que Campobasso voulait le sauver. «Dict le comte de Campobasso, Monsieur, il a faict, comme loyal serviteur Le duc,
quand il vit que ledict comte ainsi fièrement parloit le duc armé
estoit, en ses mains ses gantelets avoit, haulsa sa main, audict
comte donna ung revers » Preuves de D Calmet p XCIII Il ne
faut pas oublier que Campobasso étant devenu, par sa trahison,
un baron de Lorraine le chroniqueur lorrain a dû s'en rapporter
à lui sur tout cela

Bourgogne[1] ; le roi en avertit le duc qui n'en crut
rien. Campobasso enfin, qui autrefois avait servi en
Italie les ducs de Lorraine, et qui, au défaut d'argent, avait reçu d'eux une place, celle de Commerci,
laissa le duc et passa au jeune René, sur la promesse
que Commerci lui serait rendu (1er janvier 1477)

René, avec ce qu'il avait ramassé de Lorrains, de
Français, avait près de vingt mille hommes, et il savait par Campobasso que le duc n'en avait pas quatre
mille en état de combattre Les Bourguignons entre
eux décidèrent qu'il fallait l'avertir de ce petit nombre Personne n'osait lui parler Il était presque toujours enfermé dans sa tente, lisant ou faisant semblant
de lire M. de Chimai, qui se dévoua et se fit ouvrir,
le trouva couché tout vêtu sur un lit et n'en tira
qu'une parole : « S'il le faut, je combattrai seul » Le
roi de Portugal, qui vint le voir, était parti sans
obtenir davantage[2].

---

[1] Il offrait ou de le quitter en pleine bataille, ou de l'enlever
quand il visitait son camp, enfin de le tuer C'était, dit Commines,
une terrible ingratitude. Le duc l'avait recueilli, déjà vieux, pauvre et seul, et lui avait mis en main cent mille ducats par an,
pour payer ses gens comme il voudrait Il l'avait réduit, il est
vrai, après l'échec de Neuss. mais depuis, il s'était plus que jamais livré à lui; au siege de Nancy, Campobasso conduisait tout
L'insistance extraordinaire qu'il mettait dans l'offre de tuer son
maitre devint suspecte au roi, et il avertit le duc Commines aurait bien envie de nous faire croire ici à la delicatesse de Louis XI.
« Le Roy, dit-il, eut la mauvaistie de cest homme en grant mes-
pris. »

[2] Ce bon roi avait pensé qu'il lui serait facile de reconcilier le
duc avec Louis XI, et que celui-ci l'aiderait alors contre la Castille. V. Commines et Zurita.

On lui parlait comme à un vivant, mais il était mort... La Comté négociait sans lui, la Flandre gardait sa fille en otage ; la Hollande, sur le bruit de sa mort qui se répandait, chassa ses receveurs (fin décembre[1])... Le terme fatal était arrivé. Ce qui restait de mieux à faire, s'il ne voulait pas aller demander pardon à ses sujets, c'était de se faire tuer à l assaut ou d'essayer si la petite bande, très-éprouvée, qui lui restait, ne pourrait passer sur le corps à toutes les troupes que René amenait. Il avait de l'artillerie et René n'en avait pas (ou fort peu) Il avait peu d'hommes, mais c'étaient vraiment les siens, des seigneurs et des gentilshommes pleins d'honneur[2], d'anciens serviteurs, très-résignés à périr avec lui[3]

Le samedi soir, il tenta un dernier assaut que les affamés de Nancy repoussèrent, forts qu'ils étaient d'espoir, et de voir déjà sur les tours de Saint-Nicolas

[1] Note communiquée par M Schayez, d'après les *Archives générales de Belgique*

[2] Nommons parmi ceux-ci l'italien Galeotto, qu il avait pris recemment a son service, et qui fut blesse grievement On le confond souvent avec Galiot Genouillac, gentilhomme de Quercy, qui, sous Louis XII et François Ier, fut grand maitre de l artillerie de France (observation de M J Quicherat)

[3] Il faudrait donner ici l'histoire des Beydaels, rois et herauts d'armes de Brabant et de Bourgogne, tous, de pere en fils tues en bataille . Henri, tue a Florennes en 1015; Gerard, tue a Grimberge en 1143 (c est lui qui, a cette bataille, fit suspendre dans son berceau son jeune maitre le duc de Brabant), Henri II, tue a Steppes en 1237, Henri III, tué en 1339 en combattant Philippe de Valois, Jean, tue à Azincourt en 141., Adam Beydaels, enfin, tue à Nancy. Superbe histoire, uniformement heroique, et qui montre sur quels nobles cœurs ces herauts portaient le blason de leurs maitres V Reiffenberg.

les joyeux signaux de la délivrance. Le lendemain,
par une grosse neige, le duc quitta son camp en silence et s'en alla au-devant, comptant fermer la route
avec son artillerie Il n'avait pas lui-même beaucoup
d'espérance, comme il mettait son casque, le cimier
tomba de lui-même « Hoc est signum Dei, » dit-il.
Et il monta sur son grand cheval noir

Les Bourguignons trouvèrent d'abord un ruisseau
grossi par les neiges fondantes, il fallut y entrer,
puis tout gelé se mettre en ligne et attendre les
Suisses. Ceux-ci, gais et garnis de chaude soupe, largement arrosée de vin [1], arrivaient de Saint-Nicolas
Peu avant la rencontre, « un Suisse passa prestement
une étole, » leur montra une hostie, et leur dit que,
quoi qu'il arrivât, ils étaient tous sauvés. Ces masses
étaient tellement nombreuses, épaisses, que tout en
faisant front aux Bourguignons et les occupant tout
entiers, il fut aise de détacher derrière un corps pour
tourner leur flanc, comme à Morat, et pour s'empa-

---

[1] Je tire tous ces détails des deux témoins oculaires, l'aimable
et vif auteur de la Chronique de Lorraine, qui semble avoir écrit
après l'événement, et le sage écrivain qui (vingt-trois ans après)
a consigné ses souvenirs dans le Dialogue de Joannes et de Ludre
Le premier (Preuves de D Calmet) est jeune évidemment, d'un
esprit un peu romanesque, il met en dehors et ramène sans cesse
son amusante personnalité ; c'est toujours lui qui a dit, qui a fait
Il tâche de rimer, tant qu'il peut, et ses rimes naïves valent parfois les rudes chants suisses, conservés par Schilling et Tschudi
— Quant à l'auteur du Dialogue, M Schutz en a cité un fragment
assez long, dans les notes de sa traduction de la Nancéide Ce
poëme de Blarru est aussi une source historique, quoique l'histoire
y soit noyée dans la rhétorique, rhétorique chaleureuse et animée
d'un sentiment national parfois très-touchant

rer des hauteurs qui les dominaient. Un des vainqueurs avoue lui-même que les canons du duc eurent
à peine le temps de tirer un coup. Se voyant pris en
flanc, les piétons lâchèrent pied. Il n'y avait pas à
songer à les retenir. Ils entendaient là-haut le cor mu-
gissant d'Unterwald, l'aigre cornet d'Uri[1]. Leur
cœur en fut glacé. « car, à Morat, l'avoient entendu. »

La cavalerie toute seule, devant cette masse de
vingt mille hommes, était imperceptible sur la plaine
de neige. La neige était glissante, les cavaliers tom-
baient. « En ce moment, dit le témoin qui était à la
poursuite, nous ne vîmes plus que des chevaux sans
maître, toute sorte d'effets abandonnés. » La meilleure partie des fuyards alla jusqu'au pont de Bus-
sière. Campobasso, qui s'en était douté, avait barré
le pont et les attendait. Toute la chasse rabattait pour
lui, ses camarades qu'il venait de quitter lui passaient
par les mains, il les reconnaissait et réservait ceux
qui pouvaient payer rançon.

Ceux de Nancy, qui voyaient tout du haut des murs,
furent si éperdus de joie qu'ils sortirent sans précaution. il y en eut de tués par leurs amis les Suisses,
qui frappaient sans entendre. Une grande partie de la
déroute fut entraînée par la pente du terrain au con-
fluent de deux ruisseaux[2], près d'un étang glacé. La

---

[1] « L'un gros et l'autre clair » Chronique de Lorraine » Ledit
cor fut corné par trois fois, et chacune tant que le vent du souf-
fleur pouvait durer ce qui comme l'on dit esbahit tout M. de
Bourgogne, car déjà à Morat l'avoy oui » La vraye déclaration
de la bataille par René lui-même. Lenglet.

[2] C'est ce que fait comprendre parfaitement l'inspection des
lieux.

glace, moins épaisse sur ces eaux courantes, ne portait pas les cavaliers Là vint s'achever la triste fortune de la maison de Bourgogne. Le duc y trébucha, et il était suivi par des gens que Campobasso avait laissé tout exprès[1] D'autres croient qu'un boulanger de Nancy lui porta le premier coup à la tête, qu'un homme d'armes, qui était sourd, n'entendit pas que c'était le duc de Bourgogne et le tua à coups de pique

Cela eut lieu le dimanche (5 janvier 1477), et le lundi soir on ne savait pas encore s'il était mort ou en vie Le chroniqueur de René avoue naïvement que son maître avait grand'peur de le voir revenir. Au soir, Campobasso, qui peut-être en savait plus que personne, amena au duc un page romain de la maison Colonna, qui disait avoir vu tomber son maître. « Ledict page bien accompagné, s'en allirent .. Commencèrent à chercher tous les morts ; estoient tous nuds et engellez, à peine les pouvoit-on congnoistre Le page, véant de çà et de là, bien trouvoit de puissantes gens, et de grands, et de petits, blancs comme neige Tous les retournoit ,. Hélas ! dict-il, voicy mon bon seigneur   »

« Quand le duc ouyt que trouve estoit, bien joyeux en fut, nonobstant qu'il eust mieux voulu que en ses pays eust demeuré, et que jamais la guerre n'eust contre luy

---

[1] « Ay congneu deux ou trois de ceux qui demourèrent pour tuer ledict duc » Commines Il ajoute un mot froid et dur sur ce corps dépouillé, qu'il avait vu souvent habiller avec tant de respect par de grands personnages « J'ay veu à Milan un signet (un cachet) que maintesfois avois veu pendre a son pourpoint. . *Celluy qui le luy osta luy fut mauvais varlet de chambre . »*

commencé... Et dit Apportez-le bien honnestement.
Dedans de beaux linges mis, fut porté en la maison de
Georges Marquiez[1], en une chambre derrière. Ledict
duc honnestement lavé, il estoit blanc comme neige, il
estoit petit, fort bien membré, sur une table bien enveloppé dedans des blancs draps, ung oreille de soye,
dessus sa teste une estourgue rouge mis, les mains
joinctes la croix et l'eau benoiste auprès de luy, qui
voir le vouloit, on n'en destournoit nulles personnes.
les uns prioient Dieu pour luy, et les austres non...
Trois jours et trois nuicts, là demeure. »

Il avait été bien maltraité Il avait une grande plaie
à la tête, une blessure qui perçait les cuisses, et encore
une au fondement Il n'était pas facile à reconnaître.
En dégageant sa tête de la glace, la peau s'était enle-
vée Les loups et les chiens avaient commencé à dévo-
rer l'autre joue. Cependant ses gens, son médecin, son
valet de chambre et sa lavandière[2], le reconnurent à
sa blessure de Montlhéry, aux dents, aux ongles et à
quelques signes cachés

Il fut reconnu aussi par Olivier de la Marche et plusieurs autres des principaux prisonniers « Le duc René
les mena voir le duc de Bourgogne, entra le premier
et la tête desfula (découvrit) . A genoux se mirent :
Hélas, dirent, voilà nostres bon maître et seigneur...
Le duc fit crier par toute la ville de Nancy que tous

---

[1] On a continue jusqu'aujourd'hui de paver en pierre noire la
place où le corps fut posé dans la rue avant de passer le seuil,
corps que l'on croirait gigantesque comme celui de Charlemagne,
si l'on en jugeait par la place, qui est de huit pieds

[2] Dialogue de Ludre

chefs d'hostel chascun eussent un cierge en la main, et à Saint-Georges fit préparer tout à l'environ des draps noirs, manda les trois abbés. . et tous les prebstres des deux lieues à l'entour. Trois haultes messes chantirent. » René en grand manteau de deuil, avec tous ses capitaines de Lorraine et de Suisse, vint lui jeter l'eau bénite, « et lui ayant pris la main droite, par-dessous le poêle, » il dit bonnement · « Hé dea ! beau cousin, vos âmes ait Dieu ! Vous nous avez fait moult maux et douleurs [1]. »

Il n'était pas facile de persuader au peuple que celui dont on avait tant parlé était bien vraiment mort. Il était caché, disait-on, il était tenu enfermé, il s'était fait moine, des pélerins l'avaient vu en Allemagne, à Rome, à Jérusalem ; il devait reparaître tôt ou tard, comme le roi Arthur ou Frédéric Barberousse, on était sûr qu'il reviendrait. Il se trouvait des marchands qui vendaient à crédit, pour être payés au double, alors que reviendrait ce grand duc de Bourgogne [2].

On assure que le gentilhomme qui avait eu le malheur de le tuer, sans le connaitre, ne s'en consola

[1] René institua une fête a Nancy en souvenir de sa victoire, o. y exposait l'admirable tapisserie (V les gravures dans M Julinnal), le duc venait trinquer a table avec les bourgeois, etc Noel, Memoires pour servir a l'histoire de Lorraine, cinquieme memoire, d'apres l *Origine des céremonies qui se font à la fête des Rois de Nancy, par le père Aubert Rolland cordelier*

[2] Molinet La chronique de Praillon conte qu'en 1482 un homme disait que le duc n'était pas mort, et qu'il n'etait pas « d'un cheveu plus gros, ni plus grand que lui » Leveque de Metz le fit arrêter, mais, après un entretien secret, il le traita bien, ce qui persuada qu'en effet c'etait le duc de Bourgogne (Huguenin jeune)

jamais, et qu'il en mourut de chagrin. S'il fut ainsi regretté de l'ennemi, combien plus de ses serviteurs, de ceux qui avaient connu sa noble nature avant que le vertige lui vint et le perdit ! Lorsque le chapitre de la Toison d'or se réunit la première fois à Saint-Sauveur de Bruges, et que les chevaliers, réduits à cinq, dans cette grande église, virent sur un coussin de velours noir le collier du duc qui tenait sa place, ils fondirent en larmes, lisant sur son écusson, après la liste de ses titres ce douloureux mot : *Trespassé*. [1] »

[1] Molinet, II, 124. Voir le portrait de main de maître qu'en a fait Chastellain et que j'ai cité plus haut ; comparer celui que donne un autre de ses admirateurs, Thomas Basin, évêque de Lisieux (le faux Amelgard), cité par Meyer, Annales Flandriæ, p. 37.

Deux grands et aimables historiens, Jean de Muller et M. de Barante ont raconté tout ceci avec plus de détail. Ils ont voulu être complets, et ils le sont trop quelquefois. J'ai mieux aimé m'attacher à un petit nombre d'auteurs contemporains, témoins oculaires ou acteurs. Muller a le tort de donner parfois, à côté des plus graves témoignages, les *on-dit* de la Chronique scandaleuse et autres, peu informées des affaires de Suisse et d'Allemagne.

CHAPITRE III

Continuation. Ruine du Témérvire. Marie et Maximilien. 1477.

A l'heure même de la bataille, Angelo Cato (depuis archevêque de Vienne) disait une messe devant le roi à Saint-Martin de Tours. En lui présentant la paix, il lui dit ces paroles : « Sire, Dieu vous donne la paix et le repos; vous les avez, si vous voulez. *Consummatum est;* votre ennemi est mort. » Le roi fut bien surpris, et promit, si la chose était vraie, que le treillis de fer qui entourait la châsse deviendrait un treillis d'argent.

Le lendemain de bonne heure, il était à peine jour,

un de ses conseillers favoris qui guettait la nouvelle, vint frapper à la porte et la lui fit passer[1],

Dans cette grave circonstance, l'intérêt du royaume et le devoir du roi étaient très-clairs c'était de réunir à la France tout ce que le défunt avait eu de provinces françaises Quelque intérêt que pût inspirer le duc ou sa fille, la France n'en avait pas moins droit de détruire l'ingrate maison de Bourgogne, sortie d'elle et toujours contre elle, toujours acharnée à tuer sa mère (elle l'avait tuée en 1420, autant qu'on tue un peuple). Ce droit, il n'était pas besoin de l'aller chercher dans le droit féodal ou romain, c'était pour la France le droit d'exister

L'idée d'un mariage entre mademoiselle de Bourgogne qui avait vingt ans, et le dauphin qui en avait huit[2], d'un mariage qui eût donné à la France un quart de l'Empire d'Allemagne, pouvait être, était un rêve agréable, mais il était périlleux de rêver ainsi Il eût fallu, sur cet espoir, laisser passer l'occasion, s'abstenir, ne rien faire, attendre patiemment que les Bourguignons fussent en état de défense, qu'ils eussent

---

[1] Tout le monde connaît ces beaux passages de Commines, le pénétrant regard que le froid et fin Flamand jette sur son maître et sur tous dans le moment ou la joie déborde, ou toute réserve échappe Montaigne n'eut ni vu, ni dit autrement « A grant peine sceut-il quelle contenance tenir Moy et aultres prinsmes garde comme ils disneroient ung seul ne mangea la moytié de son saoul, si, n estoient-ils point honteux de manger avec le Roy, etc »

[2] Mariage plus impossible encore que celui d Angleterre, qui était impossible, au jugement de Louis XI Commines). Elisabeth avait quatre ans de plus que le dauphin, Marie en avait douze!

garni leurs places. Alors, ils auraient dit au roi ce qu'ils durent à la fin « Il nous faut un mari et non pas un enfant... » Et la France restait les mains vides, ni Artois, ni Bourgogne, elle n'aurait peut être pas même repris sa barrière du Nord, son indispensable condition d'existence, les villes de Somme et de Picardie.

Ajoutez qu'en poursuivant ce rêve, on risquait de rencontrer une réalité très-fâcheuse, une guerre d'Angleterre Edouard IV n'avait été éconduit, comme on a vu, que par un traité de mariage entre sa fille et le dauphin. Sa reine, qui le gouvernait absolument, qui n'avait nulle ambition au monde que ce haut mariage, qui faisait appeler partout sa fille Madame la dauphine, ne pouvait s'en dédire. elle aurait renvoyé son mari plutôt dix fois en France.

Louis XI, comme tous les princes du temps, avait été amoureux pour son fils de la grande héritière, il prit des idées plus sérieuses [1] le jour où la succession s'ouvrit, il s'attacha au réel, au possible. Il entra en Picardie et en Bourgogne Il gorgea les Anglais d'argent [2] pour les tenir chez eux, en même temps qu'il leur offrait, en ami, de leur faire part Une chose le servait, la mésintelligence des femmes qui gouvernaient des deux côtés, Marguerite d'York, douairière de

[1] Huit jours encore auparavant, il y songeait encore, ou bien imaginait de marier Mademoiselle à M d'Angoulême C'était. en quelque sorte, recommencer la maison de Bourgogne

[2] Paye « en or *sol*, car en aultre espece ne donnoit jamais argent a grands seigneurs etrangers » Commines Il avait fait frapper tout exprès des ecus au soleil, depuis le traité de Pecquigny (Molinet)

Bourgogne, voulait mettre ce grand héritage dans la maison d'York, en donnant mademoiselle de Bourgogne à un frère qu'elle aimait, au frère d'Édouard, au duc de Clarence. La reine d'Angleterre voulait bien donner un mari anglais, mais son propre frère à elle, lord Rivers, un petit gentilhomme, à la plus riche souveraine du monde. La cabale de Rivers réussit à perdre Clarence [1], ni l'un ni l'autre n'épousa.

Louis XI profita de ce désaccord et se garnit les mains. Il ne se laissa point égarer par les conseils du Flamand Commines [2] qui (comme on croit ce qu'on désire) croyait au mariage de Flandre. Il suivit son intérêt, celui du royaume. Il fit ce qui était raisonnable et politique; les moyens seulement ne furent point politiques.

Il agit de façon à mettre tout le monde contre lui, sa mauvaise nature, maligne et perfide, gâta ce qu'il faisait de plus juste, et la question se trouva obscurcie. On ne voulut plus voir en tout cela qu'une âme cruelle, longtemps contenue, et qui se venge à la fin de sa peur. Qui se venge sur un enfant qu'il semblait devoir protéger, en bonne chevalerie. La compassion fut grande pour l'orpheline. La nature fit taire la raison. On eut pitié de la jeune fille, et l'on n'eut plus pitié de

---

[1] Il périt un an après, 17 février 1478.

[2] Naturellement suspect à Louis XI en cette affaire, parce qu'il était parent de la dame de Commines, principale gouvernante de Mademoiselle, et très-contraire au roi *Généalogie des des maisons de Commines et d'Halleuin*, citée par M. Le Glay, dans sa Notice, à la suite des Lettres de Maximilien et de Marguerite, II, 387.

la vieille France, battue cinquante ans par sa fille, la parricide maison de Bourgogne

Louis XI, ayant le sentiment de son intérêt, de sa cupidité, bien plus que de son droit, fit valoir dans chaque province qu'il envahissait un droit différent[1], à Abbeville le *retour* stipulé en 1444, à Arras la *confiscation*. Dans les Bourgognes, il se présenta hypocritement comme ayant la *garde noble* de Mademoiselle, et voulant lui garder son bien Ruse grossière, qu'elle fait ressortir aisément dans une lettre (écrite en son nom) « Il n'est besoin que ceux qui d'un côté m'ôtent mon bien se donnent pour le garder de l'autre. »

Ce n'est pas tout Il mit la main sur des provinces étrangères au royaume, pays d'Empire, comme la Comté et le Hainaut. La Flandre même, si opposée à la France de langue et de mœurs, la Flandre que ses seigneurs naturels gouvernaient à grand'peine, il eût voulu l'avoir C'est-à-dire que ce qui eût été difficile par le mariage, il le tentait sans mariage. Les meilleures vues se troublent dans le vertige du désir

Mais voyons-le à l'œuvre

Il avait dans les Flandres une belle matière pour brouiller Le duc vivait encore qu'elles ne payaient plus, n'obéissaient plus, tout haletait de révolution

---

[1] Lire une sorte de plaidoyer en faveur de la succession féminine, sous le titre de *Chronique de la duché de Bourgogne* « Pour obéir à ceux qui sur moy ont auctorité, j'ay recueilli, etc Et requiers que, se je dis aucuns points trop aigrement au jugement des gens du Roy ou trop lâchement au jugement du conseil de mesdits seigneur et dame, qu'il me soit pardonné. car, nageant entre deux, j'ay labouré, etc. » *Bibliothèque de Lille. ms E. G*, 33.

Au service funèbre, premier signe, personne aux églises, comme si le mort était excommunié.

Mademoiselle était à Gand, au centre de l'orage Et
il n'y avait pas à tenter de la tirer de la. Ce peuple
l'aimait trop, la gardait, il l'avait refusée à son père
Le petit conseil qu'elle avait autour d'elle n'avait pas
la moindre autorité, étant tout d'étrangers, une Anglaise, sa belle-mère, un parent allemand, le sire de
Ravenstein, frère du duc de Clèves, des Français enfin,
Hugonet et Humbercourt, cela faisait trois nations,
trois intrigues, trois mariages en vue, tous suspects et
avec raison.

Ils crurent calmer le peuple en lui donnant ce qu'il
reprenait sans le demander, ses vieilles libertés (20 janvier) La première liberté était de se juger soi-même,
et le premier usage qu'en firent les Gantais ce fut de
juger leurs magistrats, les grosses têtes de la bourgeoisie, qui, dans la dernière crise (1469), avaient
sauvé la ville en l'humiliant et l'asservissant, depuis,
ces bourgeois occupaient les charges, tantôt cédant au
duc et tantôt résistant; ce sont ces trop fidèles serviteurs qu'il injuria du nom que leur donnait le peuple :
Mangeurs de bonnes villes. Maltraités du prince et du
peuple, enviés d'autant plus qu'ils étaient peuple eux-
mêmes (l'un était corroyeur[1]), peut-être ils gardaient
les mains nettes, mais ils laissaient voler, étant trop

---

[1] « Coureur (*courtier*) de cuirs et un autre carpentier » Journal du tumulte (*Archives de Belgique*), publié par M Gachard
(Preuves, p 17) Académie de Bruxelles, Bulletins, t VI, n° 9.
On voit dans ce journal que ces notables avaient accepté, en 1451,
au nom de la ville, le droit le plus odieux confiscation pros-

petits, trop faibles, pour repousser les grands qui faisaient à la ville l'honneur de puiser dans ses coffres Ils furent arrêtés comme bourgeois et justiciables des échevins, l'un d'eux, qui n'était pas bourgeois, fut renvoyé; il y avait encore quelque modération dans ces commencements

Au 3 février, se réunirent à Gand les états de Flandre et de Brabant, d'Artois, de Hainaut et de Namur. Ils ne marchandèrent pas comme à l'ordinaire, ils furent généreux, ils votèrent cent mille hommes[1] mais c'étaient les provinces qui devaient les lever, le souverain n'avait rien à y voir Pour cette armée sur papier, on leur donna des privilèges de papier, tout aussi sérieux; ils pouvaient désormais se convoquer eux-mêmes, nulle guerre sans leur consentement, etc.

La défense, si difficile avec de tels moyens, dépendait surtout de deux hommes, qui eux-mêmes avaient grand besoin d'être défendus, objets de la haine publique et restés là pour expier les fautes du feu duc Je parle du chancelier Hugonet et du sire d'Humbercourt. Ils n'avaient pour ressource que deux choses médiocrement rassurantes, une armée par écrit, et la modération de Louis XI, C'étaient d'honnêtes gens, mais détestés, et partant ne pouvant rien faire. Leur maître les avait perdus d'avance en leur déléguant ses deux tyrannies, celle de Flandre[1] et celle de Liége. Hugonet

cription des enfants des condamnés, la dénonciation érigée en devoir, etc.

[1] Hugonet, outre ses fonctions de chancelier, semble avoir eu la part principale au maniement des affaires des Pays-Bas Ce petit juge de Beaujolais s'était bien établi, spécialement en Flandre, où

paya pour l'une, Humbercourt pour l'autre. Le jour où l'on sut à Liége la mort du duc[1], le Sanglier des Ardennes partit à la poursuite d'Humbercourt, et il mena son évêque à Gand pour cette bonne œuvre; le comte de Saint-Pol y était déjà pour venger son père, tout le monde était d'accord, seulement les Gantais, amis de la légalité, ne voulaient tuer que juridiquement.

Humbercourt et Hugonet, laissant tout cela derrière eux, et leur perte certaine, vinrent, comme ambassadeurs, trouver le roi à Péronne et demander un sursis Il les reçut à merveille, supposant qu'ils venaient se vendre. Il tenait là le grand marché des consciences, achetait des hommes, marchandait des villes. Ses serviteurs commerçaient en détail, tel demandait à certaines villes ce qu'elles lui donneraient, si, par son grand crédit, il obtenait que le roi voulut bien les prendre.

On vit dans ces marchés des choses inattendues, mais très-propres à faire connaître ce que c'était que la chevalerie de l'époque Il y avait deux seigneurs sur qui le duc eût cru pouvoir compter, Crévecœur en Picardie, en Bourgogne le prince d'Orange Celui-ci, dépouillé par Louis XI de sa principauté, avait été em-

---

il se fit vicomte d'Ypres Le duc (tout en le menant durement, lettre du 13 juillet 1476) lui donnait encore, au moment de sa mort, la seigneurie de Middelbourg

[1] Il y eut une vive réaction à Liége. Raes y revint et avec lui sans doute bien d'autres bannis il mourut le 8 décembre 1477 — Recueil heraldique des bourgmestres de la noble cité de Liége, avec leurs epitaphes, armes et blasons 1720 in-folio, p 170 En tête de ce recueil se trouve une précieuse carte des *bures des mahuis* de la ville de Liége c'est la Liége *souterraine.*

ployé par le duc à des choses de grande confiance,
posté à l'avant-garde de ses prochaines conquêtes, aux
affaires d'Italie et de Provence Crèvecœur, cadet du
seigneur de ce nom, était chargé de garder le point
le plus vulnérable qu'il y eût dans les États de la maison de Bourgogne, celui par où ils touchaient à la fois
la France et l'Angleterre (l'Angleterre de Calais) Il
était gouverneur de Picardie et des villes de la Somme,
sénéchal du Ponthieu, capitaine de Boulogne, je ne
parle pas de la Toison d'or et de bien d'autres grâces
accumulées sur lui Il y avait faveur, mais il y avait
mérite, beaucoup de sens et de courage, d'honnêteté
même, tant qu'il n y eut pas décidément d'intérêt contraire Le changement était difficile, délicat pour lui
plus que pour tout autre Sa mère avait élevé Mademoiselle, qui perdit la sienne à huit ans, et lui avait servi
de mère, en sorte que sa maîtresse et souveraine était
un peu sa sœur. « Elle lui confirma ses offices, lui
donna la capitainerie d'Hesdin et le retint et constitua
son chevalier d'honneur » Il fit serment . Un homme
ainsi lié, et jusque-là très-haut dans l'estime publique,
eut besoin apparemment d'un grand effort pour oublier
du jour au lendemain, ouvrir ses places au roi, et s'em
ployer à faire ouvrir les autres.

Ce que le roi voulait de lui, ce qu'il désirait le plus,
l'objet de toutes ses concupiscences, c'était Arras. Cette
ville, outre sa grandeur et son importance, était deux
fois barrière, et contre Calais, et contre la Flandre Les
Flamands, qui faisaient bon marché de toute autre
province française, tenaient fort à celle-ci, y mettaient
leur orgueil, disant que c'était l'ancien patrimoine de

leur comte Leur cri de combat était *Arras! Arras!!*

Livrer cette importante ville, enragée bourguignonne (parce qu'elle payait peu et faisait ce qu'elle voulait), la mettre sous la griffe du roi, malgré ses cris, c'était hasarder un grand éclat et qui pouvait rendre le nom de Crèvecœur tristement célèbre. Il eût voulu pouvoir dire qu'il s'était cru autorisé à le faire, il lui fallait au moins quelque mot équivoque. Le chancelier Hugonet venait à point, avec son sceau et ses pleins pouvoirs

Hugonet et Humbercourt apportaient au roi des paroles · offre de l'hommage et de l'appel au Parlement, restitution des provinces cédées Mais ces provinces, sans qu'on les lui rendît, il les prenait ou il allait les prendre, et d'autres encore ; il recevait nouvelle que la Comté se donnait à lui (19 février) Tout ce qu'il voulait des ambassadeurs, c'était un petit mot qui ouvrirait Arras.

Et pourquoi se serait-on défié de lui? n'était il pas le bon parent de Mademoiselle, son parrain? Il en avait la *garde noble*, par la coutume de France, donc il devait lui garder ses États Seulement il fallait bien réunir ce qui revenait à la couronne Il y avait un moyen de rendre tout facile, c'était le mariage Alors, bien loin de prendre, il eût donné du sien!

Quant à Arras, ce n'était pas la *ville* qu'il demandait, elle était au comte d'Artois, il ne voulait que la

[1] Francois crient, *Monjoe!* e Normans, *Dex aïe!*
Flamens crient, *Arras!* e Angevin, *Valie!*

(Robert Wace.)

cité, le vieux quartier de l'évêque, qui n'avait plus de
murs, mais « qui a toujours relevé du roi » Encore,
cette *cité*, il la laissait dans les bonnes et loyales mains
de M de Crèvecœur

Il était pressant et il était tendre[1], il demandait à
Hugonet et au sire d'Humbercourt pourquoi ils ne voulaient pas rester avec lui? Cependant ils étaient Français Nés en Picardie, en Bourgogne, ils avaient des
terres chez lui, il le leur rappelait.. Tout cela ne laissa
pas d'influer à la longue ; ils réfléchirent que, puisqu'il
voulait absolument cette *cité*, et qu'il était en force
pour la prendre, il valait autant lui faire plaisir. Crèvecœur reçut l'autorisation de tenir pour le roi la *cité*
d'Arras, et le chancelier ajouta pour se tranquilliser :
« Sauf les réserves de droit » Avec ou sans réserve,
le roi y entra le 4 mars

On peut croire que l'orage de Gand, qui allait grondant d'heure en heure, ne fut point apaisé par une
telle nouvelle Depuis un mois ou plus que les Gantais
avaient mis en prison leurs magistrats, on les comblait
de privilèges, de parchemins de toute sorte, sans pouvoir leur donner le change. Le 11 février, privilége
général de Flandre, le 15, on met à néant le traité de
Gavre, qui dépouillait Gand de ses droits, le 16, on
lui rend expressément les mêmes droits, spécialement
sa juridiction souveraine sur les villes voisines, le 18,
on renouvelle le magistrat, selon la forme des libertés

---

[1] « La parole du Roy estoit alors tant douce et vertueuse,
qu'elle endormoit, comme la seraine, tous ceux qui lui prestoient
oreille » Molinet

anciennes[1].. Tout cela en vain, les Gantais n'en
étaient pas mieux disposés à relâcher leurs prisonniers La nouvelle d'Arras aggrava terriblement les
choses Voilà tout le peuple dans la rue, en armes,
sur les places. Il veut justice . Le 13 mars, on lui
donne une tête, une le 14, une le 15; puis deux jours
sans exécution, mais pour dédommager la foule trois
exécutions le 18.

Cependant, le roi avançait. Nouvelle ambassade au
nom des états, dans celle-ci les bourgeois dominaient.
Ils dirent bonnement au roi qu'il aurait bien tort de
dépouiller Mademoiselle . « Elle n'a nulle malice, nous
pouvons en répondre, puisque nous l'avons vue jurer
qu'elle était décidée à se conduire en tout par le conseil des états. »

« Vous êtes mal informés, dit le roi, de ce que veut
votre maîtresse. Il est sûr qu'elle entend se conduire

---

[1] Pour tout ceci, nous devons beaucoup à la polémique de
MM de Saint-Genois et Gachard, le premier, Gantais, préoccupe
du droit antique et du point de vue local, le second, archiviste
general et domine par l'esprit centralisateur M. Gachard a réuni
les textes, donne les dates, etc Son memoire est très-instructif
Cependant, il dit lui-même que Gand venait d'etre retablie dans
son ancienne constitution, que tout droit contraire avait ete
aboli . des lors, le *wapeninghe*, le jugement la condamnation
de Sersanders et autres, sont *legales,* quant a Hugonet et
Humbercourt, la legalite fut violee en ce qu'*ils n'etaient pas
bourgeois de Gand*, et les Gantais venaient de reconnaitre qu'ils
n avaient pas juridiction sur ceux qui n'etaient pas bourgeois, —
Hugonet et Humbercourt, quoique accompagnes d'autres personnes avaient ete en realite *les seuls* ambassadeurs *autorises,*
la reddition d'Arras, loin d'etre *un acte opportun,* comme on
l'a dit, devait entamer celle de bien d'autres villes, de tout l'Artois.

par les avis de certaines gens qui ne désirent point la
paix » Cela les troubla fort, en hommes peu accoutumés à traiter de si grandes affaires, ils s'échauffent,
ils répliquent qu'ils sont bien sûrs de ce qu'ils disent,
qu'ils montreront leurs instructions au besoin. « Oui,
mais on pourrait vous montrer telle lettre et de telle
main qu'il vous faudrait bien croire . » Et comme ils
disaient encore qu'ils étaient sûrs du contraire, le roi
leur montra et leur donna une lettre qu'Hugonet et
Humbercourt lui avaient apportée, dans cette lettre,
de trois écritures (celles de Mademoiselle, de la douairière et du frère du duc de Clèves), elle disait au roi
qu'elle ne conduirait ses affaires que par ces deux personnes, et par les deux qu'elle envoyait, elle le priait
de ne rien dire aux autres

Les députés mortifiés, irrités, revinrent en hâte à
Gand Mademoiselle les reçut en solennelle audience,
« en son siège », sa belle-mère, l'évêque de Liége, tous
serviteurs étant autour d'elle Les députés racontent
que le roi leur a assuré qu'elle n'a point l'intention de
gouverner par le conseil des états, il prétend avoir en
main une lettre qui en fait foi., Là, elle les arrête,
tout émue, dit que cela est faux, qu'on ne pourrait
produire une telle lettre . « La voici, » dit rudement le
pensionnaire de Gand, maître Godevaert, il tire la
lettre, la montre .. Elle eut grande honte et ne savait
plus que dire.

Hugonet et Humbercourt, qui étaient présents, allèrent se cacher dans un couvent où on les prit le soir
(19 mars) Le roi les avait perdus, mais avec eux il pouvait être bien sûr d'avoir perdu tout mariage français,

toute alliance Il avait cru sans doute les dompter seule
ment, vaincre leur probité par la peur, les forcer à se
donner à lui, eux et leur maîtresse Le contraire arriva.
Il se trouva avoir détruit ce qu'il y avait de Français
près de Mademoiselle, avoir travaillé pour le mariage
anglais ou allemand La douairière, Marguerite d York
et le duc de Clèves, avaient besogne faite, le roi de
France les avait débarrassés des conseillers français

Mademoiselle, qui était Française aussi, et qui aurait
épousé volontiers un Français (pourvu qu'il eût plus de
huit ans), fut seule émue de cet événement et s'inté-
ressa aux deux malheureux Le malheur était pour
elle aussi, à eux la mort, mais à elle la honte, avoir
été prise ainsi devant tout le monde, et trouvée men-
teuse, c'était une grande confusion pour une jeune demoiselle, qui régnait déjà Qui désormais croirait à sa parole ! Ils avaient été arrêtés au nom des états, mais arrêtés par les Gantais, qui prirent l'affaire en main, les
gardèrent, les jugèrent Le 27 mars, le bruit courut
qu'on voulait les faire évader, bruit semé par leurs
ennemis pour hâter le procès? ou peut-être en effet
Mademoiselle avait trouvé quelqu'un d'assez hardi
pour tenter la chose? Ce qui est sûr, c'est qu'à ce
bruit le peuple prit les armes, se constitua en perma-
nence, selon son ancien droit[1], sur le marché de Ven-

---

[1] Droit primitif des jugements armés *uapenaghe*, qui exis-
taient avant qu'il y eut de comte ni de bailli au comté, ni même
de ville — Voir ma Symbolique du droit p 312, etc Cf les jugements du Gau et de la Marche Tout cela, dès les temps de
Wielant, de Meyer, etc, n'est déjà plus compris Combien moins
des modernes!

dredi, resta là nuit et jour, y campa jusqu'à ce qu'il
les eût vus mourir.

Il eût été inutile, et dangereux peut-être, de les réclamer comme officiers du feu duc, au nom des gens du
Grand Conseil, des juges si suspects auraient bien pu
se faire juger eux-mêmes Mademoiselle, le 28, nomma
une commission, mais quoiqu'elle y eut mis trente Gantais sur trente six commissaires, la ville décida que la
ville jugerait, le grief principal était la violation de
ses privilèges, elle n en voulait remettre le jugement à
personne Tout ce que Mademoiselle obtint, ce fut d'envoyer huit nobles qui siègeraient avec les échevins et
doyens Cela ne servait guère, elle le sentit, et elle fit,
en vraie fille de Charles le Hardi, une démarche qui
honore sa mémoire, elle alla elle-même (34 mars 1477)

Pauvre demoiselle, dit ici le conseiller de Louis XI
(dont la vieille âme politique s'est pourtant émue),
pauvre, non pour avoir perdu tant de villes qui, une
fois dans la main du roi, ne pouvaient être recouvrées
jamais, mais bien plus pour se trouver elle-même dans
les mains de ce peuple . Une fille qui n'avait guère
vu la foule que du balcon doré, qui jamais n'était sortie
qu'environnée d'une cavalcade de dames et de chevaliers, prit sur elle de descendre, et, sans sa belle-
mère, elle franchit le seuil paternel .. Dans le plus
humble habit, en deuil, sur la tête le petit bonnet
flamand, elle se jeta dans la foule Il n'était pas mémoire, il est vrai, que les Flamands eussent jamais touché à leur seigneur, la lettre du serment féodal réservait
justement ce point. Ici pourtant, une chose pouvait la
faire trembler, toute dame de Flandre qu'elle était,

c'est qu'elle était complice, et prouvée telle, de ceux qu'on voulait faire mourir.

Elle perça jusqu'à l'hôtel de ville, et là elle trouva les juges qu'elle venait prier, peu rassurés eux-mêmes Le doyen des métiers lui montra cette foule, ces masses noires qui remplissaient la rue, et lui dit « Il faut contenter le peuple. »

Elle ne perdit pas courage encore, elle eut recours au peuple même Les larmes aux yeux, échevelée, elle s'en alla au marché du Vendredi, elle s'adressait aux uns, aux autres, elle pleurait, priait les mains jointes [1].. Leur émotion fut grande de voir leur dame en cet état, et si abandonnée, si jeune, parmi les armes et tant de rudes gens Beaucoup crièrent : « Qu'il en soit fait à son plaisir, ils ne mourront pas » Et les autres . « Ils mourront » Ils en vinrent à se disputer, à se mettre en lignes opposées et piques contre piques Mais tous ceux qui étaient loin, qui ne voyaient point Mademoiselle, voulaient la mort, et c'était le grand nombre

On ne risqua pas de voir la scène se renouveler Les choses furent précipitées On se hâta de mettre les prisonniers à la torture, sans toutefois tirer d'eux plus qu'on ne savait Ils avaient livré la cité d'Arras, *mais autorisés* Ils avaient reçu de l'argent dans une affaire, *non pour rendre la justice, mais en présent, après l'avoir rendue* Ils avaient violé les privilèges de

---

[1] « Met aller herten . met weenenden hoghen » *Chroniques ms d'Ypres* (Preuves de M Gachard, p 10 V sur ce ms la note de M Lambin Ibidem

la ville, *ceux auxquels la ville avait renoncé, après sa
défaite de Gavre et sa soumission de* 1469 Renonciation forcée, illégale, selon les Gantais, ces droits
étaient imprescriptibles, *tout homme* qui touchait aux
droits de Gand devait mourir Ni Hugonet, ni Humbercourt, n'était bourgeois de la ville, et ne pouvait
être jugé comme bourgeois, on les tua comme ennemis.

Hugonet essaya de faire valoir certain privilége de
cléricature Humbercourt se réclama de l'ordre de la
Toison, qui prétendait juger ses membres On dit
aussi qu'il en appela au Parlement de Paris [1], que les
Flamands avaient eux-mêmes semblé reconnaître en
abolissant celui de Malines, et dans leur ambassade
au roi Tout était déjà fort changé Le crime des ac-
cusés, c'était de continuer la domination française,
l'appel au Parlement de Paris n'était pas propre à
faire pardonner ce crime. Nulle voie d'appel, au reste,
n'était ouverte; en Flandre, l'exécution suivait la sentence.

Le peuple campait sur la place depuis huit jours, ne
travaillait pas et ne gagnait rien, il commençait à se
lasser. Les juges firent vite, autant qu'ils purent, tout
fut expédié le 3 avril, c'était le jeudi saint, le jour de
charité et de compassion, où Jésus lui-même lave les
pieds des pauvres. La sentence n'en fut pas moins portée. Avant qu'elle fût exécutée, la loi voulait que l'on

[1] « Certaines appellations sur ce interjetees par ledict seigneur
de Humbercourt en la cour du Parlement » Lettres royales du
25 avril 1477, publiees par mademoiselle Dupont, Communes
t. III et t II, p 124

communiquât au souverain les aveux des condamnés
Tous les juges allèrent donc trouver la comtesse de
Flandre, Comme elle réclamait encore, on lui dit durement « Madame, vous avez juré de faire droit, non-
seulement sur les pauvres, mais aussi sur les riches »

Menés dans une charrette, ils ne pouvaient se tenir
sur leurs jambes disloquées par la toiture. Humbercourt surtout, On le fit asseoir, et sur un siège a dos,
pour faire honneur a son rang[1] et a sa Toison d'or, on
avait eu aussi l'attention de lui tendre l'échafaud de
noir. Cet homme, si sage et si calme, s'anima, s'indigna et parla avec violence, il fut décapité, assis sur
cette chaise Cent hommes, vêtus de noir, emmenèrent
le corps dans une litière (le chancelier n'en eut que
cinquante). On le conduisit jusqu'à Arras, ou il fut honorablement enterré dans la cathédrale

Le lendemain de l'exécution, jour du vendredi saint,
Mademoiselle, malgré ses larmes et son dépit, fut
obligée de laisser entrer chez elle les mêmes gens qui
avaient jugé, et de signer ce qu'ils lui présentèrent.
C'étaient des lettres écrites en son nom ou elle disait
qu'en révérence du saint jour et de la Passion, elle avait
pitié des pauvres gens de Gand, et leur remettait ce
qu'ils auraient pu faire contre sa seigneurie, qu'au
reste *elle avait consenti* a tout. Elle ne pouvait refuser
de signer, étant entre leurs mains et toute seule dans
son hôtel, on lui avait ôte sa belle-mère et son parent. Pour parents et famille, n'avait-elle pas la bonne

[1] « Pour ce qu'il estoit grand maître et seigneur » *Journal du
tumulte*

ville de Gand' Les Gantois entendaient avoir bien soin d'elle et la bien marier.

Le mari seulement était difficile à trouver, on ne le voulait ni Français, ni Anglais, ni Allemand. Mademoiselle avait désormais en horreur le roi et son dauphin, le roi l'avait trahie, livré ses serviteurs, ceux de Clèves n'avaient rien empêché, et peut-être aidèrent-ils Sa belle-mère n'était plus là pour lui faire accepter Clarence, que d'ailleurs le roi Edouard ne voulait pas donner¹ Au fond, elle ne pouvait se soucier ni d'un Français de huit ans, ni d'un Anglais de quarante environ, ivrogne et mal famé. Pour boire², l'Allemand n'eût pas cédé, ni sous d'autres rapports; il est resté célèbre par ses soixante bâtards. Tous ces prétendants écartés, les Flamands avisèrent de prendre un brave au moins, un homme qui pût les défendre, et ils pensèrent à ce brigand d'Adolphe de Gueldre, qui était tenu, comme parricide, dans les prisons de Courtrai.

Mademoiselle avait peur d'un tel mari, encore plus que des autres Elle confiait sa peur aux seules personnes qu'elle eût près d'elle, deux bonnes dames qui la consolaient, la caressaient, l'espionnaient L'une, de la maison de Luxembourg, écrivait tout à Louis XI, l'autre, madame de Commines, une Flamande bien avisée, travaillait pour l'Autriche, la douairière aussi,

---

¹ Louis XI l'avait prévenu contre ce projet, et d'ailleurs · « Displicuit regi tanta fortuna fratris ingrati » Croyland Continuat

² « Après boire, disait le roi, il lui casserait son verre sur la tête » Molinet. Il fut surnommé le *Faiseur d'enfants*

de loin, pour exclure le Français De trois ou quatre
princes à qui le duc avait donné des espérances, des
promesses même de sa fille, le fils de l'empereur était
le plus avenant. On disait, on écrivait à Mademoiselle
que c'était un blond jeune Allemand [1], de belle mine
et de belle taille, svelte, adroit, un hardi chasseur du
Tyrol. Il était plus jeune qu'elle, n'ayant que dix-huit
ans, c'était prendre un bien jeune défenseur, et l'Empire n'aimait pas assez son père pour l'aider beaucoup
Il ne savait pas le français, ni elle l'allemand, il était
parfaitement ignorant des affaires et des mœurs du
pays, bien peu propre à ménager un tel peuple [2] Du
reste, n'apportant ni terres ni argent; ses ennemis
croyaient lui nuire en l'appelant *prince sans terre,* et
très-probablement il plut encore par là à la riche héritière qui trouvait plus doux de donner.

Madame de Commines fut assez habile pour dresser
sa jeune maîtresse à tromper jusqu'au dernier jour.
Le duc de Clèves, venu en personne et tout exprès à

[1] « Les cheveux de son chef honorable sont, à la mode germa-
nique, aurains, reluisants, ornes curieusement et de décente lon-
gitude Son port est signourieux Jassoit ce que la damoiselle
ne soit de si apparente monstre, touttes-fois elle est propre, grá-
cieuse, gente et mignonne, de doux maintien et de très-belle
taille » Molinet, II, 94–97 Fugger (Miroir de la maison d'Autriche)
fait entendre qu'il y eut enquête contradictoire sur la question de
savoir s'il était beau ou laid On peut en juger par le portrait où
on le voit armé, et où de plus il est reproduit au fond comme
un chasseur poursuivant le chamois au bord du precipice Voir
surtout son Histoire en gravures, par Albert Durer, si naive et
si grandiose

[2] Avertissement de M Le Glay, p xii, et Barante-Gachard, II,
577.

Gand, comptait fermer la porte aux ambassadeurs de l'empereur, ils étaient déjà à Bruxelles, et il leur fit dire d'y rester. La douanière au contraire leur écrivit de n'en tenir compte et de passer outre. Le duc de Clèves, fort contraire, ne put empêcher qu'on ne les reçut; on lui fit croire que Mademoiselle les écouterait seulement et dirait « Soyez les bien venus, » puisque la chose serait mise en conseil; elle l'en assura, il se reposa là-dessus

Les ambassadeurs, ayant présenté en audience publique et solennelle leurs lettres de créance, exposèrent que le mariage avait été conclu entre l'empereur et le feu duc, du consentement de Mademoiselle, comme il apparaissait par une lettre écrite de sa main, qu'ils montrèrent ils représentèrent de plus un diamant qui aurait été « envoyé en signe de mariage. » Ils la requirent, de la part de leur maître, qu'il lui plût accomplir la promesse de son père, et la sommèrent de déclarer si elle avait écrit cette lettre, oui ou non. A ces paroles, sans demander conseil, Mademoiselle de Bourgogne répondit froidement · « J'ai écrit ces lettres par la volonté et le commandement de mon seigneur et père, ainsi que donné le diamant, j'en avoue le contenu [1] »

Le mariage fut conclu et publié le 27 avril 1477. Ce

---

[1] Commines, livre VI, ch II, p. 179. Olivier de la Marche, avec son tact ordinaire, fait dire hardiment à la jeune demoiselle · « J'entens que M mon père (à qui Dieu pardoint) consentit et accorda le mariage du *fils de l'empereur et de moy*, et ne suis point délibérée *d'avoir d'autre* que le fils de l'empereur. » Olivier de la Marche, II, 423.

jour même, la ville de Gand donna aux ambassadeurs
de l'Empire un banquet, et Mademoiselle y vint[1]. Beaucoup croyaient que le duc de Gueldre défendrait mieux
la Flandre que ce jeune Allemand. Mais le peuple, selon toute apparence, était las et abattu, comme après
les grands coups; il y avait à peine vingt-quatre jours
qu'Humbercourt était mort.

[1] *Registre de la collace de Gand*, Barante-Gachard, II, 576.

CHAPITRE IV

Obstacles Défiances. Procès du duc de Nemours. 1477 1479.

Le roi était entré dans ses conquêtes de Bourgogne
de grand cœur et de grand espoir, avec un élan de
jeune homme. Toute sa vie, maltraité par le sort,
comme dauphin, comme roi, humilié à Montlhéry,
à Péronne, à Pecquigny, « autant et plus que roy
depuis mille ans », il se voyait un matin tout à coup
relevé, et la fortune forcée de rendre hommage à ses
calculs. Dans l'abattement universel des forts et des
violents, l'homme de ruse restait le seul fort. Les autres
avaient vieilli, et il se trouvait jeune de leur vieillesse.
Il écrivait à Dammartin (en riant, mais c'était sa pen-

sée) « Nous autres jeunes [1].. » Et il agissait comme
tel, ne doutant plus de rien, dépassant les tranchées,
s'avançant jusqu'aux murs des villes qu'il assiégeait,
deux fois il fut reconnu, visé, manqué, la seconde
même un peu touché, Tannegui Duchâtel, sur qui il
s'appuyait, paya pour lui et fut tué

Il avait de grandes idées il ne voulait pas seulement conquérir, mais fonder. La pensée de saint
Charlemagne lui revenait souvent, dès les premières
années de son règne, il croyait l'imiter en visitant
sans cesse les provinces et connaissant tout par lui-
même Il n'eût pas mieux demandé, pour lui res-
sembler encore, d'avoir, outre la France, une bonne
partie de l'Allemagne Il ordonna qu'on descendit la
statue de Charlemagne des piliers du Palais, et qu'on
l'établit, avec celle de saint Louis, au bout de la
grand'salle, près la Sainte Chapelle [2].

---

[1] « Messieurs les comtes, écrivait-il a es generaux qui pillaient
la Bourgogne, vous me faites l honneur de me faire part je vous
remercie. mais, je vous supplie, gardez un peu pour reparer les
places » Ailleurs « Nous avons pris Hesdin, Boulogne et un
château que le roi d'Angleterre assiege trois mois sans le prendre Il fut pris de bel assaut, tout tue » Ailleurs sur un combat
« Nos gens les festoyerent si bien, qu'il en demeura plus de six
cents, et ils en amenerent bien six cents dans la cite . tous pendus ou la tête coupee » Mais son grand triomphe est Arras
« M le grand maitre, merci a Dieu et a Notre-Dame, j ai pris
Arras, et m'en vais à Notre-Dame de la Victoire, a mon retour,
je m'en irai a votre quartier. Pour lors, ne vous souciez que de
me bien guider, car j'ai tout fait par ici Au regard de ma blessure, c est le duc de Bretagne qui me l a fait faire, parce qu'il
m'appelle toujours *le roi covart !* D ailleurs, vous savez depuis
longtemps ma façon de faire, vous m avez vu autrefois Et adieu »
Voir *passim* Lenglet, Duclos, Louandre, etc — [2] Jean de Troyes.

C'était une belle chose, et pour le présent et pour l'avenir, d'avoir non-seulement repris Péronne et Abbeville, mais, par Arras et Boulogne, d'avoir serré les Anglais dans Calais Boulogne, ce vis-à-vis des dunes, qui regarde l'Angleterre et l'envahit jadis, Boulogne (dit Chastellain, avec un sentiment profond des intérêts du temps) « le plus précieux anglet de la chrestienté », c'était la chose au monde que Louis XI une fois prise eût le moins rendue On sait que Notre Dame de Boulogne était un lieu de pèlerinage, comblé d'offrandes, de drapeaux et d'armes consacrés, d'*ex-voto* mémorables qu'on pendait aux murs, aux autels. Le roi imagina de faire une offrande de la ville elle-même, de la mettre dans la main de la Vierge Il déclara qu'il dédommagerait la maison d'Auvergne qui y avait droit, mais que Boulogne n'appartiendrait jamais qu'à Notre-Dame de Boulogne Il l'en nomma comtesse, puis la reçut d elle, comme son homme lige Rien ne manqua à la cérémonie, desceint, déchaux, sans éperons, l'eglise étant suffisamment garnie de témoins, prêtres et peuple, il fit hommage à Notre-Dame, lui remit pour vasselage un gros cœur d'or, et lui jura de bien garder sa ville [1]

Pour Arras, il crut l'assurer par les priviléges et faveurs qu'il lui accorda Toutes les anciennes franchises confirmées. l'exemption du logement de gens de guerre, la noblesse donnée aux bourgeois, la faculté

[1] Molinet Contraste remarquable et qui fait ressortir l'orgueil des temps feodaux Philippe-Auguste, en 118? se fait dispenser par l'eglise d'Amiens de lui faire hommage, declarant que *le roi ne peut faire hommage a personne* (Brussel.)

de posséder des fiefs sans charge de ban ni d'arrière-
ban, remise de ce qui est dû sur les impôts, enfin
(pour charmer les petits) le vin à bon marché par
réduction de la gabelle. Une marque de haute confiance, ce fut de donner « une seigneurie en Parlement » à un notable bourgeois d'Arras maître Oudart,
au moment où ce Parlement jugeait un prince du
sang, le duc de Nemours

Le violent désir qu'avait le roi, non-seulement de
prendre, mais de garder, lui avait fait faire dès le
commencement de la guerre une remarquable ordonnance pour protéger l'habitant contre le soldat les
dettes que celui-ci laisserait dans son logement devaient être payées par le roi même Il garantit l'exécution de l'ordonnance par le serment le plus fort qu'il
eut prêté jamais « Si je contreviens à ceci, je prie la
benoite croix, ici présente, de me punir de mort dans
le bout de l'an »

Il n'eût pas fait un tel serment si sa volonté n'eût
été sincère. Mais elle servait peu avec des généraux
pillards comme la Trémouille, du Lude, etc , d'autre
part, avec des milices comme les francs-archers,
payés bien peu et n'ayant guère que le butin Ces
pilleries affreuses mirent contre lui, en fort peu de
temps, la comté de Bourgogne et une grande partie
du duché, l'Artois même lui échappait, s'il n'y eût été
en personne

Ce qui lui fit perdre encore bien des choses, ce fut
sa crainte de perdre, sa défiance, il ne croyait plus à
personne, et pour cela justement on le trahissait Il
lui était, il est vrai, difficile de se remettre aveuglé

ment au prince d'Orange, qui avait changé tant de fois [1], il subordonna le prince à la Trémouille, et le prince le quitta (28 mars) En Artois, on lui désignait tel et tel comme partisans de Mademoiselle et travaillant pour la rétablir, il s'en débarrassait, la terreur gagnait, ceux qui se croyaient menacés se hâtaient d'autant plus d'agir contre lui

Sa défiance naturelle se trouvait fort augmentée par le sinistre jour que les révélations du duc de Nemours venaient de jeter tout à coup sur ses amis et serviteurs. Il découvrit avec terreur que, non-seulement le duc de Bourgogne avait connaissance de tous les projets de Saint-Pol pour le mettre en charte privée, mais que Dammartin même, son vieux général, celui qu'il croyait le plus sûr, avait tout su, et s'était arrangé pour profiter si la chose arrivait.

Au commencement de janvier, le roi apprit l'assassinat du duc de Milan, tué en plein midi à Saint-Ambroise, et presque en même temps la mort du duc de Bourgogne, assassiné, selon toute apparence, par les gens de Campobasso Ces deux nouvelles coup sur coup le firent songer, et dès lors il n'eut aucun repos d'esprit. L'assassinat des Médicis, un an après, n'était pas propre à le rassurer. Il se savait haï, tout autant que ces morts, et il n'avait nul moyen de se garder mieux La lettre touchante que le pauvre Nemours lui écrivit le 31 janvier « de sa cage de la bastille, » pour demander la vie, trouva cet homme cruel plus cruel

[1] V De la Pise, Histoire des princes d'Orange, Jean II, ann. 1477.

que jamais, au moment sauvage d'une haine effarou-
chée de peur.

Il avait peur de la mort, du jugement et d'aller
compter là-bas, peur aussi de la vie. Beaucoup de ses
ennemis n'auraient pas voulu le tuer, mais seulement
l'avoir, le tenir à montrer en cage et pour jouet,
comme ce misérable frère du duc de Bretagne, qu'on
nourrissait, qu'on affamait à volonté, et que les pas-
sants virent des mois entiers hurler à ses barreaux...
Louis XI ne s'y méprenait pas, il s'était vu à la cour
de Péronne, et il savait par lui-même combien bas
rampe le renard au piége, et quelles vengeances il
roule en rampant. Le duc de Nemours n'ayant pu l'enfermer, se trouvant enfermé lui-même, pouvait prier;
il parlait à un sourd.

Il écrivait à la Trémouille au sujet du prince
d'Orange « Si vous pouvez le prendre, il faut le brûler
vif » (8 mai). Arras s'étant soulevé, ce maître Oudart,
qu'il avait fait conseiller au Parlement, fit partie d'une
députation envoyée à Mademoiselle. Pris en route [1], il
fut décapité (27 avril), avec les autres députés, enterré sur-le-champ. Le roi trouva que ce n'était pas
assez, il le fit tuer de terre et exposer, comme il écrit
lui-même · « Afin qu'on connût bien sa tête, je l'ai
fait atourner d'un beau chaperon fourré, il est sur le
marché d'Hesdin, là où il préside. »

---

[1] « Aucuns disent qu'ils avoient saulf-conduit du Roy, mais
les François ne le voulurent congnoistre. » Molinet. Oudard était
un ancien mécontent du Bien public. Alors avocat au Châtelet, il
alla trouver le comte de Saint-Pol, laissant sa femme pour cor-
respondre, elle fut chassée, après Montlhéry. Jean de Troyes.

S'il se fiait encore à quelqu'un, c'était à un Flamand (non pas à Commines, trop lié avec la noblesse
de Flandre), un simple chirurgien flamand qui le
rasait, fonction délicate, d'extrême confiance dans
ce temps d'assassinats et de conspirations. Cet homme,
très-fidèle, était capable aussi. Le roi, qui lui confiait
son col, ne craignit pas de lui confier ses affaires. Il
lui trouva infiniment d'adresse et de malice. On l'appe
lait Olivier le Mauvais [1] Il en fit son premier valet de
chambre, l'anoblit, le titra, lui donna un poste qu'il
n'eût donné à nul seigneur, un poste entre France et
Normandie, dont Paris dépendait par en bas (comme
de Melun par en haut). le pont de Meulan.

Ayant repris Arras en personne (4 mai), et voyant
la réaction, finie à Gand, s'étendre à Bruges, à Ypres,
à Mons, à Bruxelles, le roi envoya son Flamand en
Flandre, pour tâter si les Gantais, toujours défiants
dans les revers, ne pouvaient être poussés à quelque
nouveau mouvement [2]

Olivier devait remettre des lettres à Mademoiselle,
et lui faire des remontrances, vassale du roi, elle ne
pouvait, aux termes du droit féodal, se marier sans

---

[1] Tout porte à croire que ce parvenu était un méchant homme,
cependant il est difficile de s'en rapporter aveuglement (comme
tous les historiens l'ont fait jusqu'ici) au témoignage de ceux qui
jugèrent et pendirent Olivier, dans la réaction féodale de 1481
Autant vaudrait consulter les hommes de 1816 sur ceux de la
Convention. — Son ennemi, Commines, qu'il supplanta pour les
affaires de Flandre, le montre un peu ridicule dans son ambassade,
mais avoue qu'il avait beaucoup de sens et de mérite

[2] Le 28 mai encore, il y eut un magistrat décapité à Mons
(Gachard.)

l'aveu de son souverain, tel était le prétexte de l'ambassade, le motif ostensible.

Le choix d'un valet de chambre pour envoyé n'avait rien d'étonnant, les ducs de Bourgogne en avaient donné l'exemple. Que ce valet de chambre fût chirurgien, cela ne le rabaissait pas, au moment où la chirurgie avait pris un essor si hardi, ce n'étaient plus de simples barbiers, ceux qui sous Louis XI hasardèrent les premiers l'opération de la pierre et taillèrent un homme vivant.

Ce qui pouvait lui nuire davantage et lui ôter toute action sur le peuple, c'est que, pour être Flamand, il n'était pas de Gand ni d'aucune grosse ville, mais de Thielt, une petite ville dépendante de Courtrai, qui elle-même, pour les appels, dépendait de Gand Messieurs de Gand regardaient un homme de Thielt comme peu de chose, comme un sujet de leurs sujets

Olivier, splendidement vêtu et se faisant appeler le comte de Meulan, déplut fort aux Gantais, qui le trouvèrent bien insolent de paraître ainsi dans leur ville La cour se moqua de lui et le peuple parlait de le jeter à l'eau. Il fut reçu en audience solennelle, devant tous les grands seigneurs des Pays-Bas, qui s'amusèrent de la triste figure du barbier travesti Il déclara qu'il ne pouvait parler qu'à Mademoiselle, et on lui répondit gravement qu'on ne parlait pas seul à une jeune demoiselle à marier Alors il ne voulut plus rien dire, on le menaça, on lui dit qu'on saurait bien le faire parler.

Il n'avait pourtant pas perdu son temps à Gand il avait observé, vu tout le peuple ému prêt à s'armer

Ce qu'ils allaient faire tout d'abord avant de passer la frontière, on pouvait le prévoir, c'était de prendre Tournai, une ville royale qui était chez eux, au milieu de leur Flandre, et qui, jusque-là, vivait comme une république neutre. Olivier avertit les troupes les plus voisines, et, sous prétexte de remettre à la ville une lettre du roi, il entre avec deux cents lances Cette garnison, fortifiée de plus en plus, fermait la route aux marchands et tenait dans une inquiétude continuelle la Flandre et le Hainaut. Désormais, les Flamands n'entreraient plus en France, sans savoir qu'ils laissaient derrière eux une armée dans Tournai.

Ils ne tinrent pas à ce voisinage, ils voulurent à tout prix s'en débarrasser Ils prennent pour capitaine leur prisonnier Adolphe de Gueldre, que plusieurs voulaient faire comte de Flandre, et s'en vont, vingt ou trente mille, brûlant, pillant, jusqu'aux murs de Tournai. Là, les Brugeois en avaient assez et voulaient retourner, les Gantais persistaient Ils brûlèrent la nuit les faubourgs de la ville Au matin les Français, les voyant en retraite, vinrent rudement tomber sur la queue Adolphe de Gueldre fit face, combattit vaillamment, fut tué, les Flamands s'enfuirent, mais leurs lourds chariots ne s'enfuirent pas, on les trouva chargés de bière, de pain, de viande, de toute sorte de vivres, sans lesquels ce peuple prévoyant ne marchait jamais. On rapporta tout cela dans la ville, avec le corps du duc et les drapeaux Ce fut dans Tournai une joie folle, la vive et vaillante population en fit une *villonade*, aussi gaie, plus noble que Villon Tournai s'y plaint de Gand, sa fille, qui jusqu'ici envoyait tous les

ans à sa Notre-Dame une belle robe et une offrande :
« Pour cette année, la robe, c'est le drapeau de Gand,
et l'offrande, c'est le capitaine [1]. »

Le roi, assuré de l'Artois, passa dans le Hainaut, et
là trouva tout difficile. Il avait augmenté lui-même
les difficultés par son hésitation. Il ne savait pas, au
commencement, s'il toucherait à ce pays, qui était
terre d'Empire, et il avait mal accueilli les ouvertures
qu'on lui faisait. Maintenant, il déclarait qu'il ne *prenait* pas le Hainaut, qu'il l'*occupait* seulement. Le dauphin, d'ailleurs, n'allait-il pas épouser Mademoiselle?
Le roi venait en ami, en beau-père? Sauf Cambrai qui
ouvrit, il trouva partout résistance, à chaque ville, il
lui fallut un siége, à Bouchain, au Quesnoy, à Aves-
nes, qui fut prise d'assaut, brulée, et tout tué (11 juin).
Galeotto, qui était à Valenciennes, en brula lui-même
les faubourgs, et se mit si bien en défense qu'on ne
l'attaqua pas. Le roi lui fit une guerre de famine, il
fit venir de Brie et de Picardie des centaines de fau-
cheurs pour couper et détruire tous les fruits de la
terre, la moisson toute verte (juin).

[1]   La Vierge peut demeurer nue,
          Cet an n'aura robbe gantoise.
          Son corps (*celui du duc*) fut d'enterrer permis
          En mon église la plus grande,
          Ce joyel des Flamens transmis
          A Notre-Dame en lieu d'offrande;
          En lieu de robe accoustumée
          La Vierge a les pennons de soye
          Et les etendards de l'armée.
                    Pontrain. Hist de Tournai, I, 293

[2] Voir la malicieuse bonhomie avec laquelle il se moque des

De tous côtés ses affaires allaient mal, et elles risquaient d'aller plus mal encore. La douairière de Bourgogne et le duc de Bretagne sollicitaient les Anglais de passer ; le roi avait les lettres du Breton, par le même, qui les lui vendait une à une. En Comté, il n'avançait plus ; Dôle repoussa son général la Trémouille qui l'assiégeait, et qui lui même fut surpris dans son camp. La Bourgogne semblait près d'échapper. Sa colère fut extrême, il envoya en toute hâte le plus rude homme qu'il eût, parmi ses serviteurs, M. de Saint-Pierre, armé de pouvoirs terribles, celui de dépeupler, s'il le fallait, et repeupler Dijon.

La guerre que le roi faisait dans le Hainaut et la Comté, sur terre d'Empire, eut cet effet, que l'Allemagne, sans aimer ni estimer l'empereur, devint favorable à son fils. Louis XI envoya aux princes du Rhin, et les trouva tous contre lui. L'envoyé, qui était Gaguin, le moine chroniqueur, nous dit qu'il fut même en danger [1] Les électeurs de Mayence et de Trèves, les margraves de Brandebourg et de Bade, les ducs de Saxe et de Bavière (maisons si ennemies de l'Autriche) voulurent faire cortège au jeune Autrichien. La seule difficulté, c'était l'argent ; son père, loin de lui en donner, se fit payer son voyage par Mademoiselle de

maris proposés, et prouve aux Wallons qu'il faut que leur maîtresse épouse un Français (Molinet) Il négociait effectivement pour le mariage (le 20 juin même, Lenglet) soit pour mieux gagner le Hainaut, soit qu'effectivement il eût encore espoir de rompre le mariage d'Autriche, conclu depuis deux mois

[1] Le duc de Clèves l'en avertit « Non tuto diutius his in locis diversari posse » Gaguinus CLVIII in-folio, 1600.

Bourgogne, jusqu'à Francfort, jusqu'à Cologne, et il fallut qu'elle payât encore pour faire venir son mari jusqu'à Gand. Mais enfin il y vint[1]. Le roi, plein de dépit, ne pouvait rien y faire. Sa garnison de Tournai, aidée des habitants, lui gagna encore le 13 août une petite bataille[2], donna la chasse aux milices flamandes, brûla Cassel et tout jusqu'à quatre lieues de Gand. Le mariage ne s'en fit pas moins, à la lueur des flammes et l'épousée en deuil (18 août 1477).

Le roi se donna en revanche un plaisir longtemps souhaité et selon son cœur, la mort du duc de Nemours (4 août). Il ne haïssait nul homme davantage, surtout parce qu'il l'avait aimé. C'était un ami d'enfance, avec qui il avait été élevé, pour qui il avait fait des choses folles, iniques (par exemple de forcer les juges à lui faire gagner un mauvais procès). Cet ami le trahit au Bien public, le livra autant qu'il fut en lui. Il revint vite, fit serment au roi sur les reliques de la Sainte-Chapelle, et tira de lui, par-dessus tant d'autres choses, le gouvernement de Paris et de l'Ile-de-France. Le lendemain, il trahissait

---

[1] Fugger, Spiegel des erzhauses Œsterreich p. 808. Ce que disent Pontus Heuterus et le Registre de la Collace du riche cortege, doit s'entendre des princes qui accompagnaient Maximilien, et ne contredit en rien ce qu'on a dit de sa pauvreté

[2] Le roi écrit à Abbeville le triomphant bulletin « Pour ce que nous desirions sur toutes choses les trouver sur les champs, vînmes pour les assaillir audit Neuf Fossé qu'ilz avoient fortifié plus de demy an, mais la nuit ilz l'abandonnerent. Les (nôtres les) ont rencontrez en belle bataille rangée tuez plus de iv mille (13 août » Lettres et Bulletins de Louis XI publiés par M. Louandre. p. 25 Abbeville 1857).

Quand le roi frappa Armagnac, cousin de Nemours, près de frapper celui-ci, et l'épée levée, il se contenta encore d'un serment. Nemours en fit un solennel et terrible[1], devant une grande foule, appelant sur sa tête toutes les malédictions, s'il n'était désormais fidèle et « n'avertissoit le roi de tout ce qu'on machineroit contre lui » Il renonçait, en ce cas, à être jugé par les pairs et consentait d'avance à la confiscation de ses biens (1470).

La peur passa et il continua à agir en ennemi[2] Il se tenait cantonné dans ses places, n'envoyant pas un de ses gentilshommes pour servir le roi Quiconque se hasardait à appeler au Parlement était battu, blessé. Les consuls d'Aurillac ne pouvaient sortir, pour les affaires des taxes, sans être détroussés par les gens de Nemours. Il correspondait avec Saint-Pol et voulait marier sa fille au fils du connétable, il promettait d'aider au grand complot de 1475, en saisissant d'abord les finances du Languedoc. Un mois avant la descente des Anglais, il se mit en défense, se tint tout près d'agir, fortifia ses places de Murat et de Carlat

Le roi, comme on a vu, brusqua son marché avec

---

[1] Le 8 juillet 1470 *Mss Legrand*

[2] Si MM de Barante et de Sismondi avaient pris connaissance du *Procès du duc de Nemours Bibliothèque royale, fonds Harlay et fonds Cange*, ils n'affirmeraient pas « que le duc n'avait rien fait depuis 1470, et que tout son crime fut d'avoir su les projets de Saint-Pol » Ils ne le comparaient pas à Auguste de Thou mis à mort pour *avoir su* le traité de Cinq-Mars avec l'étranger — L'ordonnance du 22 décembre 1477 calquée sur les anciennes lois impériales, par laquelle le roi déclare que la non-révélation des conspirations est crime de lèse-majesté ne fut

Édouard, s'humilia, le renvoya plus tôt qu'on ne croyait et retomba sur ses deux traitres. Tous ceux qui avaient eu intelligence avec eux eurent grand'-peur, on fit mourir Saint-Pol dans l'absence du roi, espérant enterrer avec lui ces dangereux secrets Le roi avait encore Nemours. Il épuisa sur lui la rage qu'il avait de connaitre et d'approfondir son péril

Quand Nemours fut saisi, sa femme prévit tout et elle mourut d'effroi. Il fut jeté d abord dans une tour de Pierre-Scise, prison si dure que ses cheveux blanchirent en quelques jours Le roi, alors à Lyon, et se voyant comme affranchi par la défaite du duc de Bourgogne, fit transporter son prisonnier a la Bastille Il reste une lettre terrible où il se plaint « de ce qu'on le fait sortir de sa cage, de ce qu on lui a ôté les fers des jambes. » Il dit et répète qu'il faut « le gehenner bien estroit, *le faire parler clair* . Faites-le moy bien parler »

Nemours n'était pas seul, il avait des amis, des complices, les plus grands du royaume qui se voyaient jugés en lui. Toute la crainte du roi était qu on ne trouvât moyen d'obscurcir et d'étouffer encore. Le chancelier surtout lui était suspect, ce rusé Doriole, qui avait tourné si vite au Bien public, et qui depuis, tout en le servant, ménageait ses ennemis, il leur avait rendu le signalé service de depêcher Saint-Pol avant qu'il eût tout dit. Le roi manda Doriole, le tint près de lui, et mit le procès entre les mains d'une commission

point appliquée au duc de Nemours et comme il dit indique, ne fut rendue qu après sa mort et Louis XI Nemours I

à qui il partagea d'avance les biens de l'accusé Il crut
pourtant, l'instruction déjà avancée, qu'un jugement
solennel serait d'un plus grand exemple, il renvoya
l'affaire au Parlement et invita les villes à assister
par députés L'arrêt fut rendu à Noyon ou le Parlement fut transféré exprès[1], le roi se défiait de Paris
et craignait qu'on ne fit un mouvement du peuple pour
intimider les juges et les rendre indulgents Paris avait
souffert de Saint-Pol et l'avait vu mourir volontiers, il
n'avait point souffert de Nemours, qui était trop loin,
et le Paris d'alors avait eu le temps d'oublier les Armagnacs Aussi, il y eut des larmes quand on vit ce
corps torturé qu'on menait à la mort sur un cheval
drapé de noir, de la Bastille aux Halles, où il fut décapité Quelques modernes ont dit que ses enfants
avaient été placés sous l'échafaud, pour recevoir le
sang de leur père[2]

Ce qui est plus certain et non moins odieux, c'est que
l'un des juges qui s'étaient fait donner les biens du
condamné, le Lombard Boffalo del Giudice[3], ne se crut
pas sûr de l'héritage s'il n'avait l'héritier, et demanda
que le fils aîné de Nemours fût remis à sa garde. Le

---

[1] Le dernier jour de cestuy mois (mai), furent destendues toutes les chambres du Parlement et les tapis de fleurs de lis, avec
le lict de justice, estant en un coffre Archives, Registres du Par
lement Dan. la Plaidoierie et le Criminel, silence funebre Dan
les Apres diners, le registre manque tout entier

[2] Les contemporains n'en parlent point, même les plus hostiles
Rien dans Masselin Diarium Statuum generalium in-4, Ber-
nier) 2.0

[3] Venu de Naples en 1461, apres les revers de Jean de Calabre,
avec Campobasso et Galeotto.

roi eut la barbarie de livrer l'enfant, qui ne vécut guère.

Il chassa du Parlement trois juges qui n'avaient pas
voté la mort Les autres réclamant, il leur écrit « Ils
ont perdu leurs offices pour vouloir faire un cas civil
du crime de lèse-majesté, et laisser impuni le duc de
Nemours qui voulait me faire mourir et détruire la
sainte couronne de France Vous, sujets de cette couronne et qui lui devez votre loyauté, je n'aurais jamais
cru que vous pussiez approuver *qu'on fit si bon marché
de ma peau* »

Ces basses et violentes paroles qui lui échappent
sont un cri arraché, un aveu de l'état de son esprit.
Les tortures de Nemours lui revenaient a lui-même en
tortures par la crainte et la défiance où le jetaient ses
révélations. Il avait tiré de son prisonnier, par tant
d'efforts cruels, une funeste science et terrible à savoir   qu'il n'y avait personne parmi les siens sur qui
il pût compter. Le pis, c'est que, de leur côté, connaissant qu'ils étaient connus, ils sentaient bien qu'il les
guettait, qu'il ne lui manquait que le moment, et ils
ne savaient trop s'ils devaient attendre   Dans cette
peur mutuelle, il y avait des deux côtes redoublement
de flatteries, de protestations Ses lettres à Dammar
tin sont des billets d'ami, tout aimables d'abandon de
gaieté, il se fait courtisan de son vieux général, il le
flatte indirectement, finement, en lui disant du mal
des autres généraux, tel s'est laissé surprendre, etc.

Il avait grandement à ménager un homme de ce
poids, de cette expérience. Deux choses lui survenaient,
les plus fâcheuses . Les Suisses s'éloignaient de lui,
les Anglais arrivaient.

Louis XI avait acheté Édouard, mais non pas l'Angleterre. Les Flamands établis à Londres ne pouvaient manquer de faire sentir au peuple qu'on le trahissait en laissant la Flandre sans secours. Il le sentit si bien qu'il alla, de fureur, piller l'ambassade française. Longtemps Édouard fit la sourde oreille, il se trouvait trop bien du repos et de se partager entre la table et trois maîtresses, il aimait fort l'argent de France, les beaux écus d'*or au soleil* que Louis XI frappait tout exprès; il lui semblait doux d'avoir chaque année, en dormant, cinquante mille écus comptés à la Tour. Pour la reine d'Angleterre, Louis XI la tenait par sa fille, par sa passion pour le dauphin, elle demandait sans cesse quand elle pourrait envoyer la dauphine en France. Entre eux tous, ils menaient si bien Édouard, qu'il leur sacrifia son frère Clarence [1]. Il y avait encore un homme qui leur portait ombrage, qui n'était pas de leur cabale, lord Hastings, un joyeux ami d'Édouard qui buvait avec lui et qui tenait à lui (ayant les mêmes femmes). Ils le chassèrent honorablement en lui donnant des troupes et le grand poste de Calais.

Il y avait un an que la douairière de Bourgogne, sœur d'Édouard, implorait ce secours. Récemment encore, au moment où l'on tua son bien-aimé Clarence qu'elle voulait faire comte de Flandre, elle écrivit une lettre lamentable [2], le roi de France lui prenait son

---

[1] On ne sait de quelle mort il périt · « Qualecumque genus supplicii, » Croyland contin. Le conte du tonneau de malvoisie où il aurait été noyé se trouve d'abord dans la chronique qui donne tous les bruits de Londres (Fabian.)

[2] Preuves de l'Histoire de Bourgogne.

douaire, ses villes à elle, elle demandait à son frère
Édouard s'il voulait qu'elle allât mendier son pain Une
telle lettre et dans un tel moment, lorsque Édouard
sans doute regrettait sa cruelle faiblesse, eut son effet,
il envoya Hastings, qui de Calais détacha des archers,
garnit les villes que la douairière voulait défendre,
Louis XI attaqua Audenarde et fut repoussé

Ce fut le terme de ses progrès au Nord Il s'arrêta
sentant qu'à la longue les Anglais et peut-être l'Empire
se seraient déclarés Chez les Suisses, le parti bourguignon avait fini par l'emporter Jusque-là, ils avaient
flotté, servi à la fois pour et contre De là tous les
obstacles que le roi rencontra dans les Bourgognes.
Malgré ses plaintes et les efforts du parti français,
malgré les défenses et les punitions, le montagnard
n'en allait pas moins se vendre indifféremment à quiconque payait Des Suisses attaquaient, assiégeaient,
des Suisses défendaient Pour empêcher cette guerre
de frères, il n'y avait qu'un moyen, imposer la paix,
arrêter le roi de France, lui dire qu'il n'irait pas plus
loin Le chef du parti bourguignon, Bubenberg, se
chargea de lui porter cette fière parole Le roi ne voulait pas entendre, il traînait, tâchait de gagner du
temps Le Suisse en profita pour lui jouer un tour, il
disparait de France, et un matin rentre à Berne en
habit de ménétrier, il n'a pas pu, dit-il, échapper autrement, le roi, ne l'ayant su gagner, l'aurait fait périr[1]. Ce chevalier, cet homme grave sous cet ignoble

---

[1] Der Schweitzerische Geschicht forscher Il eut fallu, pour y
songer, que le roi fut devenu fou On faisait encore courir ce bruit

habit, c'était une accusation dramatique contre Louis XI,
il était impossible de mieux travailler pour Maximilien. Il en profita à la diète de Zurich; il enchérit sur
le roi, promettant d'autant plus qu'il pouvait moins
donner, et il obtint un traité de paix perpétuelle

Le roi comprit qu'il fallait céder au temps. Il promit
de se retirer des terres d'Empire Il signa une trêve,
laissa le Hainaut et Cambrai [1]. Il craignait les Suisses,
l'Allemagne, les Anglais, mais encore plus les siens.
La trêve lui semblait nécessaire pour faire au dedans
une opération dangereuse, purger l'armée Il avait
l'imagination pleine de complots et de trahisons, d'intelligences que ses capitaines pouvaient avoir avec
l'ennemi Il cassa dix compagnies de gens d'armes, fit
faire le procès à plusieurs et ne trouva rien, seulement un Gascon, furieux d'être cassé, avait parlé d'aller servir Maximilien, pour cette parole on lui coupa
la tête Leur crime à tous était peut-être d'avoir servi
longtemps sous Dammartin et de lui être dévoués Le roi
lui écrivit une lettre honorable « *pour le soulager* » du
commandement [2], déclarant du reste que jamais il ne

absurde que La Trémouille avait mis des envoyes suisses à la
question (Tillier.)

[1] A son départ de Cambrai, il badine sur l'attachement des im-
periaux pour le tres-saint aigle, et leur permet d'ôter les lis
« Vous les osterez quelque soir, et y logerez vostre oiseau, et
direz qu'il sera allé jouer une espace de temps, et sera retourné
en son lieu, ainsi que font les arondelles qui reviennent sur le
printemps » Molinet

[2] Au grand desespoir de Dammartin V sa belle lettre au roi
Lenglet, II, 261 La *Cronique Martiniane* (Verard in-folio), si
instructive pour la vie de Dammartin à d'autres epoques, ne m'

diminuerait son état, qu'il l'accroîtrait plutôt, et, en effet, il le fit plus tard son lieutenant pour Paris et l'Ile-de-France.

L'éloignement de cet homme, trop puissant dans l'armée, était peut-être une mesure politique, mais elle ne fut nullement heureuse pour la guerre. Le roi ne put remplacer ce ferme et prudent général. On put le voir dès le commencement de la campagne. On voulait surprendre Douai avec des soldats déguisés en paysans, et tout fut préparé en plein Arras, c'est-à-dire devant nos ennemis qui avertirent Douai. Le roi, cruellement irrité, jura qu'il n'y aurait plus d'Arras, que tous les habitants seraient chassés, sans emporter leurs meubles ; qu'on prendrait en d'autres provinces, et jusqu'en Languedoc, des familles, des hommes de métiers, pour y mener et repeupler la place qui désormais s'appellerait Franchise[1]. Cette cruelle sentence fut exécutée à la lettre, la ville fut déserte, et pendant plusieurs jours il n'y eut pas seulement un prêtre pour y dire la messe.

Maximilien avait plus d'embarras encore. Les Flamands ne voulaient point de paix, ni payer pour la guerre. Seulement, à force de piquer leur colérique orgueil, on parvint à mettre leurs milices en mouvement. Maximilien les mena pour reprendre Thérouenne. Il avait, avec ses milices. trois mille arquebusiers allemands, cinq cents archers anglais, Romont et ses Sa-

donne rien ici, elle se contente prudemment de traduire Gaguin, comme elle le dit elle-même.

[1] Ordonnances, XVIII.

voyards, toute la noblesse de Flandre et de Hainaut, en tout vingt-sept mille hommes Avec une si grosse armée, rassemblée à grand'peine par un si rare bonheur, le jeune duc avait hâte d'avoir bataille Le nouveau général de Louis XI, M. de Crèvecœur venait de Thérouenne, lorsque, descendant la colline de Guinegate, il rencontra Maximilien Louis XI avait, l'autre année, décliné le combat; en le refusant encore. on était sûr de voir s'écouler en peu de jours les milices de Flandre. Crèvecœur ne consulta pas apparemment les vieux capitaines qui, depuis la réforme, étaient peu en crédit, il agit à souhait pour l'ennemi, il donna la bataille (7 août 1479)[1]

Jusque-là il passait pour un homme sage. Peut-être, pour expliquer ce qui va suivre, il faut croire qu'il reconnut en face, dans la chevalerie ennemie, les grands seigneurs des Pays-Bas, qui le proclamaient traître, et qui voulaient le dégrader en chapitre de la Toison d'Or. Sa force était en cavalerie, il n'avait que 14,000 piétons, mais 1,800 gens d'armes, contre 850 qu'avait Maximilien. D'une telle masse de gendarmerie, qui était plus que double, il ne tenait qu'à lui d'écraser cette noblesse; il se lança sur elle, la coupa de l'armée, s'acharna à ses huit cents hommes bien montés qui le menèrent loin, et il laissa tout le reste .. Il avait fait la faute de donner la bataille, il fit celle de l'oublier.

Nos francs archers, sans général et sans cavalerie, fort maltraités des trois mille arquebuses, vinrent se

----

[1] Voir *passim* : Commines, liv. VI, ch. vi, Molinet, t. II, p. 199; Gaguinus, fol clix.

heurter aux piques des Flamands Ceux-ci tinrent ferme,
encouragés par un bon nombre de gentilshommes
qui s'étaient mis à pied, par Romont, par le jeune duc
Maximilien, à sa première bataille, fit merveille et tua
plusieurs hommes de sa main. La garnison française de
Thérouenne venait le prendre a dos. elle trouva le
camp sur sa route et se mit à piller Beaucoup de francs
archers, craignant de ne plus rien trouver à prendre,
firent comme elle, laissèrent le combat et se jetèrent
dans le camp, fort échauffés, tuant tout, prêtres et
femmes Avec les chariots, ils prirent l'artillerie
qu'ils tournaient contre les Flamands, Romont, voyant
qu'alors tout serait perdu, fit un dernier effort, reprit
l'artillerie, profita du désordre et en fit une pleine déroute Crèvecœur et sa gendarmerie revenaient fatigués
de la poursuite, il leur fallut courir encore, tout était
perdu il ne restait qu'à fuir La bataille fut bien nommée celle des *Éperons*

Le champ de bataille resta à Maximilien et la gloire,
rien de plus, Sa perte était énorme, plus forte que la
nôtre. Il ne put pas même reprendre Thérouenne. Et il
revint en Flandre, plus embarrassé que jamais.

Cette année même, une taxe de quelques liards sur
la petite bière avait fait une guerre terrible dans la
ville de Gand. Les tisserands de coutils commencent,
et tous s'y mettent, tisserands, drapiers, cordonniers.
meuniers, batteurs de fer et *batteurs d'huile*, une bataille rangée a lieu au Pont-aux-Herbes[1] De janvier

---

[1] Barante-Gachard, II, 623, d'après le Registre de la collace de
Gand et les Mémoires inédits de Dadizeele, extraits par M. Voisin
dans le Messager des sciences et des arts, 1827-1830.

en janvier, tout un an, il y eut des jugements et des têtes coupées On profita de cette émotion, et puisqu'ils avaient tant besoin de guerre, on les mena à Guinegate, ils eurent là une viaie, une grande bataille; ils en revinrent dégoûtés de la guerre, mais toujours murmurant, grondant

Maximilien, déjà bien embarrassé, recevait de la Gueldre une sommation, celle de rendre enfin ce malheureux enfant, que le feu duc avait si injustement retenu, pour les crimes de son père, mais qui, à la mort de ce père, avait droit d'hériter Nimègue chassa les Bourguignons, et en attendant qu'on lui rendit l'enfant donna la régence à sa tante La dame ne manqua pas de chevaliers pour la défendre; les Allemands du Nord prirent volontiers sa cause contre l'Autrichien, le duc de Brunswick d'abord qui croyait l'épouser, puis, comme elle n'en voulait pas, le champion fut l'évêque de Munster, brave évêque, qui s'était battu a Neuss contre Charles le Téméraire

Ces gens de Gueldre n'ayant pas assez de cette guerre de terre, en faisaient une en mer aux Hollandais, leurs rivaux pour la pêche Plus d'un combat naval eut lieu sur le Zuydersée Mais les Hollandais se battaient encore plus entre eux Les factions des Hameçons et des Morues avaient recommencé plus furieuses que jamais, fureur aiguisée de famine, le roi enlève en mer toute la flotte du hareng, et, pour comble, les seigles qui leur venaient de Prusse.

Le coupable en tout cela, au dire de tous, était Maximilien. tout ce qui arrivait de malheurs, arrivait par lui Pourquoi aussi avoir été chercher cet Allemand.

Depuis, rien n'allait bien. Toutes les provinces criaient
après lui

Effarouché au milieu de cette meute, n'entendant
qu'aboiements, le pauvre chasseur de chamois qui
jusque-là ne connaissait pas le vertige, s'éblouit et ne
sut que faire. Il avait employé ses dernières ressources,
jusqu'à mettre en gage des joyaux de sa femme; son
esprit succomba, et son corps, il fut très-malade, sa
femme au moment d'être veuve

Tout, au contraire, prospérait au roi; son commerce
d'hommes allait bien, il achetait des Anglais, des Suisses, l'inaction des uns, le secours des autres Le fier
Hastings, posté à Calais pour le surveiller, s humanisa
et reçut pension[1]. Les cantons suisses avaient traité
avec Maximilien, les Suisses aimaient bien mieux un
roi qui payait; ils se donnaient à lui, lui à eux; il se
fit bourgeois de Berne. Dès lors, plus d'obstacle en
Comté, tout fut réduit, et il put envoyer son armée oi-
sive piller le Luxembourg. Le duché de Bourgogne fut
assuré, caressé, consolé, il lui donna un parlement,
alla voir sa bonne ville de Dijon, jura dans Saint-Bé-
nigne tout ce qu'on pouvait jurer de vieux priviléges
et de coutumes, et voulut que ses successeurs fissent
de même à leur avénement. La Bourgogne était un
pays de noblesse; le roi fit de bonnes conditions à
tous les grands seigneurs, un pont d'or Pour être tout
à fait gracieux aux gens du pays et se faire des leurs,

---

[1] Voir dans Commines les scrupules d'Hastings, qui ne veut
pas donner quittance de cet argent . « Mettez-le dans ma man-
che, etc. »

il prit maîtresse chez eux, non pas une petite marchande, comme à Lyon, mais une dame bien née et veuve d'un gentilhomme[1].

Parmi tant de prospérités, il baissait fort. Commines, qui revenait d'une ambassade, le trouvait tout changé. Il avait bien désiré cette Bourgogne, et la chose, si aisée en apparence, traîna, et fut même en grand doute. Il avait pâti des obstacles, langui. Qu'on en juge par une lettre secrète à son général, où il lâche ce mot d'âpre passion (qui effraye dans un roi si dévôt) : « *Je n'ay autre paradis* en mon imagination que celui-là... J'ay plus grand faim de parler à vous, pour y trouver remède que je n'eus jamais *à nul confesseur pour le salut de mon âme*[2] ! »

[1] Galanteries toutes politiques, comme on peut le conclure d'un mot de Commines (liv. VI, ch. XIII).

[2] Lenglet.

CHAPITRE V

Louis XI triomphe, recueille et meurt. 1480-1482.

Le roi de France avec ses cinquante-sept ans, déjà, maladif et le visage pâle, n'en n'était pas moins, nous l'avons dit, dans l'affaiblissement de tous, le seul jeune, le seul fort. Tout languissait autour de lui ou mourait, mourait à son profit.

Dans l'éclipse des anciennes puissances, du pape et de l'empereur, il y eut *un roi*, le roi de France. Il prit de provinces d'Empire, la Comté, la Provence, et il les garda. Il faillit faire juger le pape. Le violent Sixte IV, ayant tué Julien de Médicis par la main des Pazzi, jetait une armée sur Florence pour punir Laurent d'avoir survécu. Le roi, sans bouger, envoya Commines, arma Milan et rassura les Florentins dans la première sur prise.[1] Il menaçale pape de la Pragmatique et d'un concile qui l'aurait déposé

La Hongrie, la Bohême, la Castille, ambitionnaient son alliance. Les Vénitiens, à son premier mot, rompirent avec la maison de Bourgogne. Gênes s'offrit à lui et il la refusa, voulant garder l'amitié de Milan.

Le vieux roi d'Aragon, Juan II, s'obstina quinze années à vouloir retirer de ses mains le gage du Roussillon, il mourut à la peine. Et il eut encore le chagrin de voir la Navarre (l'autre porte des Pyrénées) tomber dans les mêmes mains avec son petit-fils, que Louis XI tenait par la mère et régente, Madeleine de France.

Il avait eu partout un allié fidèle, actif, infatigable, la mort... Partout elle avait mis du zèle à travailler pour lui, en sorte qu'il n'y eut plus de princes au monde que des enfants, et encore peu viables, et que le roi de France se trouvât l'universel protecteur, tuteur et gouverneur.

C'est peut-être alors qu'il fit faire pour le dauphin et tous ses petits princes son innocent *Rosier des*

---

[1] Les Médicis étaient les banquiers des rois de France et d'Angleterre, ils apparaissent comme garants dans toute grande affaire d'argent, spécialement au traité de Pecquigny. Il ne s'en cache nullement dans sa réponse à Louis XI Raynaldi Annales, 147s § 18-19 Les Médicis avaient pour eux le petit peuple, contre eux l'aristocratie M de Sismondi ne l'a pas senti assez.

Au reste, les Florentins avaient toujours tenu nos rois « pour leurs singuliers protecteurs, et, en signe de ce, a chacune fois qu'ils renouvellent les gouverneurs de leur seigneurie, *ils font serment d'estre bons et loyaux à la maison de France* » Lettre de Louis XI, 1478, 17 aout Lenglet, III, 352 Voir à la suite l'*Avis sur ce qui semble à faire* au concile d'Orléans, septembre.

guerres[1], l'Anti-Machiavel d'alors (avant Machiavel).

En Savoie, il avait perdu sa sœur (ce dont il remerciait Dieu), gagné ou chassé les oncles du petit duc Lui-même, comme oncle et tuteur, il s'était établi à Montmélian, et il avait pris son neveu en France.

A Florence, il protégeait, comme on a vu, le jeune Laurent, il l'avait sauvé. A Milan, la faible veuve, Bonne, une de ces filles de Savoie qu'il avait mariées et dotées paternellement, n'était régente que par lui ; par lui seul, elle se rassurait, elle et son enfant, contre Venise, contre l'oncle de l'enfant, Ludovic le More

En Gueldre, aussi bien qu'en Navarre, en Savoie, à Milan, le souverain, c'était un enfant, une femme, et le protecteur Louis XI

En Angleterre, Édouard vivait et régnait, il était entouré d'une belle famille de sept enfants Et pourtant la reine tremblait, voyant tout cela si jeune, son mari vieux à quarante ans, qu'un excès de table pouvait emporter En ce cas, comment protéger le petit roi contre un tel oncle (qui fut Richard III[1]), sinon par un mariage de France, par la protection du roi de France, qui partout détestait les oncles, protégeait les enfants?

Tout étant, autour de la France, malade et tremblant à ce point, ceux du dedans n'avaient à compter sur aucun secours. Le mieux pour eux était de rester sages et de ne pas remuer. Quiconque avait cru aux forces extérieures avait été dupe Le Bourguignon appela des

[1] Paris, 1528, in-folio. Bordeaux, 1610 *V. les deux mss. de la Bibl impériale.*

troupes italiennes, on a vu avec quel succès. Les Pays-
Bas crurent à l'Allemagne, et firent venir Maximilien
qui ne put rien leur rendre de ce qu'ils avaient perdu
Quinze ans durant, la Bretagne invoqua l'Angleterre
et n'en tira point de secours.

Des grands fiefs, le seul encore qui eût vie, c'était la
Bretagne, elle vivait de son obstination insulaire, de
sa crainte de devenir France, appelant toujours l'Anglais, et pourtant elle en eut peur deux fois Le roi,
tout en poursuivant le grand drame du Nord, de Flandre et de Bourgogne, ne détourna cependant jamais les
yeux de la Bretagne, qui était pour lui une affaire de
cœur. Une fois (au moment où il crut avoir rangé son
frère en Guienne), il essaya de prendre le Breton en
lui jetant au col son collier de Saint-Michel, comme on
prend un cheval sauvage, mais celui-ci n'y fut pas pris

Louis XI montra une obstination plus que bretonne
dans l'affaire de la Bretagne, l'assiégeant, la serrant
peu à peu. De temps en temps, quelqu'un en sortait et
se donnait à lui, c'est ce que firent Tanneguy Duchâtel,
et son pupille Pierre de Rohan, depuis maréchal de
Gié. Patiemment, lentement en dix ans, le roi fit ses
approches. La mort de son frère lui ayant rendu La
Rochelle au midi de Nantes, il saisit Alençon, de l'autre côté. De face, il prit l'Anjou, comme on va voir, et
enfin il hérita du Maine Vers la fin, il acheta un
prétexte d'attaque, les droits de la maison de Blois[1],
droits surannés, proscrits, mais terribles dans une telle

---

[1] D. Morice, III, 343 Daru, 54. *Archives de Nantes, arm* A,
cassette F Cf d'Argentre.

main Le duc n avait qu'une fille , si le dauphin ne l'é-
pousait, il héritait, au titre de la maison de Blois La
Bretagne n'avait qu'à choisir, si elle voulait venir à la
couronne par mariage ou par succession , elle y venait
toujours.

Tout en attirant les Rohan, il avait acquis leurs rivaux, les Laval, les affranchissant du duché, les mettant dans ses armées, dans son conseil, leur confiant
Melun, une clef de Paris Gui de Laval, dont plus tard
le fils et la veuve agirent plus que personne pour marier la Bretagne à la France, lui rendit, par sa fille,
un autre service moins connu, non moins important.

L'an 1417, le roi René donna à Saumur un splendide
et fameux tournoi Gui de Laval y mena son jeune fils,
âgé de douze ans, y faire ses premières armes, et sa
fille en même temps qui en avait treize René, plus fol
que jeune, fut pris au lacs. Sa femme, la vaillante Lorraine qui avait fait la guerre pour lui, et qu'il aimait
fort, vit pourtant ce jour là qu'elle était vieille. La
petite Bretonne fit, avec l'innocente hardiesse d'un enfant, le plus joli rôle du tournoi, celui de la Pucelle
qui venait à cheval devant les chevaliers, mettait les
combattants en lice et baisait les vainqueurs Tout le
monde prévit dès lors, et René lui-même ne cacha pas
trop sa pensée nouvelle, il mit sur son écu un bouquet
de *pensées*

Isabelle mourut à la longue, René fut veuf. Il pleura
beaucoup, parut inconsolable Mais enfin ses serviteurs,
ne pouvant le voir dépérir ainsi, exigèrent (c'était
comme un droit du vassal) que leur seigneur se mariât!
Ils se chargèrent de chercher une épouse et ils cher-

chèrent si bien qu'ils en découvrirent une[1], cette
même petite fille, Jeanne de Laval, qui était devenue
une grande et belle fille de vingt ans René en avait
quarante-sept, ils le voulurent, il se resigna

Ce mariage fut agréable au roi, qui fit archevêque de
Reims Pierre de Laval, le petit frère de Jeanne René,
au milieu de cette aimable famille française, fut comme
enveloppé de la France, il oublia le monde Il avait
dès lors bien assez à faire pour amuser sa jeune femme,
et une sœur encore plus jeune qu'elle avait avec elle
En Anjou, en Provence, il menait la vie pastorale, tout
au moins par écrit, rimant les amours des bergers, se
livrant aux amusements innocents de la pêche et du
jardinage, il goûtait fort la vie rurale, comme « la
plus lointaine de toute terrienne ambition » Il avait
encore un plaisir[2], de chanter à l'église, en habit de
chanoine, dans un trône gothique, qu'il avait peint et
sculpté Son neveu Louis XI aida à l'alléger des soucis
du gouvernement en lui prenant l'Anjou. On hésitait
à l'avertir[3], il était alors au château de Beaugé,

[1] Sembla bien aux barons d'Anjou que Dieu la leur avoit
adressee, affin que ilz n eussent la peine d'aller chercher plus
loing Histoire agregative des annalles et cronicques d Anjou,
recueilhes et mises en forme par noble et discret missire Jehan de
Bourdigne, prestre, docteur es-droitz On les vend a Angiers
(1529, in-folio, CLII verso)

[2] Un autre : de se chauffer l'hiver à la cheminée du bon roi
René, c'est-a-dire au soleil, proverbe provençal

[3] « Oyant nouvelles que le Roy son nepveu estoit a Angiers, il
monta à cheval pour le venir festoyer, ignorant encore ce qui
avoit este faict en son prejudice Et combien que ses domestiques
en fussent bien informez.. , etc Le noble Roy oyant racompter la
perte et dommage de son pays d'Anjou que tant il aymoit, se

fort appliqué à peindre une belle perdrix grise, il apprit la nouvelle sans quitter son tableau.

Il avait bien encore quelques vieux serviteurs qui s'obstinaient à vouloir qu'il fût roi, [et qui sous main traitaient avec la Bretagne ou la Bourgogne; mais cela tournait toujours mal : Louis XI savait tout, et prenait les devants. On a vu qu'au moment où ils offraient la Provence au duc de Bourgogne, Louis XI accourut, saisit Orange et le Comtat René ne se tira d'affaire qu'en lui donnant promesse écrite qu'après lui et son neveu Charles, il aurait la Provence; lui-même il écrivit cet acte, l'enlumina, l'orna de belles miniatures C'était mourir de bonne grâce, et au reste il était mort dès la fatale année où il perdit ses enfants, Jean de Calabre mort à Barcelone, Marguerite prise à Teukesbury Il lui restait un petit-fils, René II, mais fils d'une de ses filles, et ses conseillers lui assuraient que la Provence (quoique fief féminin et terre d'Empire) devait, la ligne mâle manquant, revenir à la France[1]. Alors il soupirait et se peignait dans sa miniature, sous l'emblème d'un vieux tronc dépouillé qui n'a qu'un faible rejeton.

Son neveu et héritier, le roi, avait hâte d'hériter, il ne pouvait attendre: « Il envieillissoit, devenoit malade. » Il se ménageait peu ; au défaut de guerre, il chassait, il lui fallait une proie. Seul au Plessis-les

trouva quelque peu trouble Mais, quand il eut repris ses esprits, à l'exemple du bon père Job . » Bourdigne.

[1] L'habile Palamede de Forbin trouva cette clause dans l'act de mariage de l'héritière de Provence et du nce de saint Loui V. Papon, Du Puy.

Tours, il tenait son fils à Amboise sans le voir, et il
envoya sa femmée ncore plus loin en Dauphiné. Souvent
il partait de bonne heure, chassait tout le jour, au vent,
à la pluie, dînant où il pouvait, causant avec les petites
gens, avec des paysans, avec des charbonniers de la
forêt Il lui arrivait, inquiet qu'il était toujours, voulant tout voir et savoir, de se lever le premier et, pendant qu'on dormait, de courir le château, un jour, il
descendaux cuisines, il n'y avait encore qu'un enfant qui
tournait la broche « Combien gagnes-tu ? » — L'enfant qui ne l'avait jamais vu, répondit. « Autant que
le roi. — Et le roi, que gagne-t-il ? — Sa vie, et moi la
mienne »

Le marmiton avait parlé fièrement, prenant apparemment ce rôdeur mal mis pour un pauvre... Il ne se
trompait pas. Jamais il n'y avait pauvreté plus profonde, plus famélique et plus avide Apreté de chasseur
ou faim de mendiant, c'est ce qu'expriment toutes ses
paroles, parfois violentes et âcres, souvent flatteuses,
menteuses, humblement caressantes et rampantes' ..
Tant il avait besoin ! besoin de telle province aujour-
d'hui, demain de telle ville... Né avide, mais plus avide
comme roi et royaume, il souffre, on le sent bien, de
tous les fiefs qu'il n'a pas encore. La royauté avait en
elle l'insatiable abîme qui devait tous les absorber.

---

¹ Lire la lettre si humble à Hastings, et le billet si tendre à un
de ses serviteurs, M. de Dunois, pour qu'il expédie l'affaire de
Savoie · « Mon frere ! Mon ami ' . » Nulle part peut-être on n'a
vu les affaires traitées avec tant de passion. Ces deux lettres, si
caractéristiques, ont été publiées pour la première fois par mademoiselle Dupont : Communes. II, 219. 221.

On a vu ses âpres commencements avant le Bien public, et comment cette faim s'aiguisa par l'obstacle. Tout à coup tout devient facile, les États, les provinces pleuvent, se donnent elle-même, la proie, le gibier vient prier le chasseur. L'ardeur de prendre se calmera sans doute ². C'est le contraire, la passion violente, unique, et qui irait contre Dieu, voit le jugement de Dieu se déclarer pour elle, elle se sent profondément juste, profondément injuste lui paraît tout ce qu'elle n'a pas encore. L'unité du royaume, confusément sentie comme un droit futur, lui justifie tous les moyens. Désormais assez fort pour n'avoir plus besoin de force, pouvant s'adjuger ce qu'il veut conquérir par arrêt, ce n'est plus un chasseur, il siège comme juge. Sa passion maintenant, c'est la justice. Il va toujours juger, point de jours fériés, saint Louis fit justice même au Vendredi-Saint.

Justice ici mêlée de guerre, et parfois l'exécution avant le procès. Celui d'Armagnac fut abrégé par le poignard. On a vu ceux d'Alençon, de Saint-Pol, de Nemours. Le pauvre vieux René, un roi, fut menacé de contrainte par corps. Le prince d'Orange fut poursuivi, justicié en effigie, pendu par les pieds. Ce formidable duc de Bourgogne n'échappe pas. A peine mort, le Parlement saisit son cadavre. Les procureurs lui prouvent à ce chevalier mort par chevalerie, que, sous sa belle armure, il avait la foi du procureur; on lui retrouve son billet de Péronne, le fameux sauf-conduit écrit de sa main, on lui établit par rapport d'experts qu'il a juré et qu'il a menti ¹.

---

¹ Si l'on veut reçu ci le témoignage de M. de Crevecœur, on

Le Parlement n'allait pas assez vite dans ces besognes royales. Sans doute il se disait que le roi éta.t mortel, que les grandes familles dureraient après lui et sauraient bien retrouver les juges Donc, il ménageait tout. Que le roi fût mécontent ou non, il ne pouvait sévir; on ne coupe pas la tête à une grande compagnie

Il résulta de là une chose odieuse, c'est que les procès se firent par commissaires, à qui les biens de l'accusé étaient donnés d'avance, et qui avaient intérêt à la condamnation.

Et de cette chose odieuse, une chose effroyable naquit, une espèce nouvelle, celle des commissaires, qui, créée par la tyrannie pour son besoin passager, voulait durer et besogner toujours, qui, ayant pris goût à la curée, ne chassait plus seulement à la voix du maître, mais s'ingéniait à trouver des proies, et faute d'ennemis poursuivait les amis.

Il y avait deux princes du sang, que les autres prin ces et les grands du royaume accusaient fort et regardaient comme amis du roi, comme traîtres [1]. L'un était le duc de Bourbon, au frère duquel Louis XI avait donné sa fille L'autre était le comte du Perche, fils du duc d'Alençon, mais élevé par le roi, et qui en 1468 avait trahi pour lui les Bretons et son père.

---

ne peut guère suspecter celui d'un homme aussi loyal que le grand bâtard, frere du duc, ni celui de Guillaume de Cluny, qui ne quitta le service de Bourgogne que malgre lui et pour ne pas perir avec Hugonet V Lenglet, IV, 409.

[1] C'est ce que disait le duc de Nemours (V son *Proces ms*) : « Ce mauvais homme, M. de Bourbon, nous a tous trahis »

Ces deux princes furent la proie nouvelle contre
laquelle les commissaires animèrent le roi, et ils n'y
trouvèrent que trop de facilité dans le triste état de
son esprit. Il se sentait défaillir, et faisait d'autant
plus effort pour se prouver à lui et aux autres, par
mille choses violentes et fantasques, qu'il était en vie.
Il faisait acheter de toutes parts des chiens de chasse,
des chevaux, des bêtes curieuses. Il faisait de grands
remuements dans sa maison, renvoyant ses serviteurs
pour en prendre d'autres A quelques-uns il ôtait leurs
offices, faisait des justices sévères, il frappait loin et
rude.

Entre autres gens très-propres à faire ou conseiller
des choses violentes, il avait un dur Auvergnat, nommé
Doyat, né sujet du duc de Bourbon, chassé par lui, qui
trouva jour pour se venger. Un moine, venu du Bourbonnais, avait remué Paris en prêchant contre les
abus, disant hardiment que le roi était mal conseillé[1].
Le roi crut sans difficulté que le duc de Bourbon, cantonné dans ses fiefs, avait envoyé cet homme pour
tâter le peuple[2], on disait qu'il fortifiait ses places,
qu'il empêchait les appels au roi, qu'il était roi chez
lui[3]. Louis XI avait encore un grief contre lui, c'est

[1] Jean de Troyes

[2] Il craignait toujours les mouvements de Paris, de l'Université, etc La fameuse ordonnance pour imposer silence aux nomi-
naux n'a, je pense, aucun autre sens. Voir les articles, fort spé-
cieux, qu'ils lui présentèrent, mais dans le moment le moins favorable, dans la crise de 1473. Baluze, Miscellanea (ed Mansi), II.
293)

[3] Le duc, longtemps ménagé, employé par le roi pour la ruine
des grands, exerçait avec d'autant plus de sécurité sa loyauté

qu'il ne mourait pas. Goutteux et sans enfants, ses
biens devaient passer à son frère, gendre du roi, puis,
si ce frère n'avait pas d'enfants mâles, ils devaient
échoir au roi même. Mais il ne mourait pas... Doyat se
fit fort d'y pourvoir. Il se fit nommer par le Parlement,
avec un autre, pour aller faire le procès à son ancien
seigneur. Il arrive à grand bruit dans ce pays, où
depuis tant d'années ou ne connaissait de maître que le
duc de Bourbon, il ouvre enquête publique, provoque
les scandales, engage tout le monde à déposer hardiment contre lui. Au nom du roi, défense aux nobles du
Bourbonnais de *faire alliance* avec le duc de Bourbon.
Il l'enfermait ainsi tout seul dans ses châteaux. Là
même il ne fut pas tranquille, on vint lui prendre ses
officiers chez lui, il ne restait qu'à l'enlever lui-même.
Son frère, Louis de Bourbon, évêque de Liége, fut tué
peu après par le Sanglier, qui, avec une bande recru-
tée en France [1], prit un moment l'évêché pour son fils.

Ces violences, ces outrages, et que cet Auvergnat,
né chez le duc de Bourbon, l'eût foulé sous ses souliers

feodale, on l'accusait d'exclure certains députés des assemblées
provinciales, etc. Quant à son mariage, et celui de son frère, voir
les pieces dans l'Ancien Bourbonnais, par MM. Allier, Michel et
Batissier.

[1] Et à Paris même. Un autre frère du duc de Bourbon l'archevêque de Lyon, serviteur fort docile du roi, n'en fut pas moins
dépouillé de son autorité sur Clermont, qui dès lors élut ses consuls. Jean de Troyes, XIX, 105. Molinet, II, 311. Oseray, Histoire
de Bouillon, 131.

Sur l'affranchissement de cette ville, lire Savaron, et les curieux extraits que M. Gonod a donnés des *Registres du Consulat,*
au moment de la visite de Doyat, sous le titre de Trois Mois de
l'histoire de Clermont en 1481.

ferrés, c'étaient des choses qu'on ne pouvait faire sans
risque. La religion féodale n'était pas tellement éteinte
qu'il ne se trouvât, entre ceux qui mangeaient le pain
du seigneur, un homme pour le venger Commines si
bien instruit, dit positivement que la bonne volonté ne
manqua pas, que plusieurs eurent envie « d'entrer en
ce Plessis, et *dépêcher les choses*, parce qu'a leur avis
rien ne se dépêchoit » De là, la nécessité de grandes
précautions, le Plessis se hérisse de barreaux, grilles,
guérites de fer On y entre à peine Peu de gens ap-
prochent et bien triés; c'est-à-dire que de plus en
plus, le roi ne voyant plus que tels et tels, tout absolu
qu'il peut paraître, se trouve dans leurs mains. Un ac-
cident augmenta ce misérable état d'isolement

Un jour, dînant près de Chinon, il est frappé, perd
la parole Il veut approcher de la fenêtre, on l'en em-
pêche, jusqu'a ce que son médecin, Angelo Catto, arrive
et fait ouvrir. Un peu remis, son premier soin fut de
chasser ceux qui l'avaient tenu et empêché d'approcher des fenêtres.

Entre cette attaque et une seconde qu'il eut peu
après, il se donna, dans sa faiblesse, un spectacle de
sa puissance Il réunit à Pont-de-l'Arche la nouvelle
armée qu'il organisait. Campée là sur la Seine, elle
était à portée de marcher sur la Bretagne ou sur Calais Elle rompit le projet du Breton, qui offrait sa fille
au prince de Galles. Le roi lui avait déjà saisi Chan-
tocé Il se hâta de demander pardon

Cette armée était une belle et terrible machine, forte
et légère dans son rempart de bois. qu'elle posait, enlevait à volonté. La pâle figure mourante sourit, et se

complut dans cette image de force. Elle se sentait là
en sûreté, ceux-ci étaient des hommes sûrs, des
Suisses[1] ou armés à la suisse Dans les armes, dans les
costumes, rien qui sentit la France, hoquetons de
toutes couleurs, hallebardes, lances à rouelle qu'on
n'avait jamais vues Une armée muette qui ne savait
que deux mots *geld* et *trinkgeld* Nul mouvement
qu'au son du cor. Le roi ne voulait plus d'hommes,
mais des soldats, plus de ces francs-archers pillards,
qui s'étaient débandés à Guinegate, de gentilshommes
encore moins, il leur fit dire de payer au lieu de servir et de rester chez eux Plus de Français, ni peuple,
ni nobles. Le brillant spectacle de ces bandes égaya
peu nos vieux capitaines, qui avaient tant fait pour
avoir une milice nationale, et qui à la longue l'avaient
formée, aguerrie Ils sentaient qu'un jour ou l'autre
ces Allemands pourraient bien battre ceux qui les
payaient, qu'on n'en serait pas maître, et qu'on mau-
dirait alors un roi qui avait désarmé la France.

La France n'était plus sûre pour le garder A qui
donc se fiait-il? à un Doyat, un Olivier le Diable, à
maître Jacques Coctier, médecin et président des
comptes, un homme hardi, brutal, qui le faisait trembler lui-même. Deux hommes étaient encore autour de
lui, peu rassurants, MM du Lude et de Saint-Pierre,
l'un, un joyeux voleur qui faisait rire le roi, l'autre, son

---

[1] Ce commerce d'hommes, si coûteux à la France, fut encore
plus funeste à la Suisse Des querelles terribles y éclatèrent entre
les villes et les campagnes, pour des questions d'argent, de butin, etc (Tillier) Stettler dit qu'en 1480, on ne put rétablir la sû-
rété des routes qu'en faisant pendre quinze cents pillards.

sénéchal, sinistre figure de juge, qui eût pu être bourreau. Parmi tout cela, le doux et cauteleux Commines
qu'il aimait et faisait coucher avec lui, mais il croyait
les autres.

Au retour de son camp, il fut frappé de nouveau,
« et fut quelque deux heures qu'on le croyoit mort; il
étoit dans une galerie, couché sur une paillasse...
M. du Bouchage et moi (dit Commines), nous le voui
mes à monseigneur saint Claude, et les autres qui
étoient présents le lui vouèrent aussi Incontinent la
parole lui revint, et sur l'heure il alla par la maison,
mais bien foible., » Un peu remis, il voulut voir les
lettres qui étaient arrivées et qui arrivaient de moment en moment · « On lui montroit les principales.
et je les lui lisois Il faisoit semblant de les entendre,
et les prenoit en la main, et faisoit semblant de les
lire, quoiqu'il n'eût aucune connoissance, et disoit
quelque mot, ou faisoit signe des réponses qu'il vouloit
être faites. »

Du Lude et quelques autres logeaient sous sa chambre, « en deux petites chambrettes » C'était ce petit
conseil qui réglait en attendant les affaires pressées.
« Nous faisions peu d'expéditions, car il étoit maitre
avec lequel il falloit charrier droit »

Entre ses deux attaques, on lui fit faire deux choses,
délivrer le cardinal Balue que le légat réclamait, et
mettre en prison le comte du Perche Ce procès, œuvre ténébreuse et la plus inconnue du temps, merite
explication.

Le 14 août 1481, on l'arrête et on le met dans une
cage de fer, la plus étroite qu'on eût faite, une cage

d'un pas et demi de long. Sur quelle accusation ? La
moins grave, d'avoir voulu sortir de France.

Cette terrible rigueur étonne fort, quand on sait
que, peu d'années auparavant, on examina en conseil
s'il fallait l'arrêter, que deux personnes lui furent fa-
vorables et que l'une des deux était Louis XI[1]. Pour
bien comprendre, il faut savoir de plus que plusieurs
conseillers avaient du bien de l'accusé, et étaient intéressés à le faire mourir.

Ce malheureux comte du Perche était un de ces enfants que le roi avait élevés chez lui, comme le prince
de Navarre et autres, et qu'il avait formés et dressés
à trahir leurs pères. En 1458, le comte du Perche prit
parti contre son père, le duc d'Alençon, et son parent,
le duc de Bretagne, en sorte que, détesté des ennemis
du roi, il se ferma à jamais le retour, appartint au
roi seul. Louis XI, avec qui il avait toujours vécu, le
connaissait très-bien pour un homme léger, futile, et
qui, « après les belles filles », ne connaissait que ses
faucons. Il n'en tenait guère compte, lui payait mal
sa pension ; de longue date, il avait occupé ses places.

---

[1] Le comte du Perche dit qu'avant le voyage du roi a Lyon, « il
y avoit eu douze personnes au conseil du Roy dont tous avoient
este d'oppinion que ont prandst luy qui parle, fors le Roy et Mons
de Dampmartin, lequel Dampmartin avoit dit au Roy qu'il n'y a
homme qui, quant il savoit que le roy le vouldroit faire prandre
ou destruyre, qu'il ne mist peine de se sauver. . Le dit qui parle
n'avoit qui tenist pour luy, fors le Roy et ledit de Dampmartin.
Luy qui parle, estoit bien tenu au Roy car il n'avoit eu amy que
luy et le dict seigneur de Dampmartin. *Procès ms du comte du
Perche (copie du temps)*, f. VI verso ; *Archives du royaume,
Trésor des Chartes,* J 940.

et pour ses terres, il en disposait, les donnait comme
siennes Sa patience, déjà fort eprouvée par le roi, le
fut bien plus encore par ceux qui, ayant son bien et
voulant le garder, voulurent avoir sa vie. Pour cela
il fallait, à force d'outrages et de provocations, faire
de cette inoffensive créature un conspirateur. Chose
difficile, il craignait le roi comme Dieu Un de ses ser
viteurs disant un jour, dans sa chambre à coucher. un
mot hardi contre le roi, il eut peur et le gronda fort

Pour surmonter sa peur, il en fallait une plus forte
On imagina de lui faire arriver des lettres anonymes
où charitablement on l'avertissait que le roi allait le
faire tondre, le faire moine... Cela l'effraya fort.   Puis
d'autres lettres arrivent . le roi va le faire pendre. .
D'autres encore Il le fera tuer Ce pauvre diable crai
gnait horriblement la mort, il y paraît dans son pro
cès Il ne lui vint rien dans l'esprit contre le roi. nulle
défense ou vengeance seulement. il commença à regarder de tous côtés par ou il s'enfuirait . Le plus
près, c'était la Bretagne, mais c'était un pays hostile
où il n'y avait pour lui nulle sûreté « Si je trouvais à
m'embarquer, disait-il, j'irais en Angleterre, ou bien
encore à Venise, j'épouserais une bourgeoise de Venise et je serais riche »

En l'effrayant ainsi, on tâchait d'autre part d'effrayer Louis XI Les gens du comte, sa sœur même
(bâtarde d'Alençon) rapportaient ou forgeaient des
mots qu'il aurait dits, et qu'on interprétait de façon
sinistre On assurait, par exemple, qu'il avait dit à un
de ses domestiques « Ne serais-tu donc pas homme à
donner un coup de dague pour moi? »

Quoique le duc de Nemours, qui dénonça tant de
gens, n'eût rien dit contre le comte du Perche, Louis XI,
de plus en plus défiant, et sans doute bien travaillé
par ceux qui y avaient intérêt, finit par croire ce que
l'on voulait, et signa une lettre pour avouer du Lude
de tout ce qu'il ferait. Ce qu'il fit, ce fut d'arrêter
l'homme sur l'heure, et il le mit dans cette cage étroite
où on lui passait le manger avec une fourche[1] Il l'en-
vironna de ses serviteurs à lui du Lude, et, ce qui est
plus choquant à dire, il employait à ce métier de
geôlier ou d'espion, sous prétexte *d'amuser le comte,*
un enfant qui était son fils

Du Lude se fit nommer commissaire avec Saint-
Pierre et quelques autres, mais il ne put si bien faire
que l'enquête ne fût conduite par le chancelier, le prudent Doriole L'accusé ayant parlé des lettres anonymes qu'on lui avait écrites, devenait accusateur, et
probablement embarrassait tel et tel de ses juges
Mais il était faible, variable, facile à intimider, ils lui
dirent que *rien ne pouvait tant l'aider* que de dire vrai
et *de ne dénoncer personne,* et il se démentit, con-
sentant à faire croire « Que c'était lui qui les avait
écrites »

Il montrait du reste assez bien qu'il était dange-

[1] « Il avoit este mis a Chinon en une cage de fer d'un pas et
demy de long en laquelle il fut environ six jours sans en partir
et luy donnoit-on a menger avecque une fourche et par apres
les dicts six jours, on le tiroit hors de la caige, pour menger, et
apres, estoit remis en la caige, ou il est demeure par ung j....
l'espace de XII sepmaines a l'occasion de quoy il a une espaulle
et une cuisse perdue, et a une maladie à la teste dont il est en
grand danger de mourir » *Archives, ibid ... fol* 170.

reux pour lui d'aller en Bretagne, qu'il y était haï Il
ajoutait cette chose, bien forte en sa faveur . « Il n'y
a pas d'homme en France qui doive craindre tant que
moi la mort du roi. Si le roi nous manquait, il n'y
aurait plus personne pour me faire grâce. M le dauphin
serait trop jeune pour rien empêcher, on me ferait
mourir .¹ »

Plus il prouvait qu'il n'eût osé aller en Bretagne et
plus le roi pensait qu'il voulait passer en Angleterre,
ce qui était plus grave encore. Nulle preuve au reste
ni pour l'un ni pour l'autre. La peureuse nature de
l'accusé vint au secours des juges. Un homme que du
Lude lui avait donné pour le soigner, qui lui avait
inspiré confiance et qu'il faisait coucher avec lui,
l'éveille brusquement une nuit et lui dit : « Par le
corps de Dieu, vous êtes un homme mort, si vous ne
prenez garde². » Et lui conte qu'un sien frère a entendu
les sires du Lude et de Saint-Pierre dire en se promen-
nant qu'il fallait profiter d'une absence du roi pour le
faire mourir... Le prisonnier éperdu prie l'homme, le
conjure de lui donner moyen de fuir Oui, mais
d'abord il faut s'assurer s'il peut fuir en Bretagne, si
le duc est mieux disposé, il faut *écrire au duc*. Voici
une écritoire... — Il écrit, et il est perdu.

---

¹ « N'y a homme au royaume de France qui fust plus desplai-
sant que luy du mal, ni de la mort du Roy, car quant le Roy seroit failly, il n'aroit plus a qui recourir pour lui faire grace »
Archives, *ibid* , fol 57

² « Commençoit a soy endormir, il le tira deux ou trois fois par
la chemise, tellement que il se tourna et demanda qu'il y avoit.. »
Ibid fol 70 et fol. 195.

Il l'eût été du moins, si par bonheur du Lude ne
fût mort sur ces entrefaites Le roi qui, sans doute,
ne se fiait plus assez à la commission, mit l'affaire
dans les mains de son gendre Beaujeu, et de son âme
damnée, le lombard Boffalo qui présiderait une commission nouvelle tirée du Parlement (19 mars 1482)
Boffalo cependant voyait le roi malade, il savait bien
qu'à sa mort, il aurait lui-même de grandes affaires
au Parlement pour la dépouille du duc de Nemours ; il
se prêta aux lenteurs calculées des parlementaires, et
laissa traîner l'affaire jusqu'à la fin du règne L'accusé, qui avait fait des aveux maladroits, à se perdre,
n'en fut pas moins quitte pour garder prison, en
demandant pardon au roi (22 mars 1483)[1].

La fortune semblait prendre un malicieux plaisir, en
ces derniers temps, à combler le mourant de grâces
imprévues, dont il ne devait pas profiter A peine il
apprenait la mort de Charles du Maine, neveu de
René (12 déc 1482), à peine il entrait en jouissance
du Maine, de la Provence, de ces beaux ports, de la
mer d'Italie... Une nouvelle lui vient du Nord, char-
mante et saisissante... Elle se confirme · la maison de
Bourgogne est éteinte, tout comme celle d'Anjou, la
jeune Marie est morte, comme le vieux René Son
cheval l'a jeté par terre, et avec elle tout espoir de
Maximilien. Blessée de cette chute, elle mourut en
quelques jours. Soit pudeur, soit fierté, la souveraine
dame de Flandre aurait mieux aimé mourir, si l'on en

[1] Et non 1482, comme le met à tort l'Art de vérifier les dates

croît le comte, que de se laisser voir aux médecins ;
la fille, comme le père, aurait péri par une sorte de
point d'honneur (28 mars 1483)[1].

Maximilien en avait deux enfants. Mais il n'était
nullement à croire que les Flamands qui, du vivant de
leur dame et sous ses yeux, lui avaient tué ses serviteurs, acceptassent jamais la tutelle d'un étranger. Il
avait peu de poids d'ailleurs, peu de crédit. Pendant
que la douairière de Bourgogne négociait pour lui à
Londres, il écrivait à Louis XI, qui ne manquait pas
de montrer ses lettres aux Anglais. Aussi n'avaient-
ils nulle confiance en Maximilien. Ils ne voulaient lui
donner secours qu'autant qu'il les payerait d'avance.
Tout le payement qu'il avait à leur offrir, c'était la
gloire, la belle chance de gagner encore des batailles
de Crécy, de conquérir leur royaume de France.
Louis XI parlait moins, agissait mieux, il offrait des
choses palpables, des sacs d'argent, des écus neufs,
des présents de toute sorte, de la vaisselle plate travaillée à Paris.

De longue date, il avait eu cette divination qu'un
moment viendrait pour brouiller la Flandre, il l'avait
toujours pratiquée tout doucement, en bas par son
barbier flamand, en haut par M. de Crèvecœur. Il
avait à Gand de bien bons amis, qui touchaient pension, un Wilhelm Rim entre autres, premier conseiller

---

[1] Pontus Heuterus assure que Maximilien ne put jamais entendre parler de Marie sans pleurer. Lorcheimer raconte que Tri-
thème, pour le consoler, évoqua Marie et la lui fit apparaître,
mais cette vue lui fut si douloureuse qu'il défendit au magicien,
sous peine de la vie, d'évoquer les morts du tombeau. (Le Glay.)

de la ville, « saige homme et malicieux », et un cer
tain Jean de Coppenole, chaussetier et syndic des
chaussetiers, qui, sachant écrire, se fit nommer clerc
des échevins, et fut enfin grand doyen des métiers,
c'était un homme très-utile

La première chose qu'ils firent, ce fut de mettre la
main sur les deux enfants, sur le petit Philippe et
la petite Marguerite (celle-ci encore en nourrice), et
de dire que, d'après leur Coutume, les enfants de
Flandre ne pouvaient avoir de nourrice que la Flandre
même Le Brabant et autres provinces ayant réclamé,
les Flamands promirent de les garder seulement quatre mois, puis, chaque province les aurait quatre mois
à son tour Mais le terme arrivé, quand il fallut les
rendre, ils déclarèrent qu'ils ne pouvaient s'en séparer,
que c'était trop contre leur privilège[1].

Un conseil de tutelle fut nommé, où Maximilien
figura pour la forme, c'était lui plutôt qui était en
tutelle. La Flandre et le Brabant le tenaient de court,
le traitaient comme un mineur ou un interdit. Ses
amis d'Allemagne, jeunes comme lui, et qui n'avaient
rien vu de tel en leur pays, lui donnèrent le conseil
tudesque de prendre quelques bourgeois récalcitrants
et d'en faire exemple; cela finirait tout   Cela justement le perdit.

Les Flamands dès lors se donnèrent de cœur au
roi, ils se prirent pour lui d'une singulière tendresse,
il n'arrivait pas à Gand un messager, un trompette,

---

[1] V *passim* les notes du Barante-Gachard, fort instructives et
tirees des actes.

qu'il ne fût entouré, qu'on ne lui demandât nouvelles
de la santé du roi et de monseigneur le dauphin Ce
roi qu'ils avaient tant haï, ils l'estimaient; ils voyaient
bien qu'il avait les mains longues, lorsque de l'une il
leur prenait encore la ville d'Aire, et que de l'autre
il lançait sur Liége ce damné Sanglier.

Rim et Coppenole aidant, ils comprirent que jamais
ils ne trouveraient un parti plus honorable pour leur
petite Marguerite que ce jeune dauphin qui tout à
l'heure allait être roi de France C'était une bonne occasion de se débarrasser de ces provinces françaises
qui sous le feu duc n'avaient servi qu'à tourmenter la
Flandre. N'était-elle pas bien assez riche, avec la Hollande et le Brabant? Qu'était-ce que l'Artois? rien
qu'un frein pour brider la Flandre, quand le comte
n'aurait plus, contre Gand et Bruges, ses nobles che-
vauchées d'Artois et de Bourgogne, il faudrait bien
qu'il entendît raison.

S'il faut en croire Commines, Louis XI eût été heureux de tirer d'eux une bonne cession de l'Artois ou de
la Bourgogne Ils l'obligèrent de les garder toutes deux.
S'ils avaient pu encore lui donner le Hainaut et Namur,
tous les pays wallons, ils l'auraient fait bien volontiers, tout cela dans l'idée d'avoir désormais des comtes
de Flandre paisibles et raisonnables.

Heureux roi! Gâté de la fortune, violenté... « demandant peu et recevant trop... » Ses amis, Rim et Coppenole, vinrent lui apporter ce spendide traité, la couronne de son règne. Ils furent bien étonnés de trouver
le grand roi dans ce petit donjon, derrière ces grilles
de fer, ces moineaux de fer, ce guet terrible, une pri-

son enfin, si bien gardée qu'on n'entrait plus. Le roi
y était consigné ; il était si maigre et si pâle qu'il
n'eût osé se montrer. Toujours actif du reste, au moins
d'esprit Ce qui restait de plus vivant en lui, c'était
l'âpreté du chasseur, le besoin de la proie ; seulement,
ne pouvant plus sortir, il allait un peu de chambre en
chambre avec des petits chiens dressés exprès, et
chassait aux souris.

Les Flamands furent reçus le soir, avec peu de
lumières, dans une petite chambre Le roi, qui était
dans un coin et qu'on voyait à peine dans sa riche
robe fourrée (il s'habillait richement vers la fin), leur
dit, en articulant difficilement[1], qu'il était fâché de
ne pouvoir se lever ni se découvrir. Il causa un
moment avec eux, puis fit apporter l'Évangile sur
lequel il devait jurer. « Si je jure de la main gauche,
dit-il, vous m'excuserez, j'ai la droite un peu faible. »
Et en effet, elle était déjà comme morte, tenue par une
écharpe[2].

Ce mariage flamand rompait le mariage anglais,
cette paix faisait une guerre Mais, comme il était dit
qu'à ce moment tout réussirait au mourant par delà
ses vœux, l'Angleterre ne fit rien. Sa fureur fut pourtant extrême Répudiée par la France, elle l'était encore par l'Écosse. Deux mariages rompus à la fois,

[1] Il ne pouvait plus déjà prononcer la lettre R

[2] Cependant il réfléchit sans doute qu'un traité *juré de la
main gauche* pourrait bien être un jour annulé sous ce prétexte,
et il toucha l'Évangile du coude droit, ce qui fit rire les Flamands:
« Cubito etiam dextro multum ridiculè... *Pseudo-Amelgardi,
lib XI.*

deux filles d'Édouard dédaignées. Édouard s'en con
sola à table, et tant qu'il y mourut Louis XI lui
survécut. Les tragédies qui suivirent le mettaient en
repos[1].

Tout allait bien pour lui, il était comblé de la for
tune.. seulement il mourait. Il le voyait, et il sem
ble qu'il se soit inquiété du jugement de l'avenir Il
se fit apporter les Chroniques de Saint-Denis[2], les voulut lire, et sans doute y trouva peu de chose Le
même chroniqueur pouvait, encore moins que le roi,
distinguer, parmi tant d'événements, les résultats du
règne, ce qui en resterait.

Une chose restait d'abord, et fort mauvaise C'est
que Louis XI, sans être pire que la plupart des rois de
cette triste époque[3], avait porté une plus grave at-

---

[1] Richard III lui écrivit, lui demanda amitié (c est-a-dire pension), mais le roi, au rapport de Commines « Ne voulut repondre
a ses lettres, ni ouir le messager, et l'estima tres-cruel et mauvais »

[2] La première idee qui se presente c'est qu il craignait que les
moines n'eussent fait de l histoire une satire Il semble pourtant
qu il ait ete curieux de l histoire pour elle-même Dans l'acte ou
il confirme la chambre des comptes d'Angers il parle avec une
sorte d enthousiasme de ce riche depot de documents V *Du Puy*,
Inventaire du Tresor des chartes, II, 61, et l Art de verifier les
dates (Anjou, 1482)

[3] Observation fort juste de M de Sismondi Le savant Legrand,
parfois un peu simple, parle en plusieurs endroits de la *bonté* de
Louis XI Cela est fort Neanmoins, Commines assure qu il de-
testa la trahison de Campobasso et la cruaute de Richard III La
Chronique scandaleuse, qui ne lui est pas toujours favorable, re
marque qu il cherchait a eviter, dans la guerre meme, l effusion
du sang, ce qui est confirme par son ennemi Molinet « Il ayme-
roit mieux perdre dix mille escus que le moindre archier de sa

teinte à la moralité du temps Pourquoi? *Il réussit.*
On oublia ses longues humiliations, on se souvint des
succès qui finirent, on confondit l'astuce et la sagesse.
Il en resta pour longtemps l'admiration de la ruse, et
la religion du succès[1]

Un autre mal, très-grave, et qui faussa l'histoire,
c'est que la féodalité, périssant sous une telle main,
eut l'air de périr victime d'un guet-apens[2]. Le dernier
de chaque maison resta le *bon* duc, le *bon* comte. La
féodalité, ce vieux tyran caduc, gagna fort à mourir
de la main d'un tyran.

Sous ce règne, il faut le dire, le royaume, jusque-là
tout ouvert, acquit ses indispensables barrières, sa

compagnie » — Il n'en est pas moins sûr qu'il fut cruel, surtout
dans l'expulsion et le renouvellement des populations de Perpignan et d'Arras — Le fait suivant me semble atroce. Avril 1477,
Jean Bon ayant été condamné à mort « pour certains grans cas et
crimes par luy commis envers la personne du Roy laquelle con-
dampnacion fut depuis, du commandement du dict seigneur, en
charite et misericorde, modere, et condampne le dit Jean le Bon
seulement a avoir les yeux pochés et estains, » il fut rapporte que
le dit Jean Bon voyait encore d'un œil En consequence de quoi
Guinot de Loziere, prevot de la maison du roi, par ordre dudit
seigneur, decerna commission a deux archers d'aller visiter Jean
Bon, et s'il voyait encore « de lui faire parachever de pocher et
estaindre les yeux » Communiquée par MM Lacabane et Quicherat. L'original se trouve dans le vol 171 des *titres scellés de
Clairambault, à la Biblioth royale*

[1] La fausse et dure maxime avec laquelle Commines enterre
son ancien maitre « Qui a le succès a l'honneur »

[2] Lire les touchantes complaintes d'Olivier de la Marche sur la
maison de Bourgogne, de Jean de Ludre sur la maison d'Anjou
(*ms de la Bibliotheque de Nancy*), etc, etc J'y reviendrai à
l'occasion ne la reaction feodale sous Charles VIII

ceinture[1] de Picardie, Bourgogne, Provence et Roussillon, Maine et Anjou Il se ferma pour la première
fois, et la paix perpétuelle fut fondée pour les provinces
du centre.

« Si je vis encore quelque temps, disait Louis XI à
Commines, il n'y aura plus dans le royaume qu'une
Coutume, un poids et une mesure. Toutes les Coutumes
seront mises en français, dans un beau livre[1]. Cela
coupera court aux ruses et pilleries des avocats, les
procès en seront moins longs .. Je briderai, comme il
faut, ces gens du Parlement . Je mettrai une grande
police dans le royaume »

Commines ajoute encore qu'il avait bon vouloir de
soulager ses peuples. qu'il voyait bien qu'ils étaient
accablés, qu'il sentait avoir par là « fort chargé son
âme... »

S'il eut ce bon mouvement, il n'était plus à même
de le suivre, la vie lui échappait

Déjà, tant redouté fût-il, il voyait les malveillances
qui voulaient se produire, la résistance commençait et
la réaction

Le Parlement avait refusé l enregistrement de plusieurs édits, lorsqu'un règlement vexatoire de la
police des grains lui donna une occasion populaire de
se montrer plus hardiment encore La récolte avait

---

[1] Première ceinture du royaume plus importante encore pour
sa vitalité et sa durée que la seconde ceinture, les beaux acces-
soires de Flandre, Alsace, etc

[2] Dans une lettre a Du Bouchage, il exprime les mêmes idées,
et veut, pour comparer, qu'on lui cherche les *coutumes* de Florence et de Venise Preuves de Duclos IV, 449

été mauvaise, on craignait la famine. Un évêque,
ancien serviteur de René, que le roi avait fait son
lieutenant à Paris, assembla les gens de la ville et fit
voter des remontrances. Le Parlement fit crier dans
les rues que l'on commencerait comme auparavant,
sans égard à l'édit du roi.

S'il faut en croire quelques modernes [1], La Vac-
querie, premier président, qui venait à la tête du
Parlement apporter les remontrances, tint tête à
Louis XI, ne s'émut point de ses menaces, offrit sa
démission et celle de ces collègues. Le roi, radouci
tout à coup, aurait remercié pour ces bons conseils,
et docilement eût révoqué l'édit.

Cette bravoure des parlementaires n'est pas bien
sûre. Ce qui l'est, c'est que leurs gens, tout le peuple
de robe, recommençait dans Paris la maligne petite
guerre qu'ils lui avaient faite au temps du Bien
public [2].

Leurs imaginations travaillaient fort sur ce noir
Plessis où l'on n'entrait plus, sur le vieux malade
qu'on ne voyait pas. Ils en faisaient (à l'oreille)
mille contes effrayants, ridicules. Le roi, disait-on,

---

[1] L'autorité la plus ancienne, celle de Bodin, n'est pas fort im-
posante (République, livre III, ch. iv). Rien dans les Registres du
Parlement.

[2] C'est, je crois, l'origine de tant de contes sur Louis XI et ses
serviteurs, par exemple sur Tristan l'hermite, fort âgé sous ce
règne, et qui probablement agit moins que beaucoup d'autres.
Les traditions sur les petites images au chapeau, etc., ne sont pas
invraisemblables, quoiqu'elles aient été recueillies d'abord par un
ennemi, Seyssel, l'homme de la maison d'Orléans, par un conteur
gascon, Brantôme.

dormait toujours, et pour ne pas dormir, il avait fait venir des bergers du Poitou, qui jouaient de leurs instruments devant lui, sans le voir.. Autres contes plus sombres : Les médecins faisaient, pour le guérir, « de terribles et merveilleuses médecines .. » Et, si vous aviez voulu savoir absolument quelles médecines on entendait, on aurait fini par vous dire bien bas que pour rejeunir sa veine épuisée, il buvait le sang des enfants[1].

Il est curieux de voir comme, à mesure que le roi baisse, le greffier qui écrit la Chronique scandaleuse[2] devient hostile, hardi. Après avoir parlé des bergers et des musiciens · « Il fit venir aussi, dit-il, grand nombre de bigots, bigotes et gens de dévotion, comme ermites et saintes créatures, pour sans cesse prier Dieu qu'il ne mourût pas. »

Il s'obstinait à vouloir vivre Il avait obtenu du roi de Naples qu'il lui envoyât « le bon saint homme » François de Paule, il le reçut comme le pape, « se mettant à genoux devant lui, afin qu'il lui plût allonger sa vie. »

Sauf ces pauvretés et ces bizarreries de malade, il avait son bon sens. Il alla voir le dauphin, et lui fit

---

[1] On a dit aussi du pape Innocent VIII, comme de beaucoup d'autres souverains, qu'il essaya de guérir par la transfusion du sang — « Humano sanguine, quem ex aliquot infantibus sumptum hausit, salutem comparare vehementer sperabat » Gaguinus, fr CLX verso. Pour le pape, voyez le Diario di Infessura, p 1241, ann 1392

[2] Par exemple, il lui fait dire au Dauphin « qu'eût été rien du tout sans Olivier-le-Daim » Jean de Troyes, ed Petitot, XIV, 107.

Jurer de ne rien changer aux grands offices, comme
il l'avait fait lui-même, à son dommage, lors de son
avénement Il lui recommanda d'en croire les princes
de son sang (il voulait dire Beaujeu), de se fier à du
Bouchage, Guy Pot et Crevecœur, à Doyat et maître
Olivier.

De retour au Plessis, il prit son parti, et ordonna
à tous ses serviteurs d'aller rendre leurs respects
« au Roi ».

C'est ainsi qu'il désigna le dauphin

Tout superstitieux qu'il pouvait être, il ne donna
pas grande prise aux prêtres[1], qui ne demandaient pas
mieux que de profiter de son affaiblissement Son
évêque, celui de Tours, près duquel il vivait et dont
il avait demandé les prières, en prit occasion pour le
conseiller, lui dire qu'il devrait alléger les taxes et
surtout amender tant de choses qu'il avait faites contre les évêques. Il en avait, il est vrai, tenu en prison
trois ou quatre, Balue entre autres, de plus fait
arrêter le légat à Lyon. Le roi répondit que pour

---

[1] Ni aux astrologues, ni aux médecins quoiqu'il se servît des
uns et des autres Pour les astrologues, malgré la tradition re-
cueillie par Naudé (Lenglet IV, 291), d'autres anecdotes (l'ane
qui en sait plus que l'astrologue, etc) feraient croire qu'il s'en
moquait

Quant aux médecins · « Il estoit enclin a ne vouloir croire
le conseil des médecins » Commines, livre VI, ch VI. Les dix
mille ecus par mois donnés a Coctier s'expliquent par l'or po-
table et autres médecines couteuses

Coctier peut-être ne recevait pas tout, comme médecin, mais
comme président des comptes, et pour de secrètes affaires politiques

parler ainsi, il fallait être bien ignorant des affaires,
n'en pas connaître les nécessités, ou plutôt être ennemi du roi et du royaume, vouloir le perdre Il dicta
une lettre au chancelier, forte et sévère, le chargea
de réprimander vertement l'archevêque et de « faire
justice[1] » Le chancelier fit la semonce, et rappela au
prélat que le roi était sacré, tout aussi bien que les
évêques, et sacré de la sainte ampoule qui venait du
ciel

La sainte ampoule fut le dernier remède auquel le
roi s'avisa de recourir Il la demanda à Reims, et,
sur le refus de l'abbé de Saint-Remy, il obtint du pape
autorisation de la faire venir[2] Il avait l'idée de s'oin-
dre de nouveau et de renouveler son sacre, pensant
apparemment qu'un roi sacré deux fois durerait davantage.

Il avait bien recommandé qu'on l'avertît doucement
de son danger.

Ceux qui l'entouraient n'en tinrent compte, et lui
dirent durement, brusquement, qu'il fallait mourir.
Il expira le 24 août 1483, en invoquant Notre-Dame
d'Embrun

Il avait donné en finissant beaucoup de bons conseils, réglé sa sépulture Il voulait être enterré à
Notre-Dame de Cléry, et non à Saint-Denis avec ses
ancêtres

Il recommandait qu'on le représentât sur son tom-

---

[1] Duclos, Preuves
[2] Il était alors au mieux avec le pape Il avait acheté son neveu
qui était venu, comme légat, imposer la paix a Maximilien Autre

beau, non vieux, mais dans sa force, avec son chien,
son cor de chasse, en habit de chasseur.

faveur : « Le pape donne à Louis XI permission de se choisir un
confesseur pour commuer les vœux qu'il peut avoir faits. » *Archives, Trésor des chartes*, J. 463.

FIN DU HUITIÈME VOLUME.

TABLE DES MATIÈRES

LIVRE XV

CHAPITRE PREMIER

CHAPITRE II

— SUITE —

CHAPITRE III

CHAPITRE IV

LIVRE XVI

CHAPITRE PREMIER

CHAPITRE II

CHAPITRE III

LIVRE XVII
CHAPITRE PREMIER

CHAPITRE II

CHAPITRE III

CHAPITRE IV

CHAPITRE V

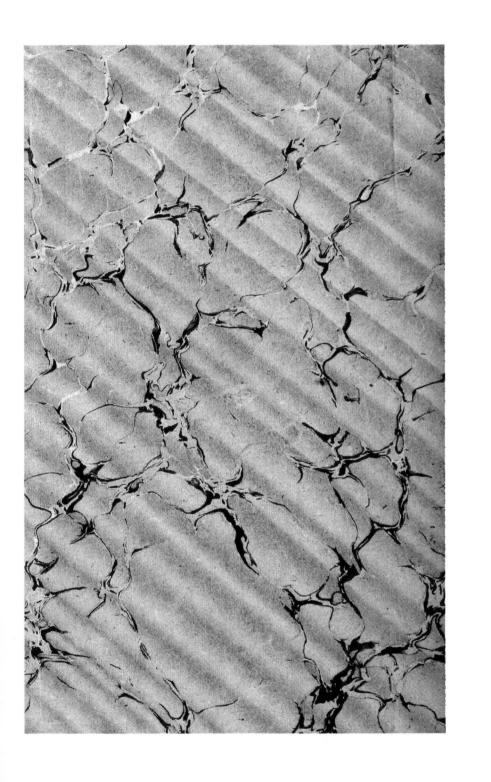

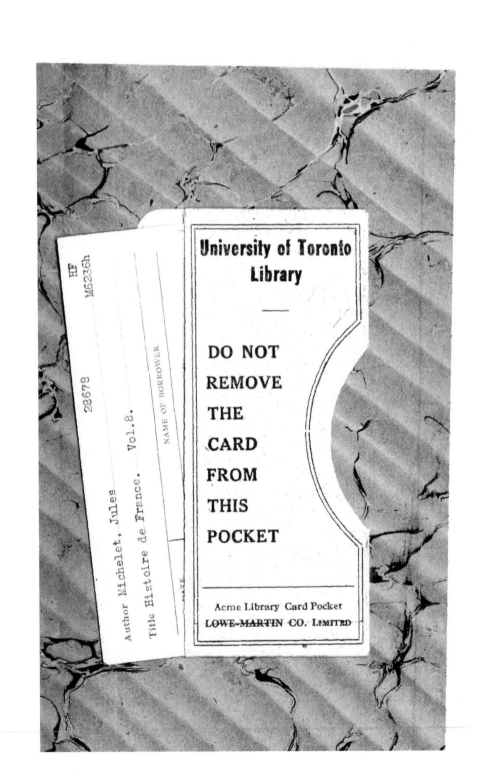

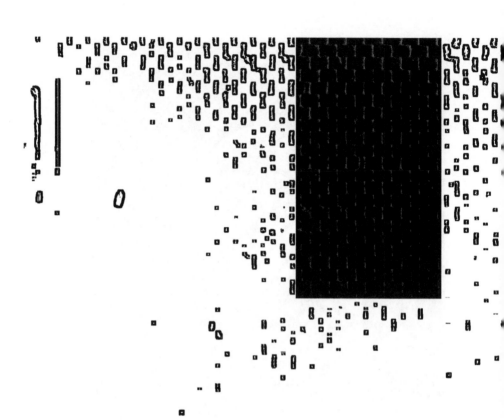